全国革命老区县发展史丛书——福建卷

平和县革命老区发展史

平和县老区建设促进会　编

厦门大学出版社 XIAMEN UNIVERSITY PRESS 国家一级出版社 全国百佳图书出版单位

图书在版编目(CIP)数据

平和县革命老区发展史/平和县老区建设促进会编.—厦门:厦门大学出版社,2019.9
(全国革命老区县发展史丛书.福建卷)
ISBN 978-7-5615-7617-5

Ⅰ.①平… Ⅱ.①平… Ⅲ.①平和县—地方史 Ⅳ.①K295.74

中国版本图书馆CIP数据核字(2019)第194591号

出 版 人 郑文礼
责任编辑 章木良
美术编辑 张雨秋
技术编辑 朱 楷

出版发行 厦门大学出版社
社　　址 厦门市软件园二期望海路39号
邮政编码 361008
总　　机 0592-2181111 0592-2181406(传真)
营销中心 0592-2184458 0592-2181365
网　　址 http://www.xmupress.com
邮　　箱 xmup@xmupress.com
印　　刷 厦门兴立通印刷设计有限公司

开本 787 mm×1 092 mm 1/16
印张 20.25
插页 18
字数 273千字
版次 2019年9月第1版
印次 2019年9月第1次印刷
定价 110.00元

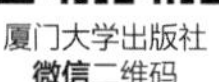
厦门大学出版社
微信二维码

厦门大学出版社
微博二维码

★★★ 革命遗址 ★★★

平和暴动指挥部旧址

1927年9月，中共平和县委和县农民协会在长乐乡下坪村下书斋成立。这里也是平和暴动总指挥部所在地。

平和暴动烈士纪念碑

为纪念“平和暴动”死难烈士，1975年3月平和县老区建设委员会在长乐乡联胜村修建平和暴动烈士纪念碑。

朱德、陈毅接见中共平和县委领导人旧址

1927 年 10 月 7 日，朱德、陈毅率领部分南昌起义部队在九峰镇大洋陂中湖祠接见中共平和县委领导人。

秀芦会议旧址——秀芦蕉和陈氏家庙

1927 年 10 月 11 日，朱德、陈毅在秀芦蕉和陈氏家庙召开会议，决定部队行军路线，最终在井冈山实现“朱毛会师”。

平和县革命委员会旧址

1929 年 2 月，平和县工农兵代表大会在长乐乡张坑村举行，陈彩芹当选主席。平和县革命委员会是福建省产生的第一个县级红色政权。

朱积垒故居

朱积垒，1905 年 5 月出生于平和县九峰镇上坪村（今积垒村）。图为新中国成立后修复的朱积垒故居。

陈彩芹故居

陈彩芹，1902年出生于平和县长乐乡乐北村草仔坪。图为2016年修复后的陈彩芹故居。

靖和浦苏维埃政府旧址

1934年3月18日，靖和浦苏维埃政府在平和南胜欧寮楼仔尾村成立，推选林路为主席。图为2017年修复后的靖和浦苏维埃政府旧址。

中共南方工作委员会电台旧址

1940 年 11 月，中共南方工作委员会在平和县长乐乡下村乌科建立无线电台。图为新中国成立后修复的中共南方工作委员会电台旧址。

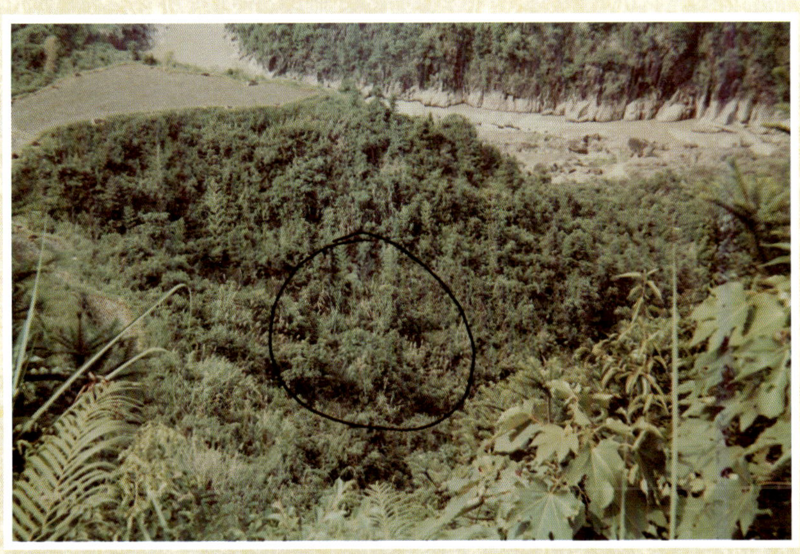

中共闽粤赣中心县委电台遗址

1945 年 2 月 13 日，韩江纵队在平和县长乐乡下村建立无线电台。图为中共闽粤赣中心县委电台遗址。

中共平和第一支部、上坪村农民协会旧址

1926 年 12 月，中共平和支部建立，党员 20 多人。图为新中国成立后修复的中共平和支部旧址。

靖和浦边区苏维埃政府石门合作社旧址

1934 年 10 月，靖和浦县苏维埃政府在平和县五寨乡石门村创办苏区第一个合作社。图为 2017 年修复后的合作社旧址。

靖和浦第一次工农兵代表大会及高坑会议旧址

位于平和县国强乡政府院内。1937 年 6 月，中共闽粤边特委在此召开扩大会议，发表了《为改编红军第一、三支队及漳州人民抗日义勇军告同胞书》。图为 2013 年修复前后的平和县国强乡高坑陈氏宗祠。

秀峰会议旧址

1928 年 2 月 12 日，中共平和县临委在秀峰举行会议。秀峰会议是直接影响平和暴动的关键会议。

福建工农革命军独立第一团团部旧址

1928 年 2 月 12 日，福建工农革命军独立第一团成立，每个大队配备一名党代表，粗具红军雏形。图为团部所在地长乐福庆堂。

罗明办公室旧址

罗明办公室旧址位于平和县长乐乡下坪村(今联三村)。

中共平和县工委旧址

1948 年 8 月，中共平和县工作委员会在平和县高坑乡(今国强乡)新建村半岭成立。图为国强乡新建村半岭自然村。

平和第一区工会旧址

1926 年冬，在当时的平和县城九峰瓦片埕曾氏祠堂，平和第一区工会成立了。图为九峰镇瓦片埕曾氏祠堂。

中共闽粤边区特委机关旧址

1934 年 8 月，中共闽粤边区特别委员会成立，黄会聪为书记。图为新中国成立后在原址修复的中共闽粤边区特委机关旧址。

中共闽南特委机关旧址

1932 年，邓子恢在平和县五寨乡尪仔石山建立中共闽南特委机关。图为五寨乡尪仔石山“红军洞”。

闽粤边红军北上抗日出发地

1938 年 2 月,闽粤边红军游击队改编为新四军第二支队第四团第一营,从中山公园出发北上抗日。左图为平和县小溪中山公园旧貌,右图为改造后的中山公园。

漳州中心县委印刷部旧址

1938 年初,漳州中心县委在其驻地平和县坂仔镇东坑村新纪楼建立印刷部。图为坂仔镇东坑村新纪楼。

列宁小学旧址

1937 年冬，中共闽粤边特委派特委委员林路在高坑乡松湖村创办列宁小学。图为 2015 年修复后的列宁小学旧址。

漳州中心县委碧野建兴垦荒公司旧址

1938 年秋，漳州中心县委在高坑乡碧野保西格营成立垦荒生产合作社。图为漳州中心县委建兴垦荒公司旧址。

闽西南交通总站旧址

1936 年底，中共闽粤边特委在平和山内后溪村建立闽西南交通总站，张厚蚶任站长。图为平和县国强乡三五村后溪自然村。

中共闽粤边委驻地遗址

1942 年 2 月，中共闽粤边委员会在芦溪秀芦顶夯成立，边委书记朱曼平。图为中共闽粤边委驻地遗址。

中共闽南特委书记钟骞牺牲地旧址

1944年5月，中共闽南特委副特派员钟骞逝世。图为霞寨镇铜场后平村钟骞牺牲地旧址。

中央苏区交通线支线秀碗交通站

1931年，中共中央交通局建立一条由汕头经平和、永定进入中央苏区的交通支线。图为交通支线的支点平和县长乐乡秀山村秀碗自然村。

五南区苏维埃政府旧址及红十二军一三三团团部旧址

1934 年 3 月，漳州中心县委改称中共靖和浦中心县委，南胜、五寨、小尖等地为五南区。卢胜中将为旧址题词。图为五南区办公旧址五寨乡的关帝庙。

中共漳州工委平和县龙文中学交通站

1948 年 8 月，中共漳州工委在平和县霞寨镇龙文中学（今平和三中）建立龙文地下联络站。图为平和三中。

中共崎岭支部及农会旧址

1927年四五月间，朱思来到平和县崎岭玉霞小学，引导崎岭早期革命斗争的开展。图为崎岭南湖下楼的玉霞楼。

中共闽粤边委水尖山会议遗址

1945年5月27日，中共闽粤边委在平和县水尖山开会，确定闽西南党组织和人民武装抗战胜利后的方针和任务。图为中共闽粤边委水尖山会议遗址。

埔尖山战斗战场旧址

1934 年 11 月，红三团在平和文峰埔尖山设伏，沉重地打击了进犯苏区的沈东海部队。图为埔尖山战斗战场旧址。

大坪战斗战场旧址

1949 年 7 月 3 日，中国人民解放军闽粤赣边区纵队组织发动大坪之战。图为大坪战斗战场旧址。

金京洋会议及金京洋战斗战场旧址

1943年3月，中共闽南特委在平和县坂仔镇金京洋村召开特委扩大会议。1949年7月13日，边纵十九团取得坂仔金京洋战斗的胜利。

三打象湖山主战场

1929年4—12月，红军三打象湖山，打通了东江革命根据地通往中央苏区的交通要道。图为象湖山主战场。

芦溪“红军桥”

1935 年 7 月 24 日，闽西红九团与国民党闽南保安大队激战后，逢芦溪乡漳汀河水暴涨，当地群众扑水架桥帮助红军渡河。1959 年在此建起桥梁，被当地群众称为“红军桥”。

平和革命烈士陵园

平和革命烈士陵园原址在县城小溪镇共和村，1990 年 12 月迁移至新址——小溪镇联星村葫芦山。墓内安放新民主主义革命时期牺牲的 18 位烈士骨灰，并立碑纪念 32 位革命烈士。

“八闽第一枪”石雕

2008年3月，为缅怀平和暴动革命先烈的历史功绩，中共平和县委、县人民政府在县城小溪镇中山公园建造了平和暴动纪念雕塑。

芦溪革命烈士纪念亭

芦溪革命烈士纪念亭位于芦溪镇秀芦村。1958年修建，纪念38位在土地革命和游击战争时期牺牲的革命烈士。

大溪革命烈士纪念亭

大溪革命烈士纪念亭位于大溪镇廖安村。1953 年修建，纪念 11 位在土地革命和游击战争时期牺牲的革命烈士。

平和县军事管制委员会旧址

1949 年 8 月 1 日，中国人民解放军平和县军事管制委员会在芦溪芦丰成立，8 月 15 日，迁至霞寨大坪西爽楼。图为霞寨大坪西爽楼。

南胜革命烈士纪念碑

南胜革命烈士纪念碑位于南胜镇南胜中学内。为纪念在平息南胜反革命暴乱期间牺牲的14位解放军战士和革命群众，1950年建立了此纪念碑。

★★★ 革命文物 ★★★

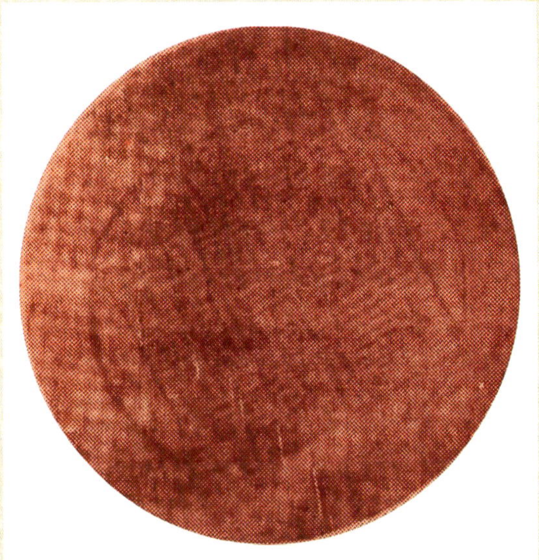

平和县上坪乡农民协会印鉴

平和县第一区农民协会临时会员证章

饶和埔诏县苏维埃政府印鉴

中共平和县委员会印鉴

朱德赠予秀峰乡福塘村朱梅洲的手电筒

平和暴动使用的旗帜

平和暴动使用的臂章

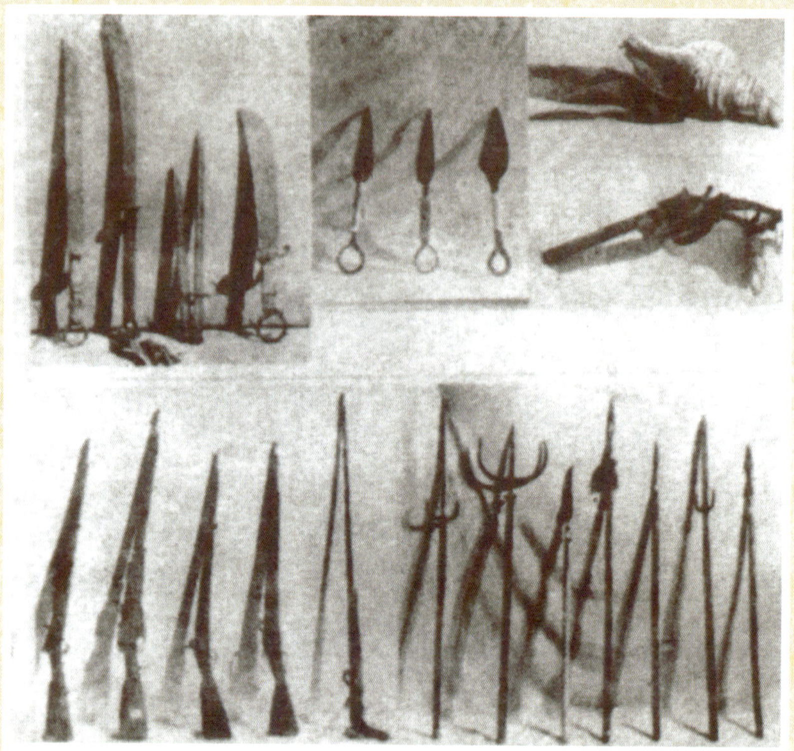

平和暴动使用的部分武器

饶和埔工农游击队臂章

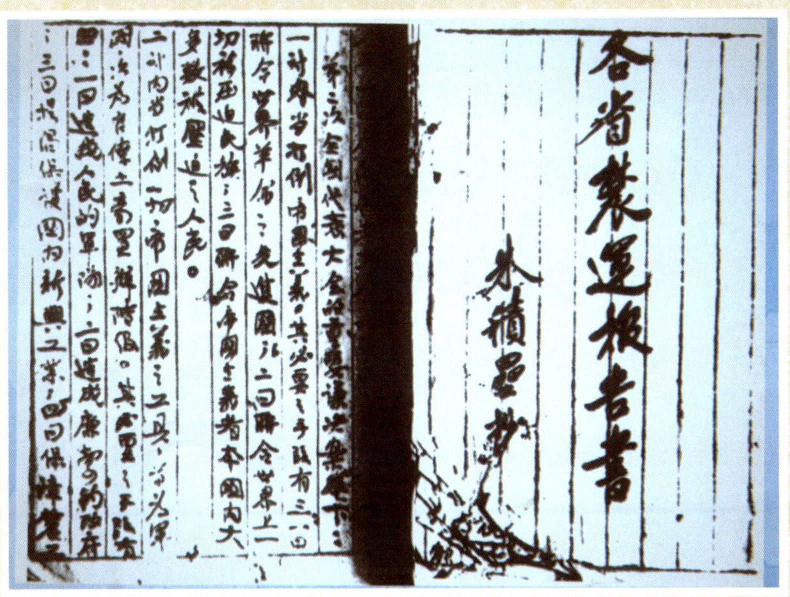

朱积垒在广州第六期农讲所学习时的笔记

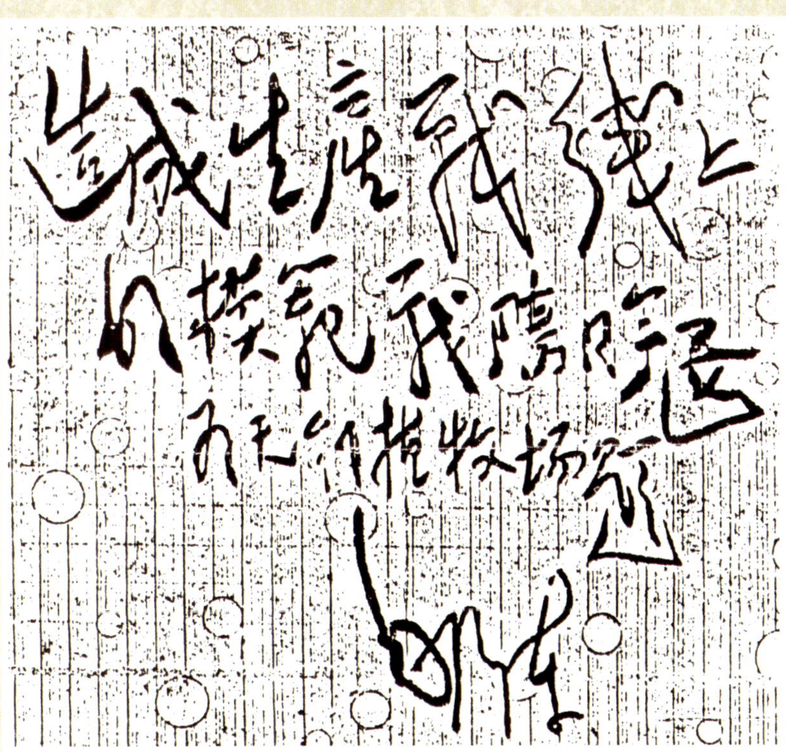

毛泽东为天利植牧场题词

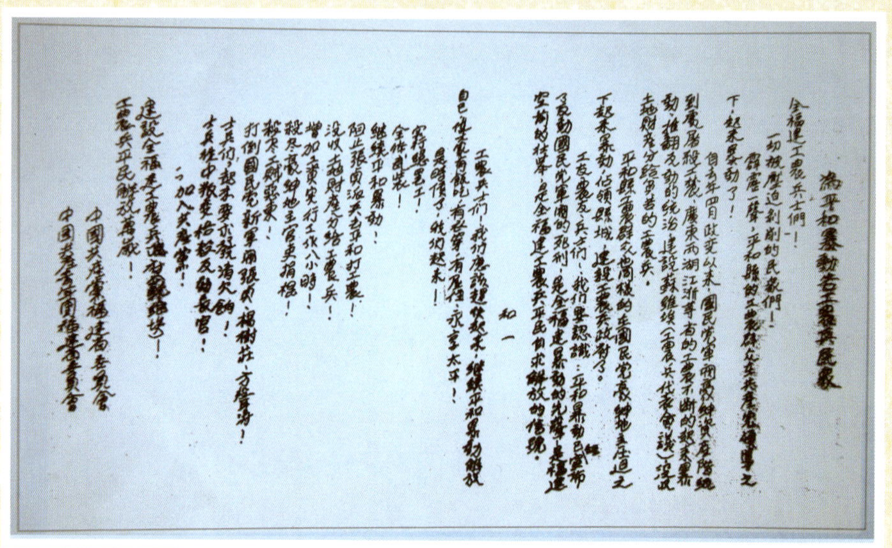

為平和暴動告工農兵民衆

全福建工農兵士們！

一切被壓迫剝削的民衆們！

霹靂一聲，平和縣的工農群衆在共產黨領導之下，起來暴動了！

自去年四月政變以來，國民黨軍閥豪紳資產階級到處屠殺工農，廣東兩湖江浙等省的工農不斷的起來暴動，推翻反動的統治，建設蘇維埃（工農兵代表會議），沒收土地財產分給貧苦的工農兵。

平和縣工農群衆[illegible]的國民黨豪紳地主壓迫之下起來暴動，佔領縣城，建設工農兵政權了。

工農群衆、兵士們，我們要認識：平和暴動已宣布了反動國民黨軍閥的死刑，是全福建暴動的先鋒，是福建空前的壯舉，是全福建工農兵平民自求解放的信號。

工農兵士們，我們應該趕快起來，繼續平和暴動，解放自己。使大家有飯吃，有衣穿，有屋住，永享太平！是時候了，我們起來！

實行總罷工！

全體武裝！

繼續平和暴動！

阻止張貞派兵去平和打工農！

沒收土地財產分給工農兵！

增加工資，實行工作八小時！

殺盡豪紳地主官吏捐棍！

殺盡[illegible]！

打倒國民黨新軍閥張貞、楊樹莊、方聲濤！

士兵們，起來要求發清欠餉！

士兵在[illegible]中要槍殺反動長官！

加入共產黨！

建設全福建工農兵蘇維埃！

工農兵平民解放萬歲！

中國共產黨福建省委員會

中國共產青年團福建省委員會

中共福建省委、共青团福建省委发布的《为平和暴动告工农兵民众》

中国工农红军闽南独立第三团标语

★★★ 革命纪念馆 ★★★

平和暴动纪念馆

位于长乐乡下坪村下书斋。福建省人民政府于 1961 年 5 月公布平和暴动遗址为第一批省级文物保护单位。现为平和暴动纪念馆。

三平红军会师纪念馆

红三团与红九团会师纪念馆,位于平和县文峰镇三平风景区。1988 年 11 月首次布展,2015 年进行改版。有纪念碑一座,为中共漳州市委、漳州市人民政府所立。

朱德率南昌起义军回师入闽纪念馆

位于平和县秀峰乡福塘村171号。该馆于2013年布展，主要展示朱德、陈毅率领部分南昌起义军回师入闽途经平和4天，行程150多公里的历史。

中共闽粤边特委机关纪念馆

位于平和县南胜镇义路村邦寮山，2014年为纪念中共闽粤边特委成立80周年在原址重建并布展。

大芹山根据地纪念馆

位于平和县国强乡政府院内高坑陈氏宗祠。2015 年布展，主要展示大芹山地区人民在共产党的领导下开展革命斗争的历程。

总　序

在举国欢庆新中国成立70周年前夕，中国老区建设促进会王健会长请我为“全国革命老区县发展史丛书”作序，作为一名在老区战斗过并得到老区人民生死相助的老兵，回首往事，心潮澎湃，感慨万千，深感义不容辞，欣然应允。

中国革命老区，是以毛泽东为代表的中国共产党人在领导人民推翻帝国主义、封建主义和官僚资本主义三座大山，争取民族独立和人民解放伟大斗争中建立的革命根据地。在这片红色的土地上，诞生了无数可歌可泣的革命英雄儿女，为后人树起了一座不朽的丰碑，她是新中国的摇篮，是党和军队的根。

在艰苦卓绝的战争年代，老区人民把自己的命运与中华民族的命运紧紧地联系在一起，与中国共产党和人民军队的命运紧紧地联系在一起，他们生死相依，患难与共。我曾亲历过战争年代，并得到过老区红哥红嫂的救助，切身感受到发生在身边的一幕幕撼天动地的革命故事。在那极其艰难的条件下，老区人民倾其所有、破家支前，不怕艰难困苦，不怕流血牺牲。“最后一碗米送去做军粮，最后一尺布送去做军装，最后一件老棉袄盖在担架上，最后一个亲骨肉送去上战场”，这是当时伟大的老区人民为建立新中国做出巨大牺牲的真实写照，它将永远镌刻在中国共产党、中国人民解放军、中华人民共和国的历史丰碑上。他们的光辉业绩永载史册，他们的革命精神必将影响一代又一代的革命新人，造就一代又一代的民族脊梁。

在社会主义革命和建设时期，革命老区和老区人民响应党的号召，面对落后的面貌、脆弱的经济、恶劣的生态环境，他们本色不变，精神不丢，自力更生，艰苦奋斗，干一行爱一行，始终坚持“革命理想高于天”，自觉做共产主义远大理想的坚定信仰者和忠实实践者，勇于向恶劣的自然环境和贫穷落后宣战。他们在各条战线上为国建功立业，用平凡的双手创造了一个又一个不平凡的奇迹，彰显了老区人的崇高精神和人格力量。

在改革开放的伟大进程中，老区人民解放思想、勇于创新、发奋图强、攻坚克难，老区的经济社会建设取得了辉煌成就。特别是在改变中国的面貌、中华民族的面貌、中国人民的面貌、中国共产党的面貌的伟大实践中发挥了至关重要的作用。老区人民既是改革开放的参与者，也是改革开放的推动者。

艰苦练意志，危难见精神。老区人民在近百年的革命战争、社会主义建设和改革开放的伟大实践中，孕育形成了伟大的老区精神：爱党信党、坚定不移的理想信念；舍生忘死、无私奉献的博大胸怀；不屈不挠、敢于胜利的英雄气概；自强不息、艰苦奋斗的顽强斗志；求真务实、开拓创新的科学态度；鱼水情深、生死相依的光荣传统。这是党和人民宝贵的精神财富、丰厚的政治资源，是凝心聚力、振奋民族精神的重要法宝，也是社会主义核心价值观的重要内容。

中国老区建设促进会怀着强烈的政治责任感和历史使命感，组织全国各地老促会人员克服困难，尽心竭力编纂“全国革命老区县发展史丛书”，记录老区的光辉历史和辉煌成就，传承红色基因，弘扬老区精神，是功在当代、利及千秋的一件大事。手捧这部丛书的部分书稿，读着书中的故事，倍感亲切，深感这部丛书具有资政、育人、存史的社会功能，有着重要的时代和历史价值。它是不忘初心、牢记使命的源头活水，是赞颂共产党、讴歌老区人民的一部精品力作，是弘扬老区精神、传承红色记忆的丰厚载体，是一项继承优秀传统文化、弘扬革命文化、发展社会主义先进文化、坚定“四个自信”的宏大文化工程。它必将成为一种文化品牌，为各界人士了解老区、宣传老区、支持老区提供一部有价值的研究史料。希望读者朋友们能从中了解并牢记这些为党和民族的利益不断奉献的老区人民，从中得到教益，汲取人生奋斗的精神动力。

新时代赋予新使命，新起点开启新征程。让我们更加紧密地团结在以习近平同志为核心的党中央周围，坚持以习近平新时代中国特色社会主义思想为指导，增强“四个意识”，坚定“四个自信”，做到“两个维护”，弘扬老区精神，铭记苦难辉煌。为实现“两个一百年”奋斗目标，实现中华民族伟大复兴的中国梦做出新的更大的贡献！

迟浩田

2019 年 4 月 11 日

序

正值中华人民共和国成立70周年暨平和解放70周年之际，作为特别献礼，一部由平和县老区建设促进会主编的《平和县革命老区发展史》即将出版。本书以习近平新时代中国特色社会主义思想为指导，以翔实的史料为基础，真实生动地再现了跌宕起伏、波澜壮阔的革命历史，全面而系统地叙述日新月异、沧海桑田的发展故事，为我们追寻平和百年风云提供了历史舟楫，也为我们续写新时代老区辉煌提供了厚重启示。

平和属原中央苏区县，是著名的革命老区，与永定、长汀、上杭并列为福建省4个重点老区县（区）。在革命战争年代，平和县是中央革命根据地闽西苏区和闽粤赣边区革命根据地的重要组成部分。早在1926年12月，平和就建立了以朱积垒为书记的中共平和支部。从此，革命的星星之火开始在平和大地燃起，并渐成燎原之势。1928年2月，平和建立了福建省第一支具有红军雏形的工农革命武装——福建工农革命军独立第一团。同年3月8日，以朱积垒为首的中共平和临时县委，联络闽粤边界地区的工农武装，举行震撼闽粤两省的平和暴动，打响了福建武装反抗国民党反动派的第一枪，揭开了“福建农民自动夺取政权的第一幕”。平和暴动以其对人民革命斗争产生的重大影响和深远意义而光荣地载入中国共产党历史。

在漫长的革命斗争中，平和老区人民在中国共产党的领导下，历经第一次国内革命战争、土地革命战争、三年游击战争、抗日战争和解放战争5个历史时期，前仆后继、不屈不挠，浴血奋战了23个春秋。先后创建或参与创建了长乐、饶和埔诏、靖和浦、云和诏、大芹山、永和埔、永和靖等革命根据地。二十三年血雨腥风，二十三年苦斗抗争，平和革命的火种从未熄灭，革命的红旗始终不倒，直至最后胜利，平和因此赢得了“革命红旗二十三年不倒”的盛誉。为了中国人民的解放事业，平和老区人民做出了重大的贡献，付出了巨大的牺牲，先后有600多名平和优秀儿女加入红军战斗序列，生还者仅2人；200多人参加新四军，生还者仅38人；此外，还有红军失散人员946人。至新中国成立，全县有名字记载的革命烈士836人，占漳州的2/3，占全省近9%。

新中国成立以来，特别是改革开放和党的十八大以来，在党的领导下，勤劳勇敢的平和老区人民，秉承革命先烈遗志，发扬光荣革命传统，为改变贫困落后面貌，励精图治，攻坚克难，开拓进取，辛勤耕耘着这片热土。今日平和，经济持续快速发展，城乡建设日新月异，改革创新活力迸发，各项事业协调共进，社会大局和谐稳定，处处涌动着发展热潮，展现出无限生机。全县上下在县委、县政府的带领下，深入贯彻新发展理念，坚持高质量发展落实赶超，坚定不移实施“新型工业立县、现代农业兴县、生态旅游活县”发展战略，致力打造“柚都茶乡生态平和、工兴贸旺活力平和、语堂故里闲适平和”，以更加坚定的步伐迈向全面小康社会。

忆峥嵘岁月，老一辈敢为人先、自强不息，披荆斩棘创造辉煌历史；迎美好明天，新一代不忘初心、牢记使命，继往开来绘就宏伟蓝图。在新时代的征程中，富有光荣革命传统的62万平和老区人民，一定能在这片红土地上，谱写更加出彩的美好篇章。

中共平和县委书记

平和县人民政府县长

2019年5月

编写说明

2017年6月，中国老区建设促进会组织全国各地老促会启动编纂“全国革命老区县发展史丛书”，按照“建立中国共产党、成立中华人民共和国、推进改革开放和中国特色社会主义事业”三大里程碑的历史脉络，系统书写革命老区百年历史，深入挖掘革命老区红色文化资源。这对于充实丰富中国革命史籍宝库，在新时代传承红色基因、弘扬革命精神、强固根本，对于激励人们在新的历史条件下夺取中国特色社会主义伟大胜利，实现中华民族伟大复兴的中国梦具有重要意义。

丛书编纂以习近平新时代中国特色社会主义思想为指导，以《中国共产党历史》《中国共产党的九十年》等重要文献为基本依据，以党的领导为核心，以老区人民为主体，以老区发展为主线，体现历史进程特征，突出时代发展特色，坚持辩证唯物主义和历史唯物主义相统一、历史真实性与内容可读性相统一的原则，书写革命老区从站起来、富起来到强起来的光辉革命史、不懈奋斗史、辉煌成就史，把老区人民的伟大贡献、伟大创造、伟大成就、伟大精神充分展示出来，形成一部具有厚重历史特征和鲜明时代特色的精品力作。这是一部培根铸魂、守正创新，既为历史立言，又为时代服务，字里行间流淌着红色血脉、催生着革命激情的传世之作。丛书的编纂出版将成为讴歌党讴歌人民讴歌时代、传播红色文化、为革命老区和老区人民树碑立传的重要载体。

丛书按照编年体与纪事本末体相结合，以编年体为主的编写体例确定框架结构；运用时经事纬、点面结合的方式记述史实；坚持人事结合、以事带人的原则处理人与事的关系；采取夹叙夹议、叙论结合以叙为主的方法展开内容。做到了史料与史论、历史与现实、政治与学术统一，文献性、学术性、知识性相兼容。

为编纂好“全国革命老区县发展史丛书”，打造红色文化品牌，中国老区建设促进会认真组织积极协调，提出政治立场鲜明、史料真实准确、思想论述深刻、历史维度厚重、时代特色突出、编写体例规范、篇目布局合理、审读把关严格、出版制作精良的编纂出版总要求，力求达到革命史籍精品的精神高度、思想深度、知识广度、语言力度，增强丛书的权威性和社会影响力。各省（区、市）、市（州、盟）、县（市、区、旗）老促会的同志，以强烈的使命感、责任感和紧迫感，勇于担当，积极作为，认真实施，组织由老促会成员、专家学者等参加的十余万人的编纂队伍。编纂工作主体责任在县，省、市组织协调、有力指导、审读把关。各方面人员以高度负责的精神和科学严谨的态度，满腔热情地投入工作，为丛书编纂出版做出了重要贡献。丛书编纂工作还得到了党和国家有关部委、地方各级党委政府及有关部门的大力支持和积极参与，社会各界也给予了热情帮助。中共中央政治局原委员、中央军委原副主席、原国务委员兼国防部长迟浩田上将，对老区人民怀有深厚感情，对革命老区建设发展十分关注，欣然为“全国革命老区县发展史丛书”作总序。

丛书由总册和1599部分册（每个革命老区县编纂1部分册）组成，共1600册。鉴于丛书所记述的史实内容多、时间跨度长和编纂时间紧，不妥之处，敬请批评指正。

中国老区建设促进会

2019年4月

目　录

第一章　大革命时期 …………………………………………… 1
第一节　平和人民的反帝反封建斗争 ………………… 1
第二节　马克思主义在平和的传播 …………………… 5
第二章　土地革命战争时期 …………………………………… 19
第一节　平和暴动打响“八闽第一枪” ………………… 19
第二节　工农武装割据局面的形成 …………………… 28
第三节　福建省第一个县级苏维埃政权的成立 ……… 35
第四节　平和边界革命根据地的发展 ………………… 40
第五节　红三团红九团平和会师 ……………………… 63
第三章　全面抗战时期 ………………………………………… 78
第一节　抗日民族统一战线的形成 …………………… 78
第二节　抗日救亡运动的深入开展 …………………… 93
第三节　开展抗日反顽武装自卫斗争 ………………… 100
第四节　争取抗战全面胜利的斗争 …………………… 111
第四章　解放战争时期 ………………………………………… 124
第一节　在隐蔽待机中分散发展 ……………………… 124
第二节　发动农村游击战争 …………………………… 131
第三节　革命根据地的扩展与地方工团的建立 ……… 139
第四节　平和的解放与接管 …………………………… 141
第五章　基本完成社会主义改造时期 ………………………… 147
第一节　解放初期平和的形势 ………………………… 147
第二节　接管工作的开展和社会改造 ………………… 150

第三节　巩固人民民主政权的斗争 …………………………… 152
第四节　恢复地方经济和基层党组织建立与发展 ………… 159
第五节　总路线的宣传贯彻和"一五"计划的实施 ………… 163
第六节　社会主义改造的基本完成 ………………………… 166
第六章　开始全面建设社会主义时期 ……………………… 174
第一节　从党内整风到反右派斗争 ………………………… 174
第二节　"大跃进"、人民公社化运动和"反右倾"斗争 ……… 175
第三节　纠正"左"倾错误的努力和国民经济困难局面的出现 ……………………………………………………… 183
第四节　国民经济的全面调整 ……………………………… 190
第七章　"文化大革命"时期 ………………………………… 199
第一节　红卫兵的兴起到平和县革委会的成立 …………… 199
第二节　"斗、批、改"运动 …………………………………… 203
第八章　伟大历史转折和中国特色社会主义的开创时期 …… 215
第一节　拨乱反正的展开 …………………………………… 215
第二节　开展真理标准问题的讨论和党的工作重点转移 … 225
第三节　沿着党的十三大路线团结奋进 …………………… 227
第四节　加快改革开放和建设的步伐 ……………………… 234
第九章　改革开放新阶段和把中国特色社会主义全面推向21世纪时期 ……………………………………………… 241
第一节　邓小平南方谈话精神贯彻与大改革气候的形成 … 241
第二节　市场经济改革取得初步成效 ……………………… 242
第三节　市场经济改革的整体推进 ………………………… 245
第四节　市场经济改革的全面深化 ………………………… 247
第五节　县第九次党代会以来取得的成就 ………………… 249
第十章　全面建设小康社会和把中国特色社会主义不断推向前进时期 ………………………………………………… 252
第一节　推动经济社会科学发展 …………………………… 252
第二节　"十一五"期间取得的主要成就 …………………… 257

第三节　构建社会主义和谐社会 …………………………… 259
第十一章　党的十八大和为全面建成小康社会而奋斗时期 … 263
第一节　实现经济社会持续健康发展的部署和实施 ……… 263
第二节　“十二五”计划实施和完成 ……………………… 266
第三节　党的群众路线教育活动 …………………………… 269
第四节　精准扶贫和建设全面小康 ………………………… 271
第五节　县老促会助推老区经济社会加快发展 …………… 275
第十二章　为实现中华民族伟大复兴的中国梦的远景展望 … 278
第一节　“十三五”时期面临的有利条件和风险挑战 ……… 278
第二节　“十三五”时期发展指导思想及基本原则 ………… 280
第三节　“十三五”时期发展目标 ………………………… 281
第十三章　平和革命英烈 ………………………………… 287
第一节　英雄的战斗集体 …………………………………… 287
第二节　驰骋平和大地的革命前辈 ………………………… 292
第三节　为革命做贡献的革命群众 ………………………… 301

参考文献 …………………………………………………… 302
附　录 ……………………………………………………… 303
后　记 ……………………………………………………… 311

第一章 大革命时期

第一节 平和人民的反帝反封建斗争

一、平和社会历史简况

（一）自然历史简况

平和位于福建省南部山区，东与龙海市、漳浦县毗邻，西与广东省大埔县、饶平县交界，南与云霄县、诏安县接壤，北与南靖县、龙岩市永定区相连。境内有海拔1544.8米的闽南第一高峰大芹山。全境面积2334平方千米。境内山多田少，山脉纵横交错，河流众多，冬暖夏凉、四季常青，历来盛产粮、蔗、烟、茶、果等。早在清代琯溪蜜柚便被列为贡品，白芽奇兰茶、香蕉名扬全国，自然资源十分丰富。

平和历史悠久，古为扬州之域，周为七闽之地。晋至六朝属绥安县。隋属龙溪县。唐垂拱二年（686年），开漳圣王陈元光建漳州府后，平和属漳浦县。元至治年间（1321—1323年），平和属南胜县，县治在今南胜镇，至元三年（1337年）迁至小溪旧县；至正十六年（1356年），南胜县改名南靖县，县治移至今南靖县靖城镇，辖今平和、南靖两县域。明正德十三年（1518年），始置平和县。这里有青铜时期文化遗址、古瓷窑遗址，有蜚声海内外的千年古刹三平寺，有被誉为“闽南游览胜地”的灵通山，有举世罕见的明清“生土楼”；这里是被誉为台湾阿里山之神的吴凤故里，是“两脚踏中西文化，一心评宇宙文章”的文学大师林语堂的诞生地。这片热土，物华天宝、流金溢彩，人杰地灵、名人辈出。至晚清之际，由于封建统治日益残酷和腐败，越来越严重阻碍生产力的继续发展，一场翻天覆地的社会大变革在孕育着，其到来是不可避免的。

（二）封建统治者的残酷剥削与压迫

20世纪20年代中期，平和全县人口近20万，有耕地约30万亩。全县盛产大米，除自给外，向外输往大埔、永定、漳州等地，每年输出量达30万石以上。由于土地大部分集中在地主手中，少地和无地的农民不断增加，贫富两极分化日趋严重。全县除东半县的第三区多数为自耕农外，其他五区靠租种地主土地谋生的佃农约占人口的70%。虽是产米区，农民生活仍非常困苦，过着食不果腹、衣不蔽体的生活。

地主豪绅手中掌握着农民赖以生存的大量土地，加之与官府勾结在一起，在政治、经济上占有绝对优势，他们的剥削手段倍加残酷，主要有：

1.地租剥削。平和的税率之高是令人难以置信的，一般都在总产量的40%～80%之间。

2.族权剥削。平和群众大都以姓族聚居，一个村或数村就是一个宗族，而90%以上的宗族都以豪绅地主为族长。他们利用农民文化水平低、宗族观念强的弱点，以维护宗族利益为由，抽敛大量土地作为“公田”。反过来又把这些公田租给群众耕作，从中贪污舞弊，据为私有。

3.经办捐税，夫役剥削。平和多山，居住分散，官府历来都把捐税夫役包给有势力的豪绅地主。大豪绅又包给中小豪绅。经过如此层层包办，逐级加码，派到农民头上就得增加一倍以上。

4.高利贷剥削。因贫穷，每当婚丧喜庆，大多农民得向豪绅地主借高利贷，而多数都是一背上高利贷就终身难以还清。

5.农业赋税。主要有“附加”“预借”“改制”“征兵”等四种形式，其中“附加”一项又有“耗羡”“平余”“规费”等。

所以平和虽为稻米产地，且农民辛苦耕作，兼以挑担、做杂工补助生活，但一日三餐只能用“人头粥”（稀得能照出人影）和地瓜充饥；更有甚者，经常靠糠糊野菜度日。

（三）帝国主义对平和的侵略

1840 年，鸦片战争爆发，外国侵略者凭借船坚炮利打开了中国的大门，开始对中国的入侵与掠夺。随着一系列不平等条约的签订，中国一步步沦为半封建半殖民地，平和人民也一步步被推入苦难的深渊。

帝国主义的魔爪伸进平和，是从传经布道、设立教堂开始的。1869 年，美国基督公会派石码教堂长老和漳州牧师进平和传教。1876 年，基督教开始在小溪桥头购地建礼拜堂。1880 年在小溪成立基督教堂会，从此教会活动十分活跃。基督教会在城镇建堂传教，并逐步深入乡村发展教徒，成立堂会和支会。一些传教士、牧师依靠列强凭借不平等条约所取得的特权庇护，大肆活动。他们以传教为幌子，胡作非为，引起了平和人民的抵制和反抗。

外国侵略者在进行宗教入侵的同时，还打着举办“慈善”事业的名义进行文化侵略。1887 年，美国基督教在小溪开办救世医院。1904 年在教堂开办义学，并于 1914 年在小溪建立新校舍，成立平和育英小学。在学校，强迫学生读《圣经》、信洋教、做礼拜，禁止学生参加爱国活动。在医院，也要求医生及病人按时祈祷，进行皈依上帝的奴化宣传教育。

外国侵略者不仅进行政治、文化侵略，而且在经济方面也不择手段地进行掠夺。他们与本地的不法商人勾结，设立烟馆、贩卖毒品，使人民深受其害，造成大量的白银外流和银价上涨。他们利用雄厚资金，压价收购土特产品。日本侵华经济机构“三井洋行”在平和琯溪设立“平和三井洋行和胜美公司”。该公司一方面输入日货高价向农民出售，赚取暴利；另一方面又利用垄断优势，采取压价、杀价等手段，迫使农民卖出辛苦劳动的成果，廉价收购大量土特产外销。他们利用本地廉价劳动力和原料，牟取暴利，造成传统手工业产品、土特产大量积压，大批农民手工业者纷纷破产，平和农村经济日益萧条，人民生活困苦不堪。

（四）军阀混战及其反动统治

1911年10月10日，武昌起义成功。随后，各省宣告独立，拥护共和。平和人民闻讯后张灯结彩，欢呼雀跃拥护共和，改县署为县公署，改知县为知事。“窃国大盗”袁世凯死后，中国政治极端混乱，出现了军阀混战局面。此时，地方军阀都把平和作为主要通道和战场。1918年，北洋系军阀李厚基攻打广东军阀陈炯明时，以平和为主要战略基点，其后李部兵败后撤，陈部攻破九峰入主平和，又以平和为补充军饷、摊派夫役的基地；1920年，李部反击，陈部撤回广东，平和又成了李部的前沿阵地；1922年，陈部东山再起，经平和击败李部；1924年，孙传芳部击败陈部，驻扎平和；1926年，张贞部击败孙系张毅部，途经平和向北推进……如此循环往复，使平和人民备受兵灾之苦。

1.军阀滥设捐税，横征暴敛。军阀入境，除滥派夫役外，还巧立名目，摊派多达数十种捐税，榨取民财。

2.军阀混战严重破坏了农业生产。军阀部队入境之日，便是平和人民遭殃之时，他们不仅摊派大量的夫役捐税，还以“大放假”为名，放纵士兵恣意抢、杀、强奸、拉夫。劳苦群众“谈兵色变”，每当听说军队即将过境，就纷纷扶老携幼，避匿外地（当地称“走反”），对农业生产造成严重的影响。

3.兵匪一家，残害民众。军阀战争导致吏治的混乱，土匪蜂起。有散兵趁机抢劫聚股成匪的，也有土匪投靠军阀号称“民军”横行一方的。这样的匪帮，在平和大小共十几股，大的上百人，小的三五人，他们占山为寇，横行乡间，到处骚扰民众。

二、平和人民反帝反封建的自发斗争

平和人民具有反抗反动统治的光荣传统，面对统治者的残酷剥削与压迫，不怕牺牲、不畏强暴，进行百折不挠的自发反抗斗争。早在元代就有南胜李志甫揭竿而起，明代有詹师傅率众起义。在近代，太平军侍王李世贤部属朱利王攻占平和县城九峰，在当地民众的支持下，以九峰为大本营向周围出击，历时七个多月，攻占了闽南大部分地区。

辛亥革命后，平和人民反抗军阀的斗争持续不断。民国二年(1913年)，诏安县秀篆李镜臣在小溪设立“白扇会”，在芦溪也有同样的组织。未几，他们会聚数百名农民武装，攻打小溪驻军刘尉司令部，后被镇压。“白扇会”另一首领蔡放逃到石码一带继续活动，曾发动数千农民武装攻入漳州城，后也失败。民国七年(1918年)，陈炯明任援闽粤军总司令，入闽护法。是年夏，陈部由广东大埔攻占平和。民国九年(1920年)，陈令县知事到大溪办“义捐”，打死赤安一个孕妇，并抓走12名农民解县惩办，引起壶嗣农民愤慨，持枪反抗。是时，陈炯明出兵镇压，农民被杀死50多人，壶嗣全村被洗劫一空。

人民的起义斗争给当时反动统治者一定的打击，但都因为没有无产阶级政党的领导，没有先进的理论做指导，最终都在反动势力的血腥镇压和残酷杀戮下失败了，时代正期待着中国共产党的正确引导。

十月革命一声炮响，给黑暗的中国送来了马克思主义，随后爆发的五四运动促进了马克思主义的传播，中国工人阶级开始登上政治舞台，中国人民迈上新的革命征程，平和人民的革命斗争也迈出新的步伐。

第二节　马克思主义在平和的传播

一、五四运动对平和的影响

在以提倡新道德、新文化为主要内容的新文化运动影响下，平和也进行反宗法、反孔教、反留长辫、反缠足，提倡男女平等、白话文化，兴办平民学校等活动。

1917年9月，广州成立护法军政府。1918年5月，援闽粤军总司令陈炯明率军进攻福建，1919年6月在漳州建立闽南护法区。当时，护法区遵循孙中山三民主义，提出“建设新社会，提倡新文化”的口号，并实施一些改革措施，开阔了人们的眼界，给平和人民冲破封建思想藩篱以有益的帮助。

1919年，陈独秀、李大钊等以《新青年》为阵地，高举民主与科学的大旗，发动了反封建的新文化运动，各种新思潮开始在平和广泛地传播。

1919年1月，第一次世界大战的战胜国在法国巴黎召开和平会议，这实际上是由当时世界五强即美、英、法、日、意5个帝国主义国家操纵的重新瓜分世界的会议。中国作为战胜国之一参加这次“和会”。会上，中国政府代表在全国舆论的压力下，提出取消外国在中国的某些特权和“二十一条”，收回山东被日本从德国手中夺去的一切权利等要求，遭到拒绝。4月29日，英、美、法三国议定《巴黎和约》，其中关于山东问题的条款，竟然完全接受日本的提议，将德国在山东的侵略权利全部转让给日本，而卖国的北洋政府屈服于帝国主义的压力，竟准备在“和约”上签字。消息传到国内，激起了各阶层人民的强烈愤慨。以学生斗争为先导的五四爱国运动就如火山爆发一般地开始了。5月4日，北京学生3000余人在天安门前集会、游行，高呼“外争国权，内惩国贼”“废除二十一条”“还我青岛”等口号，遭军警镇压，32人被捕。全北京学生立即总罢课，通电全国抗议。

1919年发生的五四爱国运动是在黑夜沉沉的中国发出的一声响亮的春雷，立即震动了全国。当消息传到漳州时，漳属各地爱国学生、青年纷起响应。5月18日，平和县城九峰和琯溪两集镇的工人、学生罢工、罢课上街游行，高呼“争回青岛”“抵制日货”“惩办国贼”等口号。每人手持小白旗，上书“争回青岛方罢休”“共伸天讨”“诛灭国贼”“宁为玉碎，不为瓦全”的愤激口号，“沿途唱国耻歌，并分送哀求同胞一致对倭文”。

五四反帝爱国运动的烈火在平和迅猛燃烧，当北京政府“六三”大逮捕的消息传到后，进一步激怒各界人士，一场抵制日货的高潮迅速掀起。学生们沿街演讲，组织搜查日货，并把他们过去购买的日本草帽、洋伞等当众拆碎于街头。学生这种抵制日货的积极行为博得许多爱国人士的赞赏，当时平和销售日货者，以洋货店、小药商为多，其余小贸易人丹、立毙臭虫药、安住蚊香者，到处皆是。商界也立即行动起来，商人们相议，不进日货，不卖日货，不愿代售日货，一致响应龙溪各地商会的通电，对日货“取消极的态度”。三井和胜美公司也一度门前冷清，几乎陷入困境。

五四运动后，一大批青年学生如饥似渴地阅读《新青年》《每周文摘》等进步书刊，开始接触马克思主义，传播新思想，积极参加反帝反封建斗争，探求救国救民的道路。当时主办赴法勤工俭学的华法教育会领导人蔡元培、吴稚晖等应陈炯明之邀来漳参观讲学，他们赞同和支持闽南各县派学生赴法留学。9 月，援闽粤军总司令陈炯明指令在闽南各县选派赴法学生，以半官费资助赴法学习。许多青年纷纷报名参考，平和选派了黄廷钧、卢永秋、周澄南、周粤奠、周永年等 5 名青年，他们告别家乡，毅然远渡重洋，赴法勤工俭学。后来，随着形势发展，旅法学生中的先进分子组成了共产主义小组，以后又成立了旅欧支部，在留学生中传播马克思主义。

五四运动给灾难深重的民族和人民带来了光明，带来了希望，唤醒了平和广大民众，一大批爱国学生在运动之中受到锻炼教育，为他们日后成长奠定思想基础，也为平和党组织的成立，做了思想准备。

二、马克思主义在平和的传播

在孙中山的指导支持下，在五四运动潮流的推动下，陈炯明在闽南护法区进行一系列的革新，兴办了有利于社会进步和人民利益的事，使之成为孙中山旧民主主义的实验地，也为漳州思想文化教育带来了新风。

1919 年 12 月，陈炯明在漳州创办《闽星》半周刊，以后又办《闽星》日刊。这些刊物在宣传无政府主义的同时，也用大量的篇幅介绍马克思主义一些基本观点，宣传资本主义必然为社会主义所代替的客观必然性，是五四后颇具代表的两个宣传新文化、传播马克思主义的刊物。除《闽星》外，漳州还于 1919 年开设“新闽学书局”，出售《新青年》《新潮》《星期评论》等进步书刊。这对闽南地区开展新文化运动与传播马克思主义有一定影响，对引导青年研究马克思主义起一定作用，使马克思主义的革命理论为一大批先进知识分子所接受，为日后走上革命道路奠定基础。

旅法勤工俭学的平和学生，特别是黄廷钧，在周恩来和郑超麟等同学的影响与帮助下，他们的思想从量的积累发展到质的飞跃。黄廷钧经过艰苦的学习和生活实践，自觉地接受马克思主义，逐步完成了从信仰“科学救国”到信仰“共产主义”，经常从国外寄回各种进步书刊，给亲友写了大量的书信，宣传马克思主义，阐述革命道理。这些书信，在平和青年知识分子中引起强烈的反响，促进了马克思主义的传播。这时，平和革命早期领导人朱思、朱积垒也来到传播新思想的前沿阵地——厦门集美学习。

1921 年秋，朱思考取集美学校中学部。朱思，1905 年 7 月出生于平和九峰复兴茶洋村一个农民家庭。朱思在学校里勤奋好学、善于思考，各门功课十分优秀。而家庭的贫困、劳动人民的苦难、社会的黑暗、政治的腐败，在他心里留下深深的烙印。朱思深深同情受苦受难的农民，立志改革社会。朱思来到集美学校后，有机会接触大量的进步刊物，思想发生了很大的变化。1923 年秋，朱积垒进入厦门集美学校师范部学习。朱积垒，1905 年 5 月出生于平和九峰上坪村，父亲在本村开杂货店，兼卖布匹，有田 20 亩，家庭比较富裕。朱积垒年幼时读过私塾，15 岁到九峰奎文小学读高小。1923 年秋，朱积垒高小毕业，因成绩优异，被保送到厦门集美学校师范部读书。

当时集美学校受五四运动新思潮的影响，学生运动蓬勃发展。共青团两广区委会通讯员罗明和共青团上海委员会通讯员李觉民也在师范部高年级读书。他们在校内发售《中国青年》《响导》等革命刊物，积极宣传反帝反封建主张，传播马克思主义，介绍苏俄十月革命后新变化。朱思、朱积垒经常一起学习、研究《新青年》《响导》等进步书刊，交流心得体会，探索革命真理，并积极投入爱国学生运动。

1924 年 5 月 9 日，旅居厦门的日本人无理殴打中国人和军阀开枪打死无辜学生李文华事件，激起了集美学生的义愤。他们要求去厦门岛内示威游行，却遭校长叶渊反对，并以“开除”相威胁。学生们一起到校董处请愿示威，要求撤换校长。叶渊在学生面前假惺惺地表示愿意辞职，但第二天就翻了脸，宣布开除九名学生。学生们更为愤恨，集会抗议。这时，平常言语不多的朱积垒激于义愤，也上台演说，积极主张同反动校长的高压手段做斗争，举行罢课，要求校方收回开除学生的无理决定。校方蛮横无理，采取提前放假、停膳、不让住宿等手段，逼学生们离校。一些学生骨干分子跑到鼓浪屿，继续进行斗争活动。校方又勾结外国巡捕，驱赶学生。这一连串事件，深深地教育了朱积垒，使他更加认清帝国主义和军阀政府的反动本质，也促使他认识到自己负有改变社会现状的重大责任，为此给自己起了别名，叫“朱先锋”。

11 月，李觉民经通信与陈独秀、刘静仁取得联系，被推荐为《中国青年》通讯员，代售国民党团中央机关刊物及共产党在上海书店所发行的各种马列主义书籍，并联络师范部具有初步共产主义思想的同学罗明、熊其藻等组织“福建青年协进社”，以国民党活动为掩护，出版《星火周报》，宣传马克思主义，进行革命活动。在罗明的介绍下朱积垒参加了这个进步团体，并常以朱先锋为笔名在《星火周报》上发表进步文章。1925 年 5 月 30 日，上海学生及群众为抗议日本帝国主义枪杀工人顾正红、拘捕学生，在租界演讲散发传单，要求释放学生，被英巡捕开枪打死 11 人，伤 10 人。朱积垒由于积极参加因五卅惨案、沙基惨案而举行的示威游行、罢课等一系列活动，引起学校反动当局的注意，校方竟以思想赤化、行为过激为由，把他开除。

1926 年初，朱积垒失学在家，罗明以国民党中央农民部特派员的身份从广州到厦门为广州农民运动讲习所（第六期）招生。经他介绍，朱积垒和永定胡永东，龙岩郭滴人、李联星、陈庆隆、朱文昭，上杭王奎福、温家福，诏安黄昭明等 9 人，于同年 3 月 20 日，乘海轮到达革命的策源地——广州，进农讲所学习。

广州第六期农讲所是为全国各地培养农运骨干的机构，也是革命者学习马列主义的重要场所。朱积垒在这里受到了马克思主义理论教育和农民运动的陶冶，经受了严格的组织纪律锻炼和军事训练，他的世界观发生了质的飞跃。

在农讲所，朱积垒听了毛泽东讲授的“中国社会各阶级的分析”“中国农民问题”和周恩来讲授的“军事运动和农民运动”等重要课程，还听了彭湃做的“海丰及东江农运状况”报告。他对所学课程都非常认真，特别是对马列主义的一些主要著作，力求弄通基本原理，并做了详细的笔记。朱积垒开始学会用阶级分析的方法来观察、分析中国的社会问题和农民问题，认识到旧中国一切社会问题的总病根，在于“帝国主义、军阀、封建地主、买办大资产阶级的压迫和剥削”；认识到“这些阶级代表中国最落后、最反动的生产关系，阻碍中国生产力的发展，他们和中国革命的目的完全不相容”，要打倒他们必须首先“造成人民的军队”。

朱积垒积极参加农讲所组织的社会调查研究活动，到当时农运搞得较出色的海丰县实地学习和调查，从中学到了搞农运的好经验，增强了开展农运的信心和决心。

经过斗争实践的锻炼和革命理论的刻苦学习，朱积垒逐步树立了辩证唯物主义和历史唯物主义的世界观，他由一个爱国青年转变成一个自觉的共产主义战士。同年 6 月，朱积垒在农讲所加入了中国共产党。

1926 年 9 月，朱积垒从农讲所结业后来到汕头，在北伐军东路指挥部政治部搞宣传工作。他针对当时国民党右派对共产主义的竭力污蔑和社会上一些人对帝国主义的幻想，写了两篇观点鲜明、论据充分的文章。一篇是《帝国主义的末运与世界革命》，发表在广东《岭东国民日报》副刊《革命》第 16 期上。他在这篇文章中着重论证了帝国主义必然灭亡的规律。另一篇是《告盲目反“共产主义”的人们》，发表在 1926 年 12 月共青团广东区委机关刊物《少年先锋》第 12 期上。他在文章中着重阐述了共产主义必然胜利的道理。

朱积垒把这些文稿寄给家乡学友，宣传革命真理，进一步促进了马克思主义在平和的传播。

三、中共平和支部的建立

（一）平和工农运动的兴起

大革命时期的广州，是中国革命的策源地。当时，全国人民反帝斗争方兴未艾，中国共产党领导的农民运动迅速发展。广东东江工农运动的高涨，直接冲击与之接壤的平和。在这偏僻山区，工农运动也随之兴起。1925 年秋，黄廷钧离法回国，经广东海陆丰实地考察了农民运动。他回到平和后，以留法学生、理科硕士的身份，公开介绍世界革命潮流，宣传国民革命的必要性和紧迫性。通过交换思想和政治见解，团结一批进步的青年知识分子作为开展革命活动的骨干。经过一段时间的宣传活动，1926 年 1 月，大坪的碧村、新寨、王厝、新城和小坪、双坑、铜场等地办起了民校。农民群众情绪高涨，纷纷参加学习。黄廷钧等人深入各校，亲自授课，抓紧进行革命教育，有效提高了平民的阶级觉悟，并从中发现和培养了黄廷坚、黄成材、黄温井等积极分子，这些人成为基层农民协会的领导成员、农民运动的中坚力量。这一年春夏之交，在大、小坪一带先后成立 4 个基层农会，开展废除苛捐杂税、反对抓丁派款、实行二五减租的斗争。与此同时，黄廷钧出入九峰、琯溪和坂仔等乡镇，一方面联络上层人士，动员他们支持北伐战争，参加国民革命；另一方面，秘密串联陈天德、郑维山、赖铭新、蔡维雄等人，发动各地工人农民，积蓄革命力量。同时，朱思于集美学校中学部毕业后，返回家乡，在九峰奎文小学担任教员。他认真教书育人，经常深入农村做社会调查，掌握大量第一手材料，从中找到广大农民贫穷困苦的原因，并深切地感受到群众中蕴藏着摧毁旧制度的强烈政治要求。他和在广州农讲所学习的朱积垒经常书信来往，保持着密切的联系。朱思在九峰瓦片埕曾氏祖祠和复兴南山尾“拳头馆”等地，从拉弦、唱曲、教歌和讲历史故事入手，用通俗的语言、生动的事例，介绍东江和海陆丰农民运动的情况。他秘密串联郑维山等进步青年，组织大家阅读进步书刊、交流思想，团结一大批九和中学的学生和县城的店员、理发员，为开展农民运动准备了骨干，打下一定的群众基础。

1926年10月，随着全国革命形势的发展，党加强对农民运动的领导，中共两广区委派朱积垒以国民党中央农民部特派员身份，随国民革命军东路军入闽，回到平和“传播革命思想，撒播革命火种，发动群众，组织农会，发展党的组织，搞农民运动”。朱积垒以特派员的公开身份，联络黄廷钧，深入九峰、崎岭、霞寨、芦溪等乡镇，充分利用国共合作时机，宣传孙中山“联俄、联共、扶助农工”三大政策，介绍广东海陆丰农民运动，团结国民党左派势力，动员各界人士支持北伐战争，参加国民革命，并在九峰设立国民党平和第一区党部，在霞寨设立第二区党部。同时，他与朱思一起继续通过开展排球、乒乓球和武术、拉弦唱曲等文体活动，进一步宣传革命道理；组织“青年促进会”，演文明戏，开展“非基”运动；以九峰的农村为依托，深入附近的闽粤边长乐乡一带偏僻山区，通过办平民夜校，讲农民起义的故事，宣传广东农民运动胜利后农民不交租不纳税的情况，启发农民的思想觉悟，唤起群众的革命热情；在贫苦农民、进步青年中秘密发展党员，串联组织农民协会，培养农民运动骨干。

（二）农民协会及其他群众团体的成立

1926年11月，在朱积垒亲自发动组织下，平和第一个农民协会——上坪农民协会成立。上坪村是朱积垒的家乡，坐落在九峰西面，距县城2公里，向西是长乐山区，西南紧连广东大埔、饶平两县。全村均以农业为生，多是佃农，深受土豪劣绅、军阀的压迫和剥削，终年辛勤劳动，省吃俭用，仍不得温饱，遇上灾荒或疾病瘟疫，更是苦不堪言。朱积垒从广州农讲所回乡后，首先在上坪村走访最贫苦的农民，向他们宣传共产党的主张，进行阶级教育，依靠这些最贫苦的农民兄弟，在上坪村塘背祠堂办起平民夜校，在夜校里以识字、读书的方法，启发农民的思想觉悟，宣传新三民主义和孙中山的三大政策，介绍广东海陆丰减租减息的情况。广大农民深受教育，纷纷要求组织农民协会，反对地主豪绅的剥削，反对种鸦片和进行反鸦片捐的斗争。上坪农民协会成立时，有40户农民自愿报名参加，选举朱昭通为会长，朱金墙为协会秘书长。参加的农民均造册登记，给会员颁发印有“不劳动、不得食、宜同心、宜协力”的会员证。上坪农民协会在朱积垒的直接领导下，不仅成为平和农运中心，而且很快得到传播扩大。九峰、长乐、洋半天、崎岭等地也相继成立了农民协会。

1926年冬，在九峰镇瓦片埕祠堂，九峰农民协会和九峰第一区工会成立了。工会由店员、泥水匠、铁匠、裁缝等80余人组成，郑维山任会长。

（三）中共平和支部的成立

在启发农民觉悟，开展农民运动的过程中，朱积垒注意培养并先后秘密发展农民运动骨干分子和进步青年朱思、郑维山、杨文元、朱赞襄、曾浴沂、曾庆杰、陈彩芹、罗育才、李长发、沈伟民、李美高、钟演教、朱积金、叶锦章、游精修等加入中国共产党。1926年冬天，九峰上坪村成立了以朱积垒为书记的平和第一个党支部，共有党员20人，隶属中共广东汕头地委。这时中共广东区委为加强对闽西南地区刚成立不久的党组织的领导，更加有效地指导各地蓬勃兴起的工农革命，决定建立闽西南地区党组织统一领导机构——中共闽南部委，并指定中共汕头地委书记罗明担任书记。1927年1月，罗明抵达厦门，根据中共广东区委的指示，将中共厦门特支改组为中共厦门市委，然后来到漳州，主持召开中共闽南部委成立会议。参加者有厦门、漳州和各县代表30余人，朱积垒、朱思、黄廷钧代表平和党组织出席大会，经过选举，书记为罗明、组织部部长罗扬才，宣传部部长李永绥，农委书记李联星，工委书记农光，民委书记胡穷我，商青书记翁泽生，朱积垒当选部委委员。随着党组织活动和农民运动的深入开展，至1927年5月，平和共有5个党支部，即上坪支部、长乐支部、秀峰支部、崎岭支部、大小坪支部，党员80多人。

（四）农民运动的深入开展

中共闽南部委成立后，闽南国民革命运动迅速高涨，各地深感缺乏能够在工农群众中发挥领导骨干作用的干部。为推动国民革命运动深入开展，1927年2月，中共闽南部委在漳州丹霞书院开办工农运动讲习所，为各县培养农运骨干。农讲所仿照广州农民运动讲习所的一套办法招生和讲学，由各地党组织推荐到漳州报考，学员共有100多人，平和有杨文元、游精修、游志诚、黄德光、黄成材被选送学习。漳州讲习所教学内容紧密结合工农运动的需要，主要课程有工运、农运、妇运、孙中山的三大政策和新三民主义、反对帝国主义、反对封建军阀、反对土豪劣绅。中共闽南部委主要领导罗明等担任讲习所教员。讲习所学员边学习、边参加国民革命运动，他们走上街头演讲，演进步剧，宣传革命道理，声援全国邮电工人大罢工和龙溪石码"倒蓝反廖"斗争。学员们在汹涌澎湃的工农革命运动实践中增长了斗争的才干，经受锻炼和考验。4月3日和4月9日，福州和厦门相继发生国民党反动派捕杀共产党人和革命群众事件，中共闽南部委召开紧急会议研究对策，决定提前结束讲习所，学员派回原县开展革命活动。虽然农讲所开办时间不长，但它为平和等县培养了一批具有一定理论水准、斗争经验的优秀骨干分子，为农民运动的蓬勃发展，为日后农民武装暴动，创建革命根据地准备了干部。朱积垒与其他支委分头行动，深入全县各地，撒播革命火种，从"减租、减息、减捐、减役、减税"到"力图把减租运动变为抗租运动"。当时，与九峰上坪相邻的长乐山区农民生活非常困苦，地主豪绅对农民的压迫剥削异常严重，朱积垒和支委们一起研究，决定把农运的重点放在长乐乡。从此，朱积垒经常到长乐，与陈彩芹、罗育才等一道开展工作。他们发动了一批"债务丛集、如牛负重"的穷苦人，成立长乐乡农民协会。朱积垒为农民协会制定了组织章程，同时发给农民印有"不劳动、不得食、宜同心、宜协力"字样的农会臂章。

1927年春，朱积垒和陈彩芹、罗育才商量，决定利用长乐圩日那天进行宣传、发动群众，又通知杨文元、朱赞襄等人从县城赶来参加。圩日那天，县府派曾子丹带着两个差役，到庵边坪来收"花票"（捐税）。朱积垒在圩上当众揭露官僚、地主的剥削行为，宣传实行"二五减租"和废除苛捐杂税的主张，并号召农民兄弟加入农会。陈彩芹、罗育才、朱赞襄、杨文元和几个农会会员，上前阻止曾子丹征收"花票"。朱赞襄快步上前，缴下曾子丹的枪。赶圩的农民围观助威。两个差役见势不妙，溜之大吉。直到曾子丹认错，再三保证不再来收税时，朱赞襄才把枪归还给他。

朱积垒他们一连发动了好几起这样的活动，影响很大。一些农民消除疑虑，纷纷要求加入农会。以长乐下坪农会为中心，周围100多个小山村，处处点燃了农民运动的烈火。一时还没有组织农会的山村的农民翻山越岭，赶到长乐下坪村来找朱积垒，要求协助他们组织农会。

1927年1月，朱思到崎岭乡玉霞小学，利用教书做掩护，进行革命活动。他以南湖为中心，深入楼角、刈尾、山头和枫林溪等20多个村庄，做艰苦细致的宣传发动工作，点燃了崎岭乡农民运动的革命烈火。

陈彩芹在芦溪多次组织农民及部分手工业工人和店员开展请愿斗争。他利用陈氏宗亲关系，点燃了小芦溪的革命火种。黄廷钧带领霞寨农民到琯溪举行火炬示威游行，沿途张贴标语，演文明戏，使“耕者有其田”的主张家喻户晓。各支部成员带头上街演讲，反对驻军抓夫派款，要求废除苛捐杂税，提出了“二五减租”“二五加薪”“政权归农会”等响亮的口号，并四处散发革命传单。在农民运动日益高涨的情况下，平和党组织决定进一步动员农民，扩大农会。随后党员骨干分头行动，把农会扩展到秀峰、洋半天、大溪、霞寨、南胜，以及和大埔、永定交界的象湖、秀芦溪等地。

工农运动的日益兴起，有力地打击了当地反动势力。至1927年3月间，农会组织遍及九峰、霞寨、长乐、高坑、芦溪、崎岭、安厚、坂仔等20余个乡镇，会员1万多人，形成了一个以上坪、大坪为中心的平和农运高潮。以朱积垒为代表的平和地方党组织，在第一次国共合作时期，大力组织发展农会，宣传、教育农民，开展卓有成效的农民运动，为日后平和农军发起威震八闽的平和暴动打下良好的群众基础。

（五）中共平和地方党组织反对国民党右派的斗争

北伐战争的胜利发展，工农运动的不断高涨，沉重地打击了帝国主义及其走狗在中国的反动统治。蒋介石为了实现其政治野心，于1927年4月12日在上海发动反革命政变，对共产党员和革命群众进行血腥大屠杀，轰轰烈烈的大革命遭到失败。在此之前，为加强福建的反革命势力，蒋介石先后派遣一大批国民党右派分子入闽占据军政要职，阴谋发动反革命事变。1927年3月之后，福建各地革命形势进一步恶化，国民党右派的阴谋活动更加频繁。4月3日，福州国民党右派首先发难，召开"拥蒋护党"大会，杀害与国民党右派做斗争的党代表方毅威，制造"四三"反革命事变。随后厦门、泉州、漳州等地的国民党右派相继发动反革命事变，捕杀共产党人和革命群众。

4月中旬，平和成立"清党委员会"，实行清党。九峰豪绅唆使歹徒捣毁国民党第一区党部（左派），打砸第一区工会，并勾结反动军队强令解散县农会和第一区工会。5月4日，国民党右派在琯溪召开"拥蒋护党"大会，并与地主豪绅沆瀣一气，狼狈为奸，下令捕杀共产党员、农会指导员，宣布恢复征收苛捐杂税，平和大地笼罩在白色恐怖之中。

在国民党右派发动反革命政变之后，中共平和地方党组织的领导人并没有被吓倒、被征服。

国民党平和县县长方日中在"四一二"反革命政变后，撕下假面具，露出右派嘴脸。他与朱、曾、杨三大姓的豪绅一道密谋，并由曾守臣、朱水番出面，纠集一批国民党右派、乡绅，成立平和县国民党第七区党部，组织由他们控制的所谓"农会"。他们还散布谣言，诬蔑攻击朱积垒。又通过朱姓族长、奎文小学老校长朱绍三，妄图收买朱积垒，瓦解农民协会，诡称推荐朱积垒出任大埔县县长，或者由朱积垒他们征收"三溪"（大溪、小溪、芦溪）的捐税等。朱积垒识破了这些阴谋诡计，严词拒绝。

为了反击敌人的猖狂进攻，5月9日，黄廷钧在霞寨大坪主持召开群众大会，组织声势浩大的示威游行，声讨蒋介石的反革命罪行。5月30日，共产党员和农会积极分子集会，纪念五卅惨案两周年。在这两次会议上，黄廷钧分别以"当前形势与我们的任务""为什么要纪念五卅惨案两周年"为中心做演讲，愤怒揭发和声讨蒋介石反革命罪行，公开号召人民群众行动起来，展开针锋相对的斗争。

这些斗争，有力地揭露了国民党右派反革命的真实面目，教育了群众，鼓舞了群众的斗争情绪。

（六）中共平和支部的应急措施

中共闽南部委对蒋介石的反革命政变是有所警戒的，福州“四三”、厦门“四九”反革命政变后，为了防止反革命事变扩大到各县，减少革命力量的损失，4 月底中共闽南部委在漳州召开紧急会议。会议要求所属各县党组织在反革命事变的紧急情况下，要有计划、有准备地领导工农和学生进行反对蒋介石集团的斗争，做出了“应把党和革命工作的重点转移到农村中的农民去”；部委领导的农村工作，“应以闽西（上）杭、永（定）、（龙）岩、平（和）等县为重点地区”；并派罗明和罗秋天往闽西巡视工作，协助杭永岩平等县巩固党和群众组织，以防止反革命事变扩大等四项决议。

中共闽南部委紧急会议召开后，中共平和支部鉴于日益恶化的斗争形势，认识到国民党反动派已拿起钢刀屠杀革命群众，平和的反动派也蠢蠢欲动了，因此决定把农运领导机构从县城九峰转移到城郊上坪村。上坪村是平和第一个农民协会所在地，有着较好的群众基础，便于党继续领导农民运动和应对突发事件。

1927 年 5 月，罗明为贯彻落实中共闽南部委紧急会议精神，到上杭、龙岩、永定指导工作，发动农民运动。5 月下旬，罗明由永定下洋经象湖山赶至平和，找到中共平和支部书记朱积垒，肯定了朱积垒他们及时将农会机构迁移的做法，同时指出：上坪村离县城只有几公里，又没有武装保卫，随时可能遭到敌人的搜查、袭击，应当把领导机关转移到远离县城，又有群众基础的山区去。经研究和实地考察，决定把领导机关转移到闽粤边陲与饶平、大埔、永定三县交界，离县城 15 公里的长乐乡下坪村。随后县农会和中共平和支部转移到长乐。罗明驻下坪后，深入长乐和周围的秀峰、崎岭、芦溪等地乡村指导工作。长乐乡虽然地理环境和群众基础较好，但是人口较少，经济基础薄弱，仅靠一个长乐，难以构成对国民党反动派的威胁，不利于扩大革命影响。为使长乐成为平和革命的中心，中共平和支部决定让党员骨干深入四周各地开展活动,发展革命力量,特别是县城以东的崎岭,以造成对县城的包围之势。另外,通过罗明的联系,中共平和支部与广东大埔的温仰春、饶平的林宗璜都联系上了。这样就为以后两省四县(包括永定)的革命力量加强联系,互相配合奠定了基础。

经过一个多月的工作,在罗明的帮助下,平和革命的重点转移胜利完成,长乐乡逐渐成为全县农民运动和革命的指挥中心,在平和的革命进程中发挥了重要作用。

第二章　土地革命战争时期

第一节　平和暴动打响“八闽第一枪”

一、中共平和县委和县农民协会的成立

第一次大革命失败，使中国共产党人深刻认识到武装斗争和土地革命的重要性。1927年8月1日，周恩来和贺龙、朱德、刘伯承等率领北伐军部队3万余人，在南昌举行武装起义，向国民党反动派打响了第一枪，在全国人民面前树立起一面鲜明的武装斗争的旗帜。8月7日，中共中央在汉口召开紧急会议，在关系到党和革命事业前途命运的关键时刻，坚决纠正和结束了陈独秀的右倾投降主义错误，确定了土地革命和武装反抗国民党反动派的总方针。根据党的八七会议精神，毛泽东和中共湖南省委于9月9日领导了湘赣边秋收起义；张太雷和叶挺、恽代英、叶剑英等于12月11日在广州组织工农兵举行武装起义。南昌起义、秋收起义和广州起义是我党独立领导革命战争和创建人民军队的开始，也是中国无产阶级从城市转入农村，建立革命根据地，以农村包围城市，最后夺取全国政权的胜利起点。

党中央重视闽南地方组织的工作。1927年8月《致闽北闽南临委信》指出：“我们工作的中心问题是如何组织农民，如何武装农民使他们能够自己起来，用暴动的方式夺取政权。”“闽南农民工作应特别加紧与广东东江方面相响应，闽南临委即刻派最活动分子到各

县特别是广东接近的地方，组织农民暴动，以与广东将起之农民暴动连成一片。”随之派陈明到闽南恢复和整顿党的组织。中央南方局也致函闽南各县党组织，并派出巡视员予以指导。

大革命时期，闽南地区工农运动蓬勃发展。作为闽西南农运的中心和旗帜，平和县至 1927 年 3 月间，农会组织遍及九峰、霞寨、长乐、崎岭、芦溪、高坑、坂仔、大溪、安厚等 20 多个乡镇，入会农户 2000 余户，会员数达 1 万余人。在“四一二”反革命政变之后，国民党右派按照蒋介石“已克服的各省，一律实行清党”的密令，成立“清党委员会”，颁发反动条例，残酷镇压和摧残共产党人、工农革命力量、国民党左派及各革命团体。闽南包括中共平和县党的组织和农会遭到严重的破坏，革命转入低潮。中共闽南特委和平和地方组织在极为困难的环境和恶劣的条件下，继续坚持革命斗争，迅速恢复党的组织和各地农会。1927 年 9 月，中共平和县委第一次代表大会在下坪下书斋召开。朱积垒做“关于目前平和革命形势”的报告；传达了八七会议及中共闽南部委会议精神；选举朱积垒、朱思、杨文元、曾浴沂、朱赞襄、陈彩芹、罗育才等人为委员，组成中共平和县委，朱积垒任书记，朱思任副书记。同时，在下坪洋上墩召开平和县农民协会成立大会。会议通过了农协章程和猛烈开展减租减息、抗租抗捐斗争，组织工农革命武装、开展武装斗争的决议；选举朱积垒为会长，朱思为县农协秘书长，从组织上加强了党对全县农民运动的领导。

县委和县农协成立后，组织党员骨干深入各地乡村，进一步发动群众开展反对官僚军阀、豪绅地主的斗争；并与广东饶平、大埔及本省永定的党组织、农会加强联系，紧相配合。平和县农民运动进入一个新的发展时期。在此基础上，各乡开始组织工农自卫军；县委抽调 30 余名青壮年农民，成立工农自卫军常备队，罗育才任队长。至此中共平和县委辖 5 个支部，一个在第二区，其余均在第一区；党员 80 余人，其中知识分子党员 10 余名，手工业工人党员 2 名，贫苦农民党员 10 余名，为举行平和暴动准备了一批干部。县农协辖 6 个基层农会，除一个在第二区外，第一区 5 个农会，一个在城西，离城5里，会员五六十人；一个在城西北，离城30里，会员200余人；一个在城东，离城30里，会员200余人；还有一个在城北，筹备不久。各乡村间多为山隔断，相离10里、20里、30里不等，各乡与县城间也有许多山，但却从西、北、东三面连成包围县城的态势。

二、党的八七会议精神的传达贯彻

1927年10月6日，部分南昌起义部队在朱德率领下离开饶平县茂芝，越过柏嵩关，进入平和。8日，从城西方向直插县城，守敌仓皇弃城逃窜，起义部队遂占领县城，砸开监牢，放出一批囚犯，内有两个农友。同时，向群众宣传起义军的宗旨，号召群众起来斗争。部队纪律严明，不抓挑夫，不住民房，多在城郊野地扎营，秋毫无犯，深得群众好感。朱德还在县城九峰大洋陂中湖祠接见中共平和县委领导人朱积垒、朱思、朱赞襄、陈彩芹等同志，传达党中央关于用革命武装反对反革命武装的决定；指出平和县当前既要开展农民运动，又要发动武装斗争，把农民运动同武装斗争紧密结合起来；同时注意与饶平、大埔等邻县革命力量取得联络，在斗争中互相配合支援。在秀峰乡福塘村宿营时，当地民众踊跃捐款捐物、筹措大量粮草，支援南昌起义部队。为表谢意，朱德还送房东朱梅洲一把铜质大头三节手电筒；在小芦溪陈氏家庙宿营时，朱德赠送32条长枪和1000发子弹给当地农民协会。朱德率领部分南昌起义部队路经平和，历时4天，行程300余里，沿途播撒革命火种，给县委和平和人民指明了斗争的方向，打击了敌人，鼓舞了群众的斗志，让广大党员、干部受到一次深刻的教育，也为创建革命军队、开展武装斗争提供了宝贵的经验。

12月4—5日，全省各县党的负责同志在漳州举行联席会议，成立中共福建临时省委。会议选举陈明、罗明、陈昭礼、林熙盛、王海萍、蔡珊、李联星、葛越溪、陈祖康等9人为临时省委执行委员。联席会议通过《关于目前政治任务决议案》《福建政治状况及目前工作大纲》《告全省同志书》。确定福建党的目前任务，在乡村方面应领导群众“由抗租抗捐，一直到实行土地革命，工农武装夺取政权，一切权利归苏维埃工农兵代表大会”;在城市方面应“组织秘密的公开的工会,经常作经济的政治的斗争”,发展党的组织,团结各种革命力量,做好城市武装斗争的准备。会议还决定把全省划为4个暴动区域,平和、龙岩、永定为第一区,漳浦、海澄为第二区,惠安、莆田、仙游为第三区,建瓯、建阳、崇安为第四区。“要求第一、二暴动区向漳州、厦门城市发展,使闽南广大地区成为连成一片的革命区域;第三、四暴动区向福州发展,以完成闽北地区的统一。并要求第一、二区首先暴动起来。”

会后,临时省委派出干部分赴重要地区巡视指导工作。陈昭礼赴闽北,谢景德(汉秋)赴平和,罗怀盛到龙岩任县委书记。罗明视察闽西各县之后,第三次到平和,传达八七会议精神和临时省委的决定,要求县委加紧发动群众,部署武装斗争。广州农讲所军事总教官、广州起义工人纠察联队负责人赵自选也于此时从香港经漳州到平和,介绍广州起义经过及其经验教训,帮助县委具体研究武装斗争计划。

1928年1月,临时省委在厦门召开紧急会议,决定“领导工农革命暴动,夺取政权,建立苏维埃(工农兵代表)政权”。2月10日,临时省委在漳州召开第二次全体会议,通过《福建目前政治状况及党的工作方针》等决议,指出“目前福建中心工作在闽南,特别是汀漳道,党应特别注意”,“以漳州、厦门为中心”,“切实进行军事运动”。重申党的工作中心是“领导工农贫民,一致起来暴动”。随着临时省委会议精神的迅速传达贯彻,一场暴风雨般的农民运动,以武装斗争的形式在闽南广大地区展开了。在临时省委直接领导下,中共平和县委率领工农民众加紧举行武装暴动准备。一场革命与反革命的殊死搏斗,犹如箭在弦上。

1927年12月底,国民党第十一军由闽入粤,途经平和。县署及豪绅地主趁机摊捐派款,抓丁拉夫,大肆敲诈勒索;挑夫完差之后,又被关押在县城牢狱,以备再次征用,终于激起民愤。中共平和县委审时度势,决定由县农协组织开展请愿斗争。翌年初,以长乐乡农民为主体,600多名农友进城直涌县署示威请愿,大闹公堂,声势浩大。慑于农会威势，县署当即放回被羁押农友，县长方日中被迫答应农民要求，签发“三七”减租文告。请愿斗争获得胜利，极大地鼓舞了农民群众的斗志，使之看到团结斗争的力量。党领导的农会组织如雨后春笋般恢复、发展起来，各乡普遍建立了“工农自卫军”。

此时，县委根据“组织问题决议案”精神，改称中共平和县临时委员会，朱积垒任临委书记。

1928 年 1 月 28 日，中共福建临时省委紧急扩大会议的综合报告肯定平和反对挑夫和减租运动；指出土劣非常害怕，准备武装镇压，而农民亦筹款制枪做进一步抵抗；命令县临委极力联络近期退至长乐一带之饶平农军，发动平和的武装斗争。

为巩固请愿斗争的胜利成果，县临委于 29 日举行各支部联席会议，决定 2 月 11 日在县城九和中学召开农民代表大会，成立第一区农民协会，并把影响扩大到第二、第三等区。2 月 4 日，长乐乡一年一度“王公入庵”庙会日兼“十三坪”大圩，县临委组织了武装游行和集会宣传，印发《告全县农民和民众书》《告饶和埔三县人民书》，号召群众起来“反抗捐税，驱逐县署委员、警队”，当场惩处强行征收捐税的恶棍曾子丹等人。农会宣布没收地霸罗家麟等人的财产，并处罚款以购备枪械。

2 月 9 日，县长方日中获悉农民代表将进城开会，遂密谋策划，暗中调遣县警卫队、保安队及地主武装，在县城四周设伏。11 日晨，200 余名代表分路出发赴会，在城郊突遭伏击，5 名代表和 3 名进城购物农友被捕，其余代表被迫退回。群情异常激愤，纷纷要求武装起义，阶级矛盾空前激化。

三、福建工农革命军独立第一团的组建

1928 年 2 月 12 日，县临委决定改在秀峰举行第一区农民代表大会。当时，农民的反抗情绪很高，与会代表 40 余人，一致通过创建工农武装、举行武装暴动的决议：(1)全体武装与豪绅对抗；(2)组建福建工农革命军独立第一团，公推朱积垒为团长；(3)农会改换红色旗，废除青天白日旗；(4)与饶平、大埔农军联络以其实力相助。

福建工农革命军独立第一团是福建省第一支具有红军雏形的工农革命武装。各乡发动 18～45 岁农民参加“工农自卫军”。秀峰会议之后，仅长乐乡即有 500 余人报名参加。县临委将农军编为 5 个大队，按自然村分别成立中队、小队，同时还将 46～50 岁农民组织起来，成立了担架队和运输队。秀峰会议，是一次直接影响平和暴动的关键会议，它吹响了武装暴动的集结号，标志着平和革命斗争进入土地革命的新时期。

2 月 24 日，县临委召开各支部和县农协联席会议，专题研究武装斗争问题，县临委深刻分析、正确估计当时的形势，包括有利条件和不利因素，认为农军虽然枪支不足，训练不多，缺乏实战经验，但暴动的基本条件已经具备。在经济方面，地方豪绅压迫极端严重，农民生活异常贫困。在广东革命的影响下，群众对土地有迫切的要求。在政治方面，经过参与多次斗争，群众对农会有了充分的认识，纷纷向农会靠拢，尤其是代表和农友被捕后，农民反抗情绪高涨，多数要求武装暴动。在军事方面，工农革命军已普遍建立起来，加上闽粤边境永定和饶平、大埔农军的相助，声威大振；而敌军武器虽好，但兵力少，士气低落，城中仅有警备队二三十人和百来名保安队，没有外援。且目前农民与反动势力的矛盾已达到极点，“现在我们不动，反动派亦必向我们进攻”。当此关键之时，党组织和农会应站到斗争的最前列，不失时机地引导群众，把斗争推向高潮。会议做出“率领群众，实行暴动”的决策：(1)在党内设立暴动委员会，由七人组成，“知四、农三”，朱积垒任总指挥，罗育才任副总指挥，统一领导此次暴动。(2)正式成立“福建工农革命军独立第一团”，以朱积垒为团长，饶平赤卫军团长王炳春(南昌起义部队干部)为参谋长，朱思为副官长。队伍中每百人设立一名党代表。团部设置军需、侦察、交通和宣传队等机构，并成立 20 人的特务连。另外邀请饶平、大埔和永定等地的革命力量支援暴动。(3)暴动前“先实行肃清各乡农会所在地之反动分子”。(4)“以平和县农会发宣言，号召农民暴动夺取政权，没收土地，建立工农兵代表会。”“由工农革命军团部出布告，拥护工农利益，实行没收土地，取消捐税，打倒旧的军阀与豪绅资产阶级统治。”(5)“请省委:A.通告漳州附近各县设法牵制张贞军队;B.派得力同志指导及代购枪弹。”会议研究了兵分三路、以西路为主攻的暴动攻城作战计划,并将这次会议情况书面向临时省委做了报告。

县临委一方面着手制订暴动攻城的实施方案;另一方面,发动各乡农会所属“工农自卫军”收集枪支弹药,投入军事训练,同时采取实际步骤肃清农会所在地的反动分子,为举行暴动清除障碍。关于筹集枪弹,主要采取三条措施:一是利用庙会演戏余下的一千元公款加上会员自筹资金,派人到广东购置;二是请广东师傅和铁匠加紧制造单响枪和土炮;三是发动会员献出火枪和大刀、长矛等。县临委采取的一系列措施,在思想上、组织上、军事上做好了暴动的各项准备。

四、武装暴动攻占县城

在县临委紧锣密鼓进行暴动前的准备之时,中共福建临时省委批准了县临委举行武装暴动的报告。暴动原定 2 月 28 日举行,由于“经验缺乏,准备不周,同时又需借助外力”,日期几经更改。后获悉敌人准备处决被捕代表和农友,情势危急,县临委和暴动委员会遂决定于 3 月 8 日举事。同时研究确定分兵三路进攻县城和“声东击西,引敌出城”的作战计划。第一路由长乐农军一、二大队,团部特务连和饶平农军步枪队组成,朱积垒、陈彩芹、徐光英率领,主攻西门;第二路由长乐农军三、四、五大队,永定农军“铁血团”及秀峰、秀芦等地农军组成,罗育才、叶锦章率领,主攻北门;第三路由崎岭、洋半天农军和来援的大埔农军组成,王炳春、朱思、朱赞襄率领,先在县城东北的崎岭打土豪,没收地霸曾锦江的布店,诱使县城之敌分兵出城,尔后依计划回师与来援的大埔农军会合,直捣县城东南,配合西路主攻队伍截击并“拘捕豪绅及缴其武装”。3 月 2 日,县临委再次召开联席会议,检查落实武装暴动各项准备工作情况,并决定由杨文元率领一支精干的小分队,提前一天,化装潜入县城做内应。3 月 7 日,县临委和平和暴动委员会举行武装暴动誓师大会。

福建工农革命军独立第一团全体指战员及小芦溪等附近乡村农军，来援饶平步枪队、大埔农民自卫军和永定“铁血团”共千余名，齐集长乐庵边埔。总指挥朱积垒做动员报告，而后部署攻城作战计划，宣布平和暴动开始。

3月8日晨，朱积垒指挥1000余人的暴动队伍，分路向县城挺进。当前进至上坪村时，大雨倾盆，山道泥泞；经艰难跋涉，暴动队伍按时进入进攻阵地。6时，从西、北两侧向县城发动总攻击。守敌猝不及防，仓促应战，当即被击毙十余人，其余的向东、南两门逃窜。而原定从崎岭回师农军遇雨阻滞，加上沿途民团的袭扰，未能及时抵达截住逃敌。县长方日中在卫队保护之下，也仓皇向南门逃遁。朱积垒率一部追击，不幸左手、右脚被子弹击中，方等脱逃。暴动队伍攻陷县城之后，砸开监狱，救出被捕代表、农友和南昌起义军伤病员；焚烧县署和牢房；组织街头讲演，张贴标语，开展各项宣传活动；没收土豪劣绅的财产，分给贫苦农民。其时，外逃之敌惊魂已定，窥视暴动队伍均为农民，武器装备极差，当即重新纠集反动武装进行反扑。因下雨天致使农军大部分火药枪无法使用，战斗难以继续进行下去，县临委认为暴动的基本目的已达到，鉴于敌强我弱、力量悬殊的情势，为尽可能地保存革命实力，毅然决定主动撤离县城，回师长乐，转入山区农村，开展长期的游击战争。

由中共福建临时省委直接领导举行的平和暴动，向国民党反动派打响了八闽第一枪。省临委和共青团省委高度评价和赞扬这是“福建空前的壮举”，揭开“福建工农自动夺取政权的第一幕”，“提高了各地工农革命的情绪，引导福建工农走上暴动的道路”，发出“土地革命在福建开始的信号”，标志着福建工农走上以土地革命为中心，武装夺取政权的道路。在平和暴动的带动和鼓舞下，八闽大地相继举行后田、蛟洋、永定等地暴动，出现全省总暴动的局面。平和暴动之后，党组织领导工农革命军以长乐为中心区域，胜利开展反“围剿”斗争，而后转战饶平、大埔、永定和平和边区，坚持游击战争，建立饶和埔苏维埃政权，实行工农武装割据。党领导平和人民实践并丰富了毛泽东关于红色政权存在和工农武装割据的思想。

在人类历史上，凡属将要灭亡的反动势力，总是要向革命势力进行最后挣扎的。平和暴动之后，国民党反动派以十倍的疯狂、百倍的仇恨进行反扑。中共平和县临委以长乐为中心区域，领导平和人民胜利开展四次反"围剿"斗争。

第一次反"围剿"斗争。3月11日，国民党独立第四师师长张贞派杨逢年团之陈炽营赶到平和县城，一方面加强城防，疯狂镇压革命群众，焚毁城内及近郊朱积垒和农会活动分子房屋10余处；另一方面，加紧策划纠集县保安队及地主武装计400余人，于15日晨向长乐革命基点发起第一次军事"围剿"。农军凭据大坝溪边树林战壕，就地与之激战数小时，终因寡不敌众，在掩护群众转移后撤出阵地。下坪村一度落入敌手，农民家具被捣毁，牲畜被宰杀。近晚，工农革命军组织反击，群众云集山头，鸣枪吹号，呐喊助威，造成强大的攻势。进犯之敌惊慌失措，连夜"弃旗而逃"。

第二次反"围剿"斗争。4月2日，陈炽营及地方反动武装再次进入下坪村，烧毁县农民协会办公处和一些农会干部的房屋，抢掠耕牛、农具。根据临时省委"目前斗争最适当的方式，应该是游击战争"的指示，县临委组织疏散群众，迅速撤离；而后趁着夜幕，采取游击战术，分兵多方袭扰，逼敌不敢停留，当夜退回县城。

4月，县临委改称中共平和县委员会。县委遵照临时省委指示，深入发动群众，没收豪绅地主的土地财产，焚烧田契债约，实行土地革命，扫灭封建势力，扩大了斗争范围，并"向邻县（如永定、漳浦、龙岩等）农民发宣言，鼓励他们起来斗争"，积极开展游击战争。

第三次反"围剿"斗争。5月1日，张贞部杨逢年团2个连及县保安队约500人，从下翰一路直进，发起第三次军事"围剿"。县委做好充分准备，经过周密部署，采取分兵阻击而后合围的战术，率领军民胜利粉碎此次"围剿"。工农革命军先是占据有利的地形，当敌人从下翰大路出发时，突然给予迎头一击，打死敌连长1名，伤敌兵2名。敌人受挫心惊，当即改道庵边小路继续进犯。其后，农军主动让出百溪头以诱敌深入。过午，佳蕉尾、良坝、葵坑、案上、大窠、塘腹、秀磜和下村等地农军以及手持鸟枪、大刀、长矛的群众，从佳蕉尾打上来，案上压下去，下坪攻过来，军民合力三路进攻，形成了包围圈。百溪头被围之敌阵势纷乱，进退维谷。后来县城一连反动军队和大峰一部保安队来救，才被他们退出。县委及时总结此次反“围剿”斗争的经验，组织领导工农革命军开展群众性的游击战争。小分队四出打击反动势力，在木棉窠、上山坑、横家田及大埔箭管等地，惩处恶霸地主和专搞破坏活动的土豪劣绅，焚毁契约，鼓舞了群众的斗志，扩大了革命影响，沉重地打击了国民党反动统治。

第四次反“围剿”斗争。张贞不甘失败，于6月12日纠集上千兵力，包括杨逢年团400余人、保安队及地方民团，并胁迫、挟持一部分群众，分六路进行疯狂反扑。这次军事“围剿”来势凶猛，手段毒辣，妄图一举摧毁长乐革命据点。中共平和县委领导工农革命军和农友，灵活作战，巧妙与敌周旋。在阻击下村、大窠、秀礤三路之敌后，把兵力集中在下坪村，凭借河水暴涨的有利时机，隔岸歼灭，坚持战斗3天，毙敌伤敌100余人。当时形势极为险恶，为减少损失，保存革命力量，县委决定将大部分农军疏散转移出去，返回家园；留下部分骨干组成游击队，采用“敌来我去，敌驻我扰，敌去我回”的战术，化整为零，在深山密林里坚持对敌斗争。后转移到平和西北山区和永定、大埔、饶平边区，开展游击战争，实行工农武装割据。平和人民在党的领导下，逐步走上了农村包围城市，武装夺取政权的道路。

第二节 工农武装割据局面的形成

一、红军的创立与实行工农武装割据

1928年7月3日，中共福建省临委关于“各区的工作方针”指出：在目前闽西一带，如平和、永定、龙岩、上杭要发动抗捐抗税抗债的激烈斗争，杀土豪劣绅，实行游击战争，造成大骚动的局面，由乡村的割据进而占据一县或数县的政权，向漳州发展。在漳属，如平

和、漳浦、南靖、澄码一带，应由日常斗争发展到激烈的骚动局面，由九龙岭及沿漳浮马路向漳州发展。根据省临委的指示，中共平和县委从工农革命军中抽调部分力量，组织几支精干武装队伍，化整为零，分别由陈彩芹、杨文元带队到本县琯溪、浦仔等地开辟新区，发展革命武装，并与漳州王占春率领的农民武装取得联系。

7月9日，省临委在给上杭、永定、平和、龙岩四县委的指示中指出："现在闽西一带已经到了革命工农与豪绅资产阶级短兵相接的时期，上杭、永定、平和、龙岩四个县委应即派出代表两人，在永定成立闽西特委，并成立闽西暴动委员会，其任务为规划该数县工作的联系。"据此，中共平和县委派朱积垒、陈彩芹赴永定参加中共闽西特委成立大会。7月15日，上杭、永定、平和、龙岩四县负责同志在永定举行联席会议，宣布正式成立中共闽西特委，并成立闽西暴动委员会，统一领导闽西地区的武装斗争；并着手编制红军、少年先锋队，施行军事政治训练。红军数目分配如下：永定2个团、龙岩2个营、上杭1个团、平和2个营。同时，在建有农村支部的地方另各成立少年先锋队1个队。中共平和县委把福建工农革命军独立第一团改编为中国工农红军平和县独立营和特务营，分别由朱赞襄、罗育才任营长，罗则化任平和县少年先锋队队长。并从红军独立营和特务营中抽调部分军事政治素质较高的同志任乡村赤卫队队长兼军事政治教官。县委还组织宣传队，开展以"长乐乡农民抗租抗税和武装反抗国民党反动派取得辉煌胜利"为主题的宣传活动，到本县芦溪、霞寨、浦仔、琯溪、大溪和诏安县官陂、秀篆，永定县下洋等地宣传演讲，散发传单，张贴标语，扩大党的政治影响，鼓舞各地工农群众的斗争士气。

在党的组织方面，中共平和县委领导机关曾从长乐移往广东大埔白土，县委领导人分头活动。1928年7月，为配合永定县发动农民暴动，中共平和县委迁回五坎。10月22日，在县委的组织领导下，五坎一带的农民武装联络永定红军、大埔埔北区及平和长乐区的农民武装，共200多人，向反动堡垒李家畲发动进攻，反动地主武装猝不及防。农民攻入李家畲后，缴枪10支，夺回不久前被敌搜去的党组织的一箱文件，镇压了土劣沈呈祥和沈秀桐，还召开群众大会，发动群众起来收缴土地枪支，烧毁田契借约，抗租抗税抗捐，杀猪分谷，极大地鼓舞了群众的斗志。26 日，县委又领导农民武装向杨梅崁进攻，再次得胜，收缴了地主枪支，没收了反动豪绅的谷粮并分给农民。自李家畲、杨梅崁两次行动后，五坎区各乡农民普遍发动起来，全区 16 个乡，除仰天村外，其余各村都恢复起农民协会组织，有会员 700 多人。同时，还组建五坎区委，并成立香坪、大象湖 2 个乡苏维埃政权。

五坎区农民武装发动起来后，引起了反动当局的恐慌，11 月 16 日，永定金丰、广东大埔的保安队和驻平和的张贞部队约 800 人，联合向五坎区的香坪、大象湖 2 个乡苏维埃区域发动进攻。农民武装早有准备，在中共平和县委的组织下退守大象湖山，反动武装慑于农民武装的声势不敢上山，而在五坎各乡村大肆烧房屋、杀耕牛、抢米谷，并捕走农民 11 人。12 月 2 日，三莱舟的土劣李文祥勾结大埔埔北团总李大奎，纠集团丁 60 余人窜扰、摧残三莱舟，强迫群众每户缴米一斗、大洋一元，作为筹办民团的经费。当地群众不堪忍受，纷纷外逃，党的工作再次受到影响。为此，县委将工作重心从五坎重新移回长乐。

二、党的六大精神的贯彻

1928 年 6 月 18 日至 7 月 11 日，中国共产党第六次代表大会在莫斯科召开。这是一次有着重大历史意义的大会。它认真总结大革命失败以来的经验教训，制定了党在新的历史时期的路线和政策。

12 月 4—5 日，中共平和县委在长乐召开扩大会议，传达贯彻党的六大精神。中共福建省委巡视员谢汉秋和党的六大代表、中共福建省委候补书记罗明到会指导。会议学习了党的六大的政治议决案和农民问题议决案；讨论了今后的工作方针；重新成立临时县委，因朱积垒被捕，由朱思任临时县委书记。扩大会议后，又紧接着举办了一天半的短期训练班。中共平和县委原书记朱积垒、县委委员叶锦章、团县委书记曾庆载，于是年 9 月前往平和秀芦、象湖山一带检查贯彻省委第一次代表会落实情况，随后转到永和埔边区，拟配合大埔、永定党组织开辟新区工作。当途经大埔县岩上乡五百磴时，由于坏人告密，不幸被捕，后被押送大埔县监狱监禁。朱积垒等在狱中，不畏严刑拷打，坚持斗争，表现了共产党员大无畏的英雄气概。1929 年 4 月 4 日，朱积垒、叶锦章等在大埔县茶阳英勇就义。朱积垒是平和党组织的创建者，是平和人民的优秀儿子。朱积垒的牺牲，是福建党组织，特别是闽西南党组织的一大损失。

中共平和临时县委根据党的六大精神，认真总结平和暴动受挫的教训，实行分散隐蔽，积蓄力量，开展山村游击，不断打击反动势力的斗争方针。县委按照省委的指示精神，领导人分头宣传贯彻，开展工作，领导各地人民群众开展斗争，努力向外发展。1928 年 12 月 26 日，县委委员、组织部部长杨文元同团县委组织部部长曾昭生一起，前往大溪镇开展工作。在大溪下村小学，因该校校长的告密，被敌人捕获。国民党反动派害怕农民武装营救，于第二天派一个连的兵力，用铁线穿过杨文元右掌心，把他和曾昭生押送平和县监狱监禁。在狱中，杨文元受敌军 4 次严刑酷审，始终严守党的机密，并一口咬定年仅 16 岁的曾昭生只是路上偶然相遇的过路人，一切与他无关。翌年元月 4 日，杨文元视死如归，慷慨就义，后曾昭生被保释出狱。

在党的六大精神的指导下，饶和埔边区各县逐步恢复和健全了党的组织。中共平和临时县委于象湖、五坎，在永定、大埔的部分农民武装的配合下，扩大了割据区域。为了打通与闽西各县的交通联络，1929 年 4 月 6 日，县委委员、军事部部长兼县红军独立营营长朱赞襄，率领本部和象湖山赤卫队，首次攻打小象湖民团。因敌人据守四方楼负隅顽抗，故攻而未克；又因当时敌人大批援兵将到，朱赞襄命令部队撤出战斗，自己殿后打掩护，不幸大腿中弹负伤被捕。敌人施以酷刑、利诱，朱赞襄坚贞不屈，最后被敌人野蛮砍下头颅，壮烈牺牲。

三、饶和埔边区斗争的开展

由于中共平和县委原书记朱积垒在斗争中牺牲，临时县委书记朱思于1929年初奉调到中共福建省委工作，1929年4月，中共福建省委书记罗明同广东大埔县埔东区革命委员会主席温仰春一起，到平和长乐大窠，帮助整顿中共平和县委及其武装。省委决定由陈彩芹接任县委书记，朱积金接任平和县革命委员会主席。同时，成立平和县赤卫队总指挥部，罗育才任总指挥。

平和、饶平、大埔三县委，在上级党委的指导下，健全各级党组织，开展地方游击战争。为共商边区的斗争策略与计划，在斗争区域举行联席会议，共同恢复和创建边区革命根据地。时值蒋桂军阀混战，朱德、毛泽东率领红四军首次入闽。1929年3月14日，在长汀长岭寨歼灭福建省防军第二混成旅2000多人，击毙旅长郭凤鸣，解放长汀城，动摇了闽西的反动统治，大大改变了闽西的政治形势。因此，饶和埔三县的人民群众受到很大鼓舞，革命情绪高涨，党的组织迅速恢复和发展。中共平和县委在巩固象湖五坎、长乐两区委的同时，帮助大埔建立中共梅河特支。

5月，红四军再次入闽，直插闽西腹地。6月，三打龙岩县城，歼灭了福建省防军第一混成旅陈国辉部2000多人，进一步奠定了闽西革命根据地的基础。7月，国民党对闽西红色区域发动三省“会剿”，红四军各纵队根据前委制定的分兵计划，开赴各县发动群众，扫除各地区反动势力，巩固和扩大闽西红色区域。

根据党的六大开展乡村游击战争的精神，平和、饶平、大埔各级党组织积极恢复武装队伍。平和、饶平建立游击队，大埔扩充了第十五团第二营，温仰春于埔东联系在平和、饶平边坚持斗争的共产党员和农军骨干，于西岩山西竺寺联合成立了饶和埔独立支队，各县组成大队，以小型灵活的方式，打击乡村反动势力。9月，平和赤卫军和象湖赤卫队30多人出击象湖、五坎，第二次攻打小象湖民团，击毙象湖民团团总李大魁，摧毁了李家屋民团，缴获长短枪60多支。平和赤卫军在斗争中激励了士气，壮大了革命队伍。不久，中共平和县委根据《中国共产党红军第四军第九次代表大会决议案》，在大象湖把平和赤卫军整编为中国工农红军平和县独立营，营长罗育才，政委张荣瑞，参谋长黄镇群。独立营设立5个连：3个步兵连、1个机炮连、1个特务连，特务连均为短枪武装。

四、红军四十八团在饶和埔边的斗争活动

1929年8月27日，在红四军入闽，准备进军东江的形势下，在广东饶平执行“剿共”任务的蒋光鼐部第三师教导团第三营第十三连，在排长杨福华和赖华山、李春荣等秘密串通下，利用连长外出到汕头开会之机，趁官兵熟睡之际，分头枪杀1名副连长和2名排长，率领80多名士兵，携带粤造七九步枪68支、俄式手榴弹35枚和每个士兵近百发子弹起义出城，疾奔上饶，拟转闽西投奔红军。他们在饶平与平和交界的山区找不到向导，摸不清通往闽西的路径。后该连挥戈攻打深峻反动民团以示真诚举义，中共饶平县委派詹瑞兰和连半天与其接洽，并发动上善农民协会宰猪做饭，欢迎起义官兵。为避开驻饶敌军的追击，中共饶平县委把起义部队暂带到上善岩下隐蔽，休整数天，再转到诏安县官陂的龙伞岽进行整编。中共饶平县委从工农革命武装队伍中抽调10名党员骨干充实该部队，建立独立连，由饶和埔军联委指挥。10月11日，驻平和县城的张贞部独立营部分官兵实行兵变，由连长带领十六七人向红军投诚，因路途不熟，在敌军追击下，最后仅剩1名连长和9名士兵。饶和埔军联委将其编入红军独立连。红军独立连经整顿扩编，组建成为中国工农红军第十一军第十六师四十八团，团长罗时元、政委温仰春。

1929年冬，四十八团首仗出击饶平的深峻乡地主民团，一举歼灭民团11人，收缴步枪12支，打通饶平双善与平和长乐赤色乡村的联络通道。接着横扫上饶的陈坑、洞上、大埔背和石井老大楼等白色据点，收缴民团步枪40多支，使上饶赤色乡村连成一片。接着，四十八团挥师北上，围歼大埔埔东的下沭教民团，镇压团董王玉剑；又出击大塘头、黄沙坝、王兰、大埔角等白色据点，连战皆捷；继而挥师东进，在饶平、平和、大埔三县赤卫队的密切配合下，第三次

攻打平和小象湖民团，一举攻克，活捉并枪决民团团总魏麟瑞、大队长李亚桐、财政李智茂，俘敌20多名，缴获长短枪18支、子弹7箱，拔除闽粤边最大的白色据点，打通了东江革命根据地通往闽西中央苏区的交通要道，随后又回师攻打平和的坪埛、大芦溪、三莱舟、李家畲。在当地赤卫队的配合下，出击平和县大溪敌团防局，活俘国民党大溪区公署区长、书记官2人，卫兵3人，缴获步枪20支和一批物品。接着，又直捣诏安县的官陂，破霞葛圩盐仓，将几百担食盐分给当地群众。翌日攻打诏安反动据点隔背大楼。仅3个多月时间，四十八团征战闽粤边，共拔除白色据点20多处，惩处地主民团头子30多名，俘敌80多人，缴获长短枪160多支和大批物资，缴获的枪支大部分装备各县赤卫队，壮大地方武装力量，使饶和埔红色区域更加迅速发展。

1930年2月，驻平和县刘和鼎保安团1个营600多人，偷袭四十八团驻地大埔和村，红军的赤卫队300多人闻警登上屋背山阻击，打死打伤刘部官兵40多名，迫使该保安团趁夜幕撤退。

至4月，革命形势日益发展，四十八团从2个连扩充至3个连，有官兵250多人枪，还把收缴的一批武器装备了平和县独立营。至此，饶和埔三县边境革命武装共达1000多人枪。

5月，四十八团与平和红军独立营远征闽西，首先攻取永定县湖坑乡的地主民团。收缴驳壳枪14支、左轮4支、步枪30多支、子弹5000多发。接着又乘胜奇袭中坑村，围歼龙岩县的大旗、小旗等乡民团，与中央苏区红四军和闽西红十二军取得联系。不久，刘志达部1000多人“进剿”平和赤色乡村，妄图切断东江通往中央苏区的要道。四十八团配合红十二军于平和秀芦乡击溃刘志达部的进犯，俘敌40多人，缴获枪支130支，进一步巩固和扩大平和革命根据地。5月，平和红军独立营配合红十二军攻打长乐案上的张贞部陈炽营和地方民团。6月，平和红军独立营配合红二十一军和红四十八团攻打大芦溪，击溃第二、第六区的壮丁队1000多人。7月，红二十一军和平和红军独立营计200多人，围攻驻小芦溪下村水尾的张贞部陈志岱营，俘敌40多人，缴获步枪130多支、轻机枪1挺、子弹数十箱及其他军用品。8月19日，红二十一军、红四十八团和平和独立营，由平和革命委员会主席朱积金带路从长乐挥师进攻平和县城。红军先攻克黄田大楼，扫除曾守臣民团，进而攻占县城九峰，放火焚烧县堂，没收反动豪绅地主的财产，分给贫苦百姓。20日回师长乐。21日击溃进攻长乐苏区的粤军。22日红二十一军转回闽西革命根据地。10月下旬，闽西红军和红四十八团、平和独立营攻打大芦溪，消灭张贞部杨育廷一个营，打伤、俘敌100余人，缴枪60多支、子弹1万余发。革命斗争的胜利引起国民党反动当局惊慌，他们恼羞成怒，于1930年11月，调集大批中央军对小芦溪进行"会剿"。白军张贞四十九师杨育廷、陈志岱部纠合霞寨、秀峰、芦溪等乡团、壮丁队2000多人，全面"围剿"小芦溪（包括漳汀、河口、山岗、茶寮、西新），实施惨绝人寰的抢光、杀光、烧光的"三光"政策，把所有房屋烧毁，连厕所、草坪都不放过，房屋被烧毁2500多间，农民的财产被抢光运走，运带不走的不是烧掉，就是砸掉。全区耕牛700多头全部抢走，粮食被抢走或烧毁，家具、农具、衣服、被子、生猪、家禽都被洗劫一空。被杀害的苏区干部、赤卫队员、革命群众30多人，被迫离乡背井以致病死、饿死、冻死的共有800多人，耕地抛荒3000多亩，制造了极其残暴的人间惨案，史称"庚午惨案"。在严峻的生死考验面前，小芦溪人民并没有"被头挂退"，而是对自己的信念毫不动摇，迎着狂风恶浪坚持战斗。

红四十八团和闽西红军在闽粤边的武装活动，使饶和埔边的革命烈火越烧越旺，有力地配合了中央苏区的反"围剿"斗争。

第三节　福建省第一个县级苏维埃政权的成立

一、平和县工农兵代表大会与苏区的政权建设

中共平和县委在领导武装斗争，实行武装割据的同时，积极地开展苏区的政权建设。

1929年2月，平和县工农兵代表大会在长乐乡张坑村大丘田隆重举行，出席大会的代表300多名，选举产生了平和县革命委员会，陈彩芹当选主席(4月由朱积金接任)。革命委员会下设军事部、宣传部、土地部、财政部、交通部、文化部、印刷部、妇女会、互济会、少先队部等机构。

平和县革命委员会是福建省第一个产生的县级红色政权，标志着平和县革命根据地的形成。平和县革命委员会成立以后，立即颁布政纲，实行赤色割据，把中国工农红军平和县独立营、特务营改编为工农赤卫军平和县独立支队，罗育才任支队长、黄镇群任支队政治委员。

7月20—29日，中共平和县委书记陈彩芹，县委委员、赤卫军支队长罗育才，第一区区委书记林奕乐、宣传委员罗景卿等出席毛泽东亲自在上杭县蛟洋文昌阁主持召开的中共闽西第一次代表大会。陈彩芹首先向大会做了《平和暴动的经验和教训》的报告，博得与会代表的阵阵掌声。毛泽东在会上高度地赞扬了平和县党组织贯彻党的八七会议精神，领导人民群众开展土地革命和武装反抗国民党反动派取得的巨大成绩。在会上，毛泽东做了政治报告，并为大会修改了政治议决案，帮助闽西党组织制定“发动广大群众，创造闽西工农政权割据”的总路线，提出了实现这条总路线的方针、政策及各项具体任务，为闽西党组织和人民指明了前进的方向，对闽西革命斗争产生了深远的影响。大会选举产生了新的闽西特委，邓子恢任特委书记，张鼎丞任军委主席。

8月，中共平和县委大张旗鼓，认真广泛宣传贯彻闽西一大会议精神，掀起土地革命运动新高潮，平和第一区和五坎区各乡都成立了苏维埃政府。各乡苏维埃政权的建立，是该地区人民在中共平和县委的领导下，坚持武装斗争取得的胜利结果。它宣告了旧政权、旧制度在这块土地上的终结，标志着长乐、五坎地区武装割据局面的正式形成，并成为福建省最早建立的农村革命根据地之一。

二、烧契分田实行土地革命

1929年8月,中共平和县委贯彻落实中共闽西一大会议精神,根据“依靠贫雇农,联合中农,限制富农,消灭封建地主阶级和彻底消灭封建地主土地剥削制度,无代价地没收封建地主阶级、反革命分子、封建迷信宗族公田的一切土地和财产,没收富农多余部分田地,分给无地或少地的农民、士兵及手艺工人。保护中农利益,废除一切高利贷的剥削,取消各种苛捐杂税,缴出一切田契、债约,双方到场当面烧毁”的土地政策,提出“土地平分,实行耕者有其田,打到那里,分到那里”的口号。在第一区和五坎区开展烧契分田,实行土地革命。此时,广东大埔红军十五团到平和长乐活动,协助平和第一区委搞好分田工作。由于初次分田缺乏经验,群众未能全部发动起来,再加上在分田过程中存在某些不合理现象,以致有的地方分田未能获得成功。

1930年2月24日,中共闽西特委召开第二次扩大会议,通过了工人运动、土地问题、组织问题决议案,提出纠正过去忽视工运工作的错误,对土地问题做了新的规定,强调吸收工人、贫农入党,以改造党的成分。

同年2月底,中共平和县委书记陈彩芹到闽西特委汇报、请示工作。特委对平和的工作做了具体指示。中共平和县委根据闽西特委的指示精神,在总结了上次分田的经验教训的基础上,成功地领导人民开展轰轰烈烈的土地革命,烧契分田,建设苏维埃政权。这次重新分田,以村为单位,进行调查登记,自报公认,隐瞒处分。按照“原为基础,抽多补少,抽肥补瘦,按人平分”的分田原则,在短短的20多天中,完成了第二次土地分配的使命。芦溪乡、小芦溪人均分得六担四谷田,湖山7个乡均分了田,李家屋人均分得12箩谷田,漳溪乡人均分得七担二谷田,杨山乡人均分得7箩谷田。至5月,平和红色区域里有1.4万余人口分得土地,第一次实现了农民千百年来梦寐以求的“耕者有其田”的愿望。

中共平和县委领导农民进行土地革命的实践,使得农民迅速分清了国共两党和两个政权的孰优孰劣，明确只有共产党才能帮助他们得到翻身和解放，从而极大地调动了他们的革命积极性，并在共产党的领导下，为保卫土地革命的胜利果实而英勇斗争。

三、苏区干部队伍的建设与群团组织的发展

随着革命斗争的日益深入发展，培养和造就一批成熟的党政干部，已经成为迫在眉睫的问题。

1929 年 11 月 10 日《闽西特委通告》明确指出："加强创造干部人才，从斗争中、从支部生活中，提拔积极分子，加强训练，经常开办训练班，由下而上一批批地造就党的群众工作的干部人才出来，这样才能应付日益发展的斗争局面。"毛泽东高度重视这项工作，于 12 月初与邓子恢一起，在上杭县苏家坡亲自主持为期 20 天的区委、支委干部训练班。中共平和县委推荐罗金兆、罗景卿参加培训学习，聆听了毛泽东的教诲。

为加强党组织和红军队伍的建设，以适应平和地方武装发展的需要，中共平和县委在闽西特委的指导下，在长乐乡秀礤江巷凹下罗氏祠堂，创办中共平和县委党员培训学校，陈彩芹任校长，罗育才任校务部主任。

1930 年 1 月，党员培训学校正式开学。中共平和县委在这里举办为期 5 天的党员干部培训班，参加培训的有第一区委和五坎区委所属 24 个党支部的党员 50 人。培训学校各项规章制度健全，时间、课程安排井然有序，学习、生活军事化管理，早出操、晚讲评，一天六节课。培训学习军事政治、组织建设、宣传工作、土地政策、财经政策等内容。通过学校培训学习，绝大多数党员干部加强了组织性与纪律性，提高了军事政治素质和觉悟水平。

1929 年 5 月，长乐和五坎地区革命形势蓬勃发展。在中共平和县委的领导下，各级团组织积极发动广大青年参军参战，在支援红军、保卫家乡和参加苏维埃政权建设，进行土地革命，执行党的各项政策和粉碎敌人的"围剿"等斗争中，发挥了青年的突击队和主力军的作用。

由共青团领导的少先队、儿童团，也积极参加实际斗争，如站岗、放哨、贴标语、查路条，看管反动分子，帮助党和红军传递信件，以及开展拥军优属等活动。为了配合党和红军的活动，中共长乐区委、团区委组织大批少先队员，分头深入各乡村开展革命宣传活动，散发传单、张贴标语，教唱革命歌曲，以唤起广大民众响应土地革命斗争。

1929年初，中共平和县委和平和县革命委员会在长乐乡张坑墩厚堂成立了平和县妇女会，县妇女会由罗范、罗瑜分任妇女会和执委会主席。

县妇女会共有7位同志，除朱大秀留在县里外，其余的人都分别深入各村指导开展工作，宣传党的方针政策。通过宣传、发动，大部分青年妇女加入了中国共产主义青年团。

县妇女会的同志把当时的妇女工作搞得很是扎实，有声有色。据统计，那时参加革命的妇女约占全体妇女的一半。

当时在长乐乡一带，不少妇女还参加了赤卫队和游击队。据统计，妇女在当时的赤卫队员和游击队员中均占10%左右。1930年，县妇女会的游苯参加中国工农红军饶和埔县独立营，转战闽粤边的平和、永定、大埔、饶平和诏安五县。

妇女们在县妇女会的领导下，进行军事训练和一些有趣的文艺活动，学唱革命歌曲，教群众唱《十劝郎》《十劝妹》等革命民歌。以歌曲为武器，宣传婚姻法，宣传革命道理，妇女们觉悟提高很快，革命热情十分高涨。

在长乐乡革命根据地一带，人们至今还记得一首客家方言歌谣。这歌谣是根据当地人民为长乐乡革命妇女编写的一段顺口溜。歌词是："大窠柑、妻、青，江巷兴、进、谢，半岭羌、汝、额，山顶坪寸、美、蜜；革命最出力。"顺口溜朗朗上口，以最简洁的语言，赞扬了当时长乐乡大窠村的妇女罗柑、罗妻、吴青，江巷村的李亚兴、罗进、罗亚谢，半岭村的陈羌、陈汝、黄额，山顶坪村的吴寸、吴美、罗蜜，共12位妇女，"革命最出力"。从一个侧面说明了当时广大人民对妇女参加革命工作的充分肯定，也说明了平和妇女在土地革命战争时期的作用。

第四节　平和边界革命根据地的发展

一、饶和埔诏苏区的创立

饶和埔诏苏区是闽粤边区较早建立的一块工农革命武装斗争根据地。它形成于1930年下半年，南起饶平黄岗，北抵平和象湖、坪堌、大埔埔北，东至诏安官陂、秀篆，西临大埔的韩江东岸，横亘700余平方千米，苏区人口约226万人。饶和埔诏苏区位于东江根据地与闽西苏区接壤处，由于该苏区的衔接，闽粤赣根据地得以逐步形成，是当时海上交通线通往中央苏区的主要通道。

（一）饶和埔诏红色区域的形成

饶平、平和、大埔、诏安四县边区地处闽粤两省接合部，民众均属客家人，语言相同，习俗相近，边区间农、工、商、学各业及婚姻交往甚密。有些地方，两县边区居民还是同姓同宗的，故相互间休戚相关，利害与共。

该地区多崇山峻岭，山深林密，土地贫瘠，村落稀少且分散，居民以农耕为主要生活来源，少数家庭兼营陶瓷生产，部分农民除农耕外，兼事竹木匠、裁缝、打铁等手工生产，该地区属闽粤边四县经济较落后的地区。民国初期，军阀混战，各种苛捐杂税名目繁多，四县边民更是深受其害，苦不堪言。这些都为饶和埔诏苏区的形成提供了有利的人文、地理和社会基础。

在长期的革命斗争中，饶和埔诏四县工农武装力量相互支持，配合斗争，给当地的地主豪绅、反动势力以有力的打击，并且从相互支援逐步走上联合斗争的道路。

1928年3月，中共平和县临委联络饶平、大埔、永定农军举行暴动后，工农武装退到闽粤边界的饶和埔边区，在这一带联合阻击了张贞部的四次进攻。且先后袭击了大埔百侯、诏安石下、平和象湖等地民团，逐步创立了以平和长乐、象湖，大埔埔东和饶平上饶为中心的红色区域。

1928年7月，广东、福建两省反动派对饶和埔边区革命力量发动“清剿”。为保存革命有生力量，平和、饶平、大埔三县县委在大埔樟树村召开会议，研究决定了采取避敌锋芒，把主力转移到敌人后方的策略，决定除大埔红军独立第十五团由团长李明光带领，突围西渡韩江，进入铜鼓嶂山区，开辟埔梅丰边新区外；独立第十四团及其他一些武装力量则向东转移，进入诏安秀篆、霞葛、官陂一带。8月，从广东东江地区转移来的部分革命武装，到达饶和埔边区，与平和、诏安、饶平、大埔工农武装会合，成立“中国工农革命军饶和埔诏独立支队”，詹阿遂任支队长，温仰春为党代表。随即，他们转战饶和埔诏四县边区，创立并不断扩大工农革命武装割据区域。

（二）饶和埔诏边区的组织建设

1930年夏，中共大埔县委在由中共东江特委向闽西发展战略计划指导下，由大埔西转到埔东木教、和村一带，与平和长乐的中共平和县委、饶平双善的中共饶平县委密切配合，健全饶和埔联会机构。10月，邓发、李明光、李坚真赴闽西出席中共闽粤赣边区代表会议，之后在大埔召开饶平、平和、大埔三县联席会议，传达中央中央关于苏维埃区域党的组织问题决议案及中共闽粤赣大南山会议精神。

11月，中共闽西、东江两特委合组为中共闽粤赣特委。根据“县党部的管理区域为便利于革命的发展和革命战争的联系，有时得不限于旧的县治，或两三县合组一县委，或将一县某几区划归另一县委管辖”的精神，中共南方局代表陈舜仪巡视大埔、饶平，在大埔和村召开三县县委联席会议，决定成立饶和埔县委员会。12月，由中共闽粤赣特委派员改组平和、饶平、大埔三县县委，合并组成中共饶和埔县委，属中共闽粤赣特委领导，由丘宗海任书记，统一领导原饶平、大埔、平和、诏安四县边区的赤色区域及白区工作。

12月30日，中共饶和埔县委在分析了全国革命斗争形势的同时，就年关工作做了部署，要求在黄冈、高陂、小溪、埔城、和城（九峰）、饶城加紧发动工人为自身利益而斗争，“加紧扩大赤色工会、工人纠察队的组织，加紧反对黄色工会、国民党及第三派别，实行同盟罢工、总同盟罢工，联络农民、士兵、贫民群众，推翻帝国主义国民党反动政权，建立苏维埃政权，实行劳动保护法”，要求在农村发动农民起来抗租、抗债、抗粮、抗税，同豪绅地主做斗争，建立和发展雇农工会、贫农团、赤卫队、少先队、儿童团的组织。同时，要求利用年关做好对白军士兵的宣传。

1931年2月7日，饶和埔县第一次工农兵贫民代表大会在第九区大产泮村丘氏宗祠召开，会期原定7天。会议的第三天，饶和埔三县敌人近千人联合包围大产，经过激烈战斗，县委及大部分代表秘密转移到诏安县秀篆石下村。3月，县委书记丘宗海牺牲，中共闽粤赣特委派刘锡三接任书记，在刘主持下，于石下召开了县委扩大会议，成立了中共饶和埔诏县委。

1932年4月，中央红军进占闽南重镇漳州，红军南下，推动了饶和埔诏革命形势的发展。失散在漳州的饶和埔诏革命干部、群众，组织了饶和埔独立大队，准备进入饶和埔诏恢复苏区。7月，中共饶和埔诏县委召开第一次扩大会议，研究部署了关于夏收斗争与“八一”纪念活动等工作。

（三）饶和埔诏武装队伍的整编

饶和埔诏边区党组织在建立、加强主力军的同时，健全地方武装建制，各区建立赤卫队区联队，县设常备总队。红四十八团北上闽西后，平和独立营人员于1931年3月奉命开赴永定虎岗，编入红十二军。中共饶和埔县委抽调赤卫联队战士，建立饶和埔独立营。1931年2月，县工农兵贫民代表大会期间，敌人派重兵包围大产泮村，独立营奋起反击，掩护会议代表安全转移。后按中共东江特委指示，将现有武装组成红军第六军第二师第二团特务营第三连。第三连改建不久，就先后攻打磜头、三段岭、石寮溪、深峻大楼等地主民团，连战皆捷。之后，又组织攻打上善大楼许孔秀反动据点，袭击九村和大埔高陂敌团防，同时配合中共饶和埔诏县委武装工作队，开辟了诏安霞葛新区。

1932年9月，诏安秀篆反动武装一个连，纠合国民党陈济棠部，数次进攻石下，均被第三连及石下当地群众武装打败。9月3日，官陂反动武装出动千余团匪进攻马坑，当地群众武装及第三连官兵联合战斗，打死打伤敌人20余人，击退敌人进攻。随后，敌人又从平和大溪调集三连兵力再次进入苏区，我方即退回马坑，敌人因子弹缺乏，不敢追击，在马坑烧了数间房子，即退到官陂。9月8日，大溪及官陂反动派纠集兵力2000余人，包围马坑，红三连士兵和赤常队设伏诱敌深入，然后奋起打击，当场打死敌官长1人，士兵20多人。随后敌人兵分三路进攻，因敌我力量悬殊，红三连及赤常队退到龙伞岽，敌人不敢往前追击，又在龙伞岽附近烧了数间民房，不久退出赤区。

9月14日，敌人摸清了我方兵力，又增加了三连兵力，联络三县反动武装总兵力五六千之众，向苏区发动更加猖狂的进攻。红三连及二中队赤常队人数不过120余人，坚持数日顽强战斗后，终因敌强我弱，我方遭受较大伤亡，最后仅存20多人枪。马坑、大北坑、石下、岽坑尾民房90%被焚，群众财产损失巨大。有些群众因遭受财产损失而产生的失败情绪与恐惧心理，甚至有意疏远革命武装。苏区武装斗争进入了更加艰难的阶段。

（四）苏维埃政权的建立

在积极开展武装斗争的同时，饶和埔诏党组织注意发动群众，建立工农政权，维护工农利益。1928年饶和埔诏各县暴动后，相继成立革命政府，七八月间，闽西张鼎丞率红军进入平和五坎，帮助中共平和县委发动群众，建立农会政权。1929年2月，平和县革命委员会在张坑成立，陈彩芹为主席，下设第一、六区革命委员会。1930年3月18日，闽西第一次工农代表大会在龙岩城召开。平和县派代表参加会议，会议选举产生闽西苏维埃政府执行委员会，陈彩芹当选候补执行委员，不久为执委。1930年冬，中共饶和埔县委成立之后，即组建饶和埔县革命委员会。12月11—13日，饶和埔三县工农兵代表大会在大埔和村召开，正式成立饶和埔县革命委员会，刘振群为主席。为有利于饶和埔诏革命根据地建设，统一划分为11个区，选举产生区苏维埃政府及县工农兵代表大会代表、闽粤赣边区苏维埃代表。

1931 年 2 月 7 日，饶和埔县第一次工农兵贫民代表大会在大埔大产泮村召开，到会代表 300 多人。大会正式产生饶和埔县苏维埃政府，平和陈彩芹当选苏维埃政府主席。

(五)苏区的土地革命及各项建设

饶和埔诏边区开展武装斗争的初期，实行“打土豪恶霸，没收财物分粮钱”的政策。红四军于 1929 年冬进击东江后，颁布《土地纲领》，宣传分田地。饶和埔诏苏区政府根据红四军《土地纲领》要求，参照闽西的斗争经验，先在饶平双善成立上饶区分田委员会，开始搞分田试点，再总结经验，然后在各地全面铺开。平和、大埔派员参加了双善分田工作，这样，饶和埔诏苏区分田的方针基本相同，实行没收豪绅地主、祠堂、庙宇、教会、会产的土地和财产以及富农出租的土地，集中烧毁一切田契债务，实行土地国有、农民使用的方针，废除封建土地所有制。采取以乡为单位，由乡苏维埃统一分配，按人口平分，以原耕为基础，抽多补少，抽肥补瘦，抽远补近，红军官兵与民众同等分田的办法。分田的具体做法是：通过民主评议，张榜公布，三榜定案，抽签定人定田，然后发给田证。饶平、平和、大埔、诏安先后 69 个乡苏维埃区域分了田，参加分田人口达 14.3 万多人，共分得土地 12.9 万亩。至 1930 年 5 月底，平和共有 1 万人口分得土地。苏区分田户受益一般为一至二季，个别村庄受益达五季之久。

苏区分田，充分调动了农民生产积极性，出现了兴修水利、改善生产条件的农业生产高潮，苏区群众纷纷开展拥军优属、帮军烈属代耕活动；各乡村还组织民众劈山开路，保障苏区交通畅通。为粉碎敌人的经济封锁，保证苏区的军需民用，饶和埔诏县、乡苏维埃政府在饶平双善、平和象湖、大埔青溪、诏安马东等地，以民办公助、投资入股的方式，兴办消费合作社。合作社设采购站于白区，采购油盐、布匹等苏区军民日常所需物资，向外推销山区生产的柴炭及竹木产品，保障商品的流通。苏区还创办平民学校、民众学校，实行义务教育，以山歌、民谣及斗争故事自编教材，进行文化教育。此外，在双善、和村、象湖、秀篆、霞葛等地，还建立了后方军械修制厂、医院等。

（六）协助建设和保卫中央交通线

饶和埔诏苏区人民在创建和保卫苏区的艰苦斗争中，既沉重地打击了四县边区及其周围的地方反动势力，又有效地牵制了部分国民党兵力，为中央苏区粉碎国民党的军事“围剿”和经济封锁做出了一定的贡献。1930 年冬，中共中央决定在赣南成立苏区中央局，并在瑞金组织中华苏维埃共和国中央临时政府、中央革命军事委员会，并指示迅速建立由上海党中央通往中央苏区的交通线。1930 年冬，在周恩来的直接领导下，开辟上海—香港—汕头—潮州—大埔清溪站—永定，最后进入中央苏区的交通线。1931 年 3 月，中共中央交通局又建立一条由汕头经黄冈、平和、永定进入中央苏区的交通支线，这条支线经平和秀礤、象湖、三莱舟、小芦溪入永定湖雷，再转中央苏区瑞金。

中共饶和埔县委根据中央的决定和南方局指示，抽调干部，分别在饶平浮山、黄冈建立两个交通站。为保护中央交通的安全、畅通，中共饶和埔县委在埔北区暂停公开分田斗争，组织精干的赤卫队，配合中央保卫局武装交通班行动，秘密惩办反动分子，还组织群众运输队和船工，承担护送干部、转运物资等任务。1931 年，中央特科的顾顺章叛变，北方的交通线受破坏。经饶和埔诏苏区的交通线，成了党中央干部进入中央苏区的主要通道。特别是 1933 年，党中央从上海转移到中央苏区时，这条交通线承担了护送转移任务，先后有周恩来、叶剑英、刘少奇、陈云、董必武、聂荣臻、蔡畅、刘伯承、邓小平、林伯渠等中央及省党政领导 200 多人，其中包括德籍军事顾问李德，经这条交通线安全进入中央苏区。此外，通过这条交通线转运到中央苏区的物资达 16 万担之多。

二、靖和浦革命根据地的建立与发展

（一）靖和浦革命根据地的建立

靖和浦革命根据地是党在漳州南北乡开展武装斗争的基础上

发展起来的。

1929年3月25日，王占春领导了南坑、程溪一带农民武装百余人，袭击了驻程溪保安队。第二天，南靖保安队60多人赶到程溪，并在附近村庄掳掠抢劫，各乡农民聚集了四五百人分路追击，赶走了保安队，党领导的武装斗争及搞抗捐税活动取得了胜利。后因张贞部出兵镇压，南北乡的农会组织便转入秘密斗争。

红四军入闽，促使漳州南北乡农民运动得以恢复和发展，9月间，南乡北乡先后成立了工农游击队。1930年冬，中共福建省委派陶铸等到闽南加强党的领导，整顿工农武装。12月13日，将南北两乡游击队合并，正式成立工农红军闽南游击队第一支队，王占春任支队长，李金发任政委，冯翼飞任参谋长，谢小平任政治部主任，陶铸代表特委随队行动。

红一支队成立后，便投入"开展武装斗争，实行土地革命，武装拥护闽西苏区，准备成立漳属苏维埃"的工作。游击队在斗争中不断扩大活动范围，时常在龙溪、海澄、平和、漳浦、南靖等县边境一带活动，开展打土豪、杀捐棍、除侦探，收缴反动民团武器，打击农村反动势力的斗争。1931年7月，厦门中心市委成立后，党更加重视漳属各地区武装斗争的领导。至1931年8月，红一支队发展到近百人。8月9日，中共闽南特委将红一支队改称闽南红军游击队司令部。根据中心市委关于"注意建立一个隐蔽的根据地"的指示，红一支队把活动区域扩大到靖和浦边界，深入乡村做群众工作，帮助组织农会，领导群众抗租抗捐税，支持农民对地主豪绅的斗争。王占春率红一支队转战南靖、平和、漳浦、龙溪边界的山前、小山城、车本、欧寮等山村，在平和文峰山前伏击了南靖县警备第四大队，击毙大队长林石滨，缴获部分枪支弹药，随后在山前村创建红色据点。红一支队还深入靖和浦三县交界处的小山城，与当地农民武装"雷公会"取得联系，开展农运，建立乡村据点。

12月14日，厦门中心市委派邓子恢接替陶铸指导漳州中心县委工作。这时，适逢军阀张贞向闽南各县民众摊派"飞机捐"，仅百来户人家的漳浦小山城就派六百块大洋，顿时民怨沸腾。漳州中心县委因势利导，不仅领导小山城农民胜利地抵制了“飞机捐”，而且达到减租减息的目的。接着红一支队又在这一带开始了“取消债务，实行土地革命”的斗争，随着斗争形势不断发展，逐步建立了以漳浦小山城、龙岭为中心，包括平和欧寮、三坪、五寨和南靖的程溪洋尾溪在内的30多个乡村，纵横百里的靖和浦红色区域。

3月，邓子恢到平和五寨召开农民协会会议，组织农友声援小山城的第二次战斗，并对漳州中心县委的工作和游击队的主要任务，做了详细布置。

1932年4月20日，中央红军攻克漳州，随即开展“以龙溪圩为中心，向南靖、平和、漳浦、云霄、龙溪五县扩大游击战争，创造小红军，建立小苏区”的工作。随后，红军各部开赴漳浦、云霄、南靖、平和一带。协助闽南地方党组织恢复工会、农会，发动群众开展打土豪、分田地的斗争，废除苛捐杂税和高利贷，烧毁地契、债据，并建立地方武装打击土豪劣绅，保护人民群众。

中央红军在靖和浦地区的革命斗争活动，有力促进了靖和浦地区革命斗争形势的发展。闽南地方党组织根据毛泽东、聂荣臻等确定将工作重点放在发展闽南游击战争，扩大农村革命根据地的指示，抓紧扩大以漳浦小山城为中心的苏区，开辟新的农村红色区域。根据厦门中心市委领导的意见，王海萍、邓子恢、王占春等率领游击队和红军一起深入漳浦、南靖、平和三县交界地区发动群众，废除苛捐杂税，打击反动民团，扩大农民武装，建立红色政权，进行土地革命。

5月中旬，在漳浦、龙岭分别召开工农兵代表大会，建立苏维埃政权。平和的欧寮、三坪、山前，漳浦的车本、上坪庄和南靖的龙溪圩、南浦厝等地也先后建立了革命委员会。此时，漳州中心县委重视加强苏区党的建设，不仅在各区设有区委，在各乡也设立支部，充分发挥党在根据地斗争中的领导作用。在进漳红军的推动下，闽南党组织领导的武装力量得到空前的发展和壮大，闽南的工农游击队扩大到六七百人。在中央红军选派的一批军事干部的协助下，5月28日漳属各县新建的农民赤卫队和原来的游击队集中在漳浦城郊整编，正式成立中国工农红军闽南独立第三团。冯翼飞任团长，王占春任政委,副团长尹林平,政治部主任谢小平,总指挥蔡协民,下辖5个连队,共800余人。随后,红三团以平和的厾仔石山为据点,深入平和的南胜、五寨、文峰等地开展革命活动,发展党的组织,在五寨帮助建立了中共台斗坑支部。在中央红军的推动下,靖和浦革命根据地最终形成。

(二)中央红军在平和的活动

1932年4月,中央红军驻漳期间,毛泽东主持召开了红三、四、十五军师长、政委以上干部会议,部署"扫荡残敌,筹款、肃反,扩大宣传和政治影响"等内容的行动计划。毛泽东、聂荣臻等确定将工作的重点放在发展闽南游击战争、扩大农村革命根据地方面,即以龙溪为中心,向平和、南靖、云霄、漳浦等县扩大游击战争,建立苏区。

根据毛泽东的要求,各军随即分散到漳州各地开展工作。4月24日,红三军一部从漳浦进入平和的五寨、南胜、双溪等地宣传党的政策,并担任警戒任务,注视平和南部与广东交界处的粤军动向。当天,红十五军四十五师一三三团经南靖进驻平和文峰、山格、小溪、霞寨等地。驻小溪地区的部队分别居住在原美国教会的姑娘楼和小溪大地霸张和声的房子里,设团部于姑娘楼。

中央红军进入平和后,深入发动群众,广泛宣传共产党的主张和有关政策,组织群众,成立革命委员会,协助地方恢复了原有的工会、农会组织。中央红军还在平和各地发动群众,废除苛捐杂税和高利贷,烧毁地契、债据,开展打土豪、分田地的斗争。5月上旬,红军在小溪中秋埔召开群众大会,宣传共产党的政策;同时,在会上宣判了小溪"宏茂"店主阿墩等三个豪绅的罪行,并将该三豪绅押至河边草埔枪决,小溪民众为之拍手称快。

中央红军在平和期间,还在小溪、坂仔、山格、文峰、霞寨等地组织贫苦民众打击地主豪绅及地方反动武装,打开地主豪绅的粮仓,把粮食分给贫苦农民。在小溪地区,先后抓捕了坑里土豪蔡相,高云土豪兼高利贷者林永、林老虎、林若子,高磜土豪林老丁等。没收他们的财产,将他们靠剥削所得的粮食及其他财物分发给贫苦农民。此外,红军还没收了小溪"国文""茂兴"布店,把布匹分给劳苦民众。

中央红军在平和期间，还广泛地发动群众，号召青年工人、农民参加红军，扩大革命武装队伍。由于红军的宣传发动，加上红军在平和打土豪、斗地主、分田地的革命活动的影响，平和群众充分认识到红军是为广大贫苦民众谋利益的队伍，广大热血青年热烈响应，纷纷报名参加红军，短短时间内就有 100 多名青年报名参加红军。5 月上旬，在红一三三团领导指导下，平和成立了红军平和游击队，下辖 3 个中队。该支队伍与中央红军部队一起操练学习，学唱革命歌曲，深入农村做群众工作。

5 月下旬，中央红军撤离平和时，平和游击队随中央红军到龙岩进行整编，编入红十五军四十五师。此外，原饶和埔诏苏区因敌人“围剿”失去联系而流散到漳州各地做工的平和、饶平、大埔游击队员、赤卫队员等计 200 多人，编成红军游击队饶和埔独立大队，随中央红军开赴闽西，编入红十二军三十四师。

5 月 28 日，中央红军为了执行新的任务，主动撤离漳州，回师中央苏区。中央红军攻克漳州及随后在平和及邻近各县的活动，对于充实红军装备，支援东江根据地人民的斗争起了重要作用。

（三）红三团在靖和浦苏区的艰难斗争

中央红军撤离漳州后，国民党张贞残部卷土重来，红三团在漳浦象牙庄一带击退张贞残部一个团和反动民团的进攻，打死打伤敌人 200 多人，缴枪 40 多支，并乘胜攻下漳浦。这一仗胜利后，红三团领导产生麻痹轻敌的思想，致部队在漳浦崎溪寨仔村休整时，遭张贞残部和许瑞生民团 3000 多人的围攻。红三团仓促突围，伤亡 70 多人，王占春腹部受伤，几天后在车本白叶山牺牲。此时，小山城处于敌人三面包围之中。为摆脱被包围与进攻的处境，漳州中心县委与红三团决定退出小山城，随即敌人占领了小山城。

6 月 6 日，红三团转移到平和三坪上境村整编，原打算休息三五天后，取道南胜、五寨，迂回赤区相机打击敌人。但敌人很快发现红三团的去向，尾随而来，调集部队包围，并且先行占据南胜，红三团只好改变运动方向，又因遇到天降暴雨，山洪暴发，行动受阻。在这种天气恶劣又多面受敌的情况下，中心县委与红三团决定先敌出击，避免被动挨打，遂派员四处侦察，认为龙溪圩尚无敌驻军，只有为数不多的民团。原以为可以取胜，不料因情报有误，龙溪圩已有张贞部一个营防守，结果红三团再次与强敌交锋，伤亡严重，战斗失败，被迫退回小山城附近一带。

寨仔村与龙溪圩两次战斗失利，使红三团元气受损，伤员增多，战斗力减弱，加上缺医少药，物质上也发生严重困难，战士们思想出现波动，士气低落。中心县委迅速召集会议研究对策，经过讨论，全面权衡利弊之后，决定转移到车本，利用有利的地理条件，据险与敌一战，以求摆脱强敌围追。6 月 23 日，张贞残部纠集靖和浦三县民团计 4000 多人，从四面围攻车本根据地。红三团死守硬拼，苦战五六个小时，损失巨大，800 多人的队伍仅 300 多人突出包围，团长冯翼飞在战斗中牺牲。7 月 28 日，张贞又派一个团到平和一带革命根据地“围剿”红军游击队。至此，以小山城为中心的根据地基本被敌人占领。

三次战斗失利之后，漳州中心县委根据厦门中心市委的指示，立即将失散的队伍集中起来，分成两队。一队在南乡进行游击战争，并以南乡为中心逐步恢复小山城苏区，创造由南乡至小山城的游击区域。另一队在北乡，尔后打进南靖，向闽西发展。1932 年 10 月中旬，厦门中心市委召蔡协民、曾志到厦门检查，漳州中心县委名存实亡，厦门中心市委决定由杨道平等 7 人组成新的漳州中心县委，以加强对根据地斗争的领导，杨道平任书记。

（四）漳州中心县委扩大会议

1933 年 1 月，漳州中心县委扩大会议在漳浦龙岭召开。会议总结了红三团成立半年来斗争的经验、教训，批判了“左”倾冒险路线，确定当前党的工作任务是积极扩大队伍，开展游击战争，恢复和发展革命根据地，开展白区工作，配合中央苏区第四次反“围剿”斗争。会议调整充实了县委领导班子，何鸣任县委书记。同时，红三团又一次进行整编，充实加强了红三团领导，由尹林平任团长，王奕修任副团长，李克己任政治部主任。

会后，中心县委领导成员分头到各地活动。新的中心县委在十分困难的环境中着手各项工作的开展，其中一项主要任务就是，领导经过整编后的红三团反十九路军的“清剿”，组织靖和浦根据地群众与十九路军展开各种斗争。县委充分发挥党支部、革命委员会、农会和其他团体的作用，在各区成立“反对守望队斗争委员会”，开展反对组织守望队的斗争。在一些已成立了守望队的地方，县委则派人打入守望队，把参加守望队的群众组织起来，使守望队员成为游击队员的朋友，及时为游击队传消息、通信息。县委在做好组织群众、武装群众工作的同时，配以符合斗争实际的灵活策略，使十九路军组织的守望队实际成了共产党领导的农民武装。这样，县委及其所领导的红三团就能在敌人的眼皮底下开展各项斗争，并在敌人的“清剿”中扩大游击战争，逐步恢复老苏区，武装活动出现新局面，党组织也随着进一步发展。至 1933 年 7 月，中心县委领导下已有“顶南乡、下南乡、五区、南靖、中心五个区委；一个黄井工作委员会；一个漳州特支；一个红军总支，共二十七个支部了”。

（五）县委二次扩大会议及苏区“肃反”

1933 年 7 月 17 日，厦门中心市委派巡视员黄会聪和团巡视员方毅到漳州检查布置工作。在黄会聪的指导下，漳州中心县委于 7 月 18—28 日召开县委扩大会议。黄会聪在会上做了关于“肃清党内反革命分子”的讲话。随后，一场红军内部的肃“社会民主党”“AB 团”斗争迅速在红三团开展。

红三团集中在程溪上坪开展肃反。残酷的“肃社党”斗争给闽南革命带来极大的损失，红三团内及靖和浦苏区先后有数百名红军指战员、党员和革命群众惨遭杀害，其中县团级干部 1 人，区营级干部 10 多人，在党和群众中造成恶劣影响。

第五连连长洪振隆被扣留审查，后在从医院解往团部受审时逃跑。红三团副团长王奕修对自己被无端定为反革命并加以审判甚为不满，愤然拔刀自刎，后被定为畏罪自杀。被怀疑与王奕修案有关的五连副连长侯德等 6 个人也于审判会后被枪决。

8 月 8 日，红三团政治部发布《闽南工农红军独立第三团为破获王奕修、洪振隆搞反革命阴谋告闽南工农劳苦群众书》。一时间，红三团干部、战士及部分群众人心惶惶，人人自危，敌人又借此机会造谣惑众，说“本地人被外地人杀光了”，蓄意把事态扩大。9月9日，原王奕修旧部、五区常委叶火煽动五区脱产游击队12名队员叛变，捕杀五区游击队政委李侠农、五区党委书记黎中汉等6人，并缴去五区和团县委的全部文件和部分枪支。之后，叶火等又到第一区委领导下的塔潭村，杀了县委组织部干部和村自卫队长。五区的组织，除了人家、官园、浮山3个村幸免外，其余均被叶火等人破坏。后来他们投靠了地方反动民团，编为“剿匪”向导队，进攻红三团。此即王奕修案及“九九”五区事件。

“肃社党”斗争及由此引发的“九九”五区事件，使漳州党组织遭到重大破坏，群众组织也受到很大破坏，斗争使闽南地方组织失去部分优秀干部，漳州党组织的干部力量受到严重削弱。

（六）靖和浦根据地的恢复

漳州中心县委在第二次扩大会后，将工作重点放在恢复与发展靖和浦根据地的各项斗争上。

中心县委在根据地组织发动群众开展抗租抗捐抗税和分米分谷，骚扰敌人的斗争。在第一、二、三、五与中心区内群众普遍发动起来，各乡村成立了抗捐委员会，有1万多名群众参加了斗争。至1933年11月，上述5个区已废除一切田租捐税。斗争的胜利极大地鼓舞了民众斗争意志，他们积极配合红军游击队，袭扰敌人，打击地主土豪，破坏敌人的道路交通和电线，袭击敌炮楼，令守敌惊恐异常，有的只好整日死守炮楼不敢开门。

与此同时，红三团主动出击，扩大游击区域，消灭敌人有生力量，红军游击队不断发展壮大。红三团在内部“肃反”后，即进行整编，将第五连撤销，人员编入第四、第六连，从四、六连中选调人员组成教导队。整编后，红三团下辖四连、六连及一个教导队，共142人，有机枪2挺，各种长短枪130多支。1933年8月11日，红三团召开总支扩大会议，制订两个月的行动计划。

总支扩大会后，红三团开始积极寻机打击敌人，一个月内先后打下平和文峰浦仔圩、山格、小溪、南胜等。8 月 17 日，红三团在山顶坪工委游击队、自卫队和革命群众配合下，1000 多人进攻平和文峰浦仔圩，拘捕土豪劣绅 10 人。当天下午进入塔尾，与游击队取得联系后。18 日拂晓，红三团在游击队和塔尾群众配合下攻打山格，没收了圩长的店铺 1 间和 2 个反动分子的店铺，并把没收的东西分发给贫苦民众。18 日 8 时许，队伍由山格出发进攻小溪，在小溪外围击败敌团匪 60 多人的阻击，俘获 1 名团兵，缴五排枪 1 支。攻进小溪城后，拘捕了 5 个反动分子，并当众处决。没收反动分子店铺 1 家，把没收的财物分发给当地群众，还全部没收国民党党部、民团部、捐税局的文件。当天下午，队伍进入坂仔双溪。19 日，从双溪出发攻打南胜，当地团匪闻风而逃。红军进驻南胜，没收了 4 家反动分子的店铺和 2 家反动家长的财产，分发给当地民众。同时，红三团派人联络驻五寨的饶和埔游击队，到南胜配合行动。20 日，中心区游击队、自卫队和当地群众 100 多人到南胜配合红军打土豪分东西。当晚，饶和埔游击队 100 多人来到南胜，与红三团同住 2 天，并召开了联席会议，讨论两处游击区打成一片的问题，决定队伍驻在南胜，把南胜一带的工作建立起来，以南胜为后方，向小溪和五寨两方面游击。

8 月 21 日，敌十九路军 4 个连兵力分三路进攻南胜，红三团四连英勇抵抗，连续激战 4 个多钟头，连长余天助及 2 名战士在战斗中牺牲，战士负伤 2 人，被俘 3 人，失去长枪 2 支、盒子枪 1 支。反动团匪被红军打死打伤 50 多人。战斗结束后，中心区队伍撤回原地。22 日，红三团退回五区，饶和埔游击队撤回五寨。在南胜战斗中，红军游击队捕获土豪 3 名、民团副团长 1 名和团兵 1 名。

8 月下旬，十九路军加强兵力，以 2 个营武装进犯靖和浦苏区。红三团分兵积极进攻，红四连向平和黄井一带出击，红六连向中心区推进，运用主动出击、灵活应变战略方针，红三团又打下漳浦官浔、南靖粗坑，打死十九路军 1 个连长与 10 多个士兵，开辟许多新的游击区域。经过几次较大战斗的锻炼，红三团战斗力得到加强，兵员素质日益提高。

与此同时，工农游击队及村农民自卫队等群众武装也不断扩大。至1933年11月，根据地内共发展了8个游击大队，合计624人。队员多为当地农民，他们白天从事农业生产，夜间则配合红三团袭扰敌人，打击本乡土豪地主，成为靖和浦根据地内一支重要的武装力量。

中心县委扩大会议后，县委加强在根据地内发展党的组织。在积极领导群众开展各项斗争过程中，党组织不断得到加强和扩大，充实健全了60%的支部，开辟数十乡的新基础。至1933年11月，中心县委领导下有8个区委，1个红军中总支，1个漳城特支，1个浦东工作委员会；区委下有56个支部，335名党员。中心县委认真抓好宣传工作，编印多种宣传品。同时做好农会、妇女会、共青团的巩固、发展工作，共有78个乡农会，会员1971人；妇女会会员300人；10个团支部、1个特支，团员73人。

在10月6日召开的各区委书记联席会上，中心县委提出了建立靖和浦边区苏维埃政府的计划。

（七）苏区的土地革命及查田运动

1933年11月，福建事变发生。红三团利用“闽变”时机，积极恢复和发展靖和浦革命根据地的斗争，开展土地革命。12月，红三团集中在平和欧寮村，进行短期的训练并整编，由张长水任团长，吴金任政委，陈桃庆任副团长，李克己任政治部主任。下辖3个连、1个教导队，还设有后方医院、看守所、军衣处和交通站等单位。

根据厦门中心市委的指示，中心县委深入靖和浦中心区14个乡，在约1万人口的地区，组织群众开展大规模的分田运动。县委首先在洋尾溪开办区、乡干部分田训练班，培训分田骨干，进行阶级划分、分田和建立苏维埃政权的教育。

县委成立印刷部，出版《工农报》，印发《土地法》《如何划分阶级》《苏维埃政府》等小册子作为学习材料。同时还在山城、山树埔、山顶坪等处开办夜校，向广大农民宣传《土地法》和各项政策，提高群众的阶级觉悟。分田之初，以漳浦的山城为试点，取得经验后，才在靖和浦革命根据地全面展开。

中心县委认真执行苏维埃的土地革命路线，以乡党团员及负债多、土地少的农民为分田骨干，建立贫农团，在乡苏维埃政府下设土地委员会，具体负责分田工作，并由每十户推选一名代表参与分田工作。分田时，先进行阶级划分，确定对象，没收地主阶级的土地、公田、庵田和反革命分子的土地以及富农多余的土地；一般群众则自报土地和人口数量，经总面积和人口数统计后，再通过民主评议将田地分上、中、下三等。然后以乡为单位，在原耕地的基础上，按人口平均分配，抽多补少，抽肥补瘦，个别中农不愿参加平均土地的，允许其保留原耕地。分田结束后，烧毁旧田契，取消一切债务，确定土地所有权。苏区党组织还及时了解、改正分田运动中存在的问题，发现个别乡或个别户的土地分配得不够合理时，便立刻改正。至夏种前，靖和浦边区有 14 个乡完成分田、查田工作。

苏区的土地革命，得到广大农民群众的热烈拥护，调动了农民参加各种群众组织和农民武装的积极性，使苏区内武装力量得到进一步扩大和加强。

（八）靖和浦中心县委成立及苏维埃政府建立

1934 年 3 月，漳州中心县委改称靖和浦中心县委，何浚任县委书记。县委下辖一、二、三、五及中心 5 个区委。中心区为平和的三坪、欧寮、山前、东埔、山树埔、韭菜坑、欧车横、内外东溪及中西等地，区委书记吴庭坚(后朱曼平)。平和南胜、五寨、小尖等地为五南区，区委书记朱振川。至此，苏区已村村有党员，乡乡有支部，这些党的基层组织成为乡、区、村的领导核心。

3 月 18 日，靖和浦边区召开苏维埃代表大会，正式成立靖和浦边区苏维埃政府，大会推选林路为政府主席，吴庭坚为副主席。苏维埃政府机关设在平和南胜欧寮楼仔村。边区苏维埃政府下辖欧寮中心区、五南区和 18 个乡苏维埃、1 个乡革命委员会，总人口近 2.8万人。靖和浦苏维埃政府内设经济委员、军事委员、土地委员、肃反委员等。

在苏区乡村，共青团组织发展工作迅速开展。同时，妇女工作蓬勃发展，大部分妇女参加了妇女会，少先队和儿童团组织也恢复起来。各种地方武装也相继建立，山城、龙岭、车本等乡除建立赤卫队外，还组织脱产性质的模范队，由18～35岁的男子组成，作为红军的后备队。另外，还组织自卫队，由36～45岁的男子组成。这些地方武装战时配合红军主力作战，保护群众安全；平时则维护地方治安，肃清土匪。

10月，靖和浦边区苏维埃政府在平和五寨石门村发动群众，创办了苏区第一个合作社石门合作社，解决了苏区人民日常生活用品的需求，后又在三坪、欧寮、茅坪等村成立了合作社。

靖和浦边区苏维埃政权的建立和土地革命的深入开展，使得国民党地方当局与土豪劣绅惊恐万分，他们调集拼凑各种反动武装，向靖和浦根据地大举进犯。红三团一面派出兵力出击外，开辟新区，骚扰打击敌人后方，牵制敌人向中心区的进攻主力；一面配合各区、乡赤卫队、自卫队和模范队守卫苏区，打击进犯之敌。

1934年1月28日，闽南"讨逆军"司令杨逢年指派驻山城的第二独立总队张河山部包围红三团在平和沥水、三坪、黄井一带的驻地，29日拂晓开始进攻黄井，红三团官兵奋起反击，打败敌人的进攻。4月2日，平和南胜民团伙同驻云霄何地的闽南"讨逆军"第一独立总队韩柳添部，围攻靖和浦苏区的五寨东楼村。驻五寨侯门的红三团部队在团长张长水带领下，赶到东楼至南胜必经之路——坑头鞍设伏，于当天下午伏击撤围的南胜民团，毙伤俘敌100余人，缴获机枪1挺、长短枪30余支、子弹1000余发及手榴弹90多枚，并活捉南胜民团团长林寿府，韩柳添部仓皇退回云霄何地。4月底，红三团政治部主任李克己率团部特务排和第一连，在漳浦大坪山与郑石之间的山地伏击进攻靖和浦苏区的马鸿兴保安团之一部，歼敌2个排，俘敌40余名，缴枪五六十支。

（九）中共闽粤边区特别委员会成立

1933年5月，蒋介石为加强东方阵线的攻势，将进入福建的国民党部队组建成东路军，任命蒋鼎文为东路军总司令，总司令部设于漳州，辖10个师，由此来强化对中央苏区的第五次"围剿"。

为了粉碎国民党东方战线的进攻，在敌人后方与侧边猛烈地开展游击战争，牵制国民党兵力，中共临时中央于六届五中全会闭会后，决定将厦门中心市委领导下的漳州中心县委、中共福建省委领导的饶和埔县委及中共东江特委所领导下的潮澄饶县委合并，组成中共闽粤边区特别委员会，直接归中央领导，并指定黄会聪为特委书记。1934年4月，黄会聪到靖和浦游击区筹建特委。5月初，中共闽粤边区临时特别委员会成立，由黄会聪、何鸣、吴亚鲁三人负责。随后，黄等人继续筹备组织特委工作，中共闽粤边区临委当月在平和尪仔石山举办县、区党员干部训练班，由黄会聪等负责讲课，受训者几十人。共青团训练班也同时在平和三坪村开办，由彭德清负责团训工作。此外，各区也同时开办党支部书记一级的干部培训班。

1934年8月，中共闽粤边区第一次代表大会在平和南胜邦寮山召开，正式成立中共闽粤边区特别委员会。黄会聪任书记，委员有何鸣、何浚、林路、许其伟、余丁仁、谢卓元、张华云等。特委下辖中共靖和浦县委、饶和埔诏县委和潮澄饶县委。特委所辖武装力量有闽南红三团、潮澄饶红三大队、潮澄饶特务大队和饶和埔诏游击队，特委所辖红色区域为靖和浦苏区、饶和埔诏苏区和潮澄饶游击根据地区。

中共闽粤边特委成立后，靖和浦苏区成了特委重要活动区域。中共靖和浦县委在特委直接领导下，继续带领苏区军民开展各项斗争活动，打破敌人“清剿”计划，不断巩固和发展党的组织。

（十）中共靖和浦县委第五次扩大会及苏区基层组织的巩固与发展

1935年6月5日，中共靖和浦县委在平和召开第五次扩大会议。会议学习中央关于《目前形势与我们的任务》的提纲，通过了特委关于《目前游击战争的开展与靖和浦周围的形势》的政治报告。

中共靖和浦县委扩大会后，县委根据斗争发展的需要，迅速调整作战方针，将红三团主力分兵三路向外线出击，在粉碎敌人“清剿”的同时，继续开辟新的游击区，不断扩大红色区域。

为粉碎国民党第二期“清剿”，在斗争中发展党的基层组织，中共闽粤边特委于9月在平和五寨尪仔石山召开第五次扩大会议。中共靖和浦县委认真落实特委会议精神，在反移民堡垒政策中发动群众，在斗争中吸收积极的有觉悟的工人、雇农和贫农入党，较出色地开展工作。针对敌人把小村并到大村，把群众移到大村去，在大村中加强反动武装，妄图隔绝党与群众联系的做法，县委提出“到大社(村)去建立党与群众的基础，创造大社党团支部”的方针。

1936年2月，为了能使党的组织在大社巩固与发展，县委十分重视做好大社群众工作，把建立党组织与发动宣传、武装群众紧密结合起来。到大社活动的党员、工作团同志在提高自身思想认识的同时，利用各种关系，运用多种形式，在大社群众中组织各种名义的团体，如春耕委员会、抗捐团、救难会、贫人会、分粮会及同心会等，争取在公开活动中，号召与团结群众，并将这些群众组织置于党的领导之下。

1936年9月，中共平和小溪支部成立，共有9名党员，张三族任书记。党支部先以桃园，后以“义成”杂货店为交通站，任务是接待从漳厦到闽粤边区来往的地下工作人员，为红军购买必需品，散发传单等。

由于各区党组织重视发动群众，靖和浦根据地内群众抗捐、抗税、抗债、分米分谷，反对组织壮丁队、反对训练、反对编保甲、反对修筑炮楼、反对移民的斗争以及武装群众的游击战争广泛地开展起来，党组织也在群众斗争中得到巩固和发展。从中共靖和浦县委五次扩大会至1936年2月，县委恢复了二、五、六区及云和区组织，下辖8个区委、140余个支部、1个小溪市工作团，党员700多名。

11月，粤军一五七师进驻闽南后，即向闽粤边革命根据地进攻。红一、三支队采取灵活战术，避敌主力，分路分区打击敌人，拔除敌人据点，有效地挫败了敌人锐气；同时在闽南白区各市镇发动学生、教员、商人等成立反日救国会等组织，开展抗日救国宣传活动。为适应形势变化需要，中共闽粤边区特委决定撤销中共靖和浦县委，分别成立中共平和县委和中共漳浦县委，何浚兼中共平和县委书记，不久由林路接任书记，朱曼平到中共漳浦县委工作。

三、云和诏革命根据地的开辟

（一）饶和埔诏苏区后期斗争情况

1933年9月18日，刘锡三在浮山长教被捕牺牲。不久，中共闽粤赣边特委派赖洪祥到饶和埔诏任县委书记，张崇任组织部部长兼游击队政委，余丁仁任宣传部部长，县委机关设在诏安霞葛乡的下寮。赖洪祥到饶和埔诏半年后，由于敌人“围剿”、破坏，结果同中共闽粤赣边特委失去联系，加上赖本人又病倒，县委处境艰难。1934年三四月间，县委派余丁仁到闽南寻找上级。余先到厦门找市委，经市委介绍到平和欧寮找漳州中心县委，余向中心县委详细汇报饶和埔诏情况后，要求派员加强领导。

1934年5月，中共闽粤边临时特委成立后，特委派许其伟同余丁仁一起到饶和埔诏了解情况。此时的中共饶和埔诏县委处境已十分困难，县委干部缺粮缺衣，连“御寒的被子也没有，甚至要向群众借钱买米度日”。由于敌人接连不断的袭扰，加上刘锡三此前在县委内部“肃反”搞扩大化，革命力量遭受巨大损失，致使队伍人员思想情绪低落。1934年7月，中共饶和埔诏县委划归中共闽粤边特委领导，为加强饶和埔诏工作，特委派许其伟到饶和埔诏负责县委工作。县委机关设在赤竹坪。后来，在三县反动派联合进攻下，饶平、大埔的革命根据地都先后丢失。

1935年初，县委书记赖洪祥病逝，谢卓元、张华云等调特委机关工作。由于县委在前段指导斗争工作中战略战术上的错误，没有打出外围建立根据地，不断扩大战果，而是固守几个小村，静止地进行秘密串联，坐待敌人进攻，结果诏安几个大乡的地主反动武装相继建立起来，革命据点显得日益孤立。

1935年四五月间，反动派阴谋割断党与人民群众的鱼水关系，强迫赤竹坪群众移民下山。七八月间，县委机关被迫迁移到黄泥坑、尖岽仔，以后再向坪路、搭桥一带发展。这时的中共饶和埔诏县委实际只是一个空架子，干部队伍十分薄弱，县、区干部和游击队3个组织一共只有26人，其中还有不少是家属。

许其伟到饶和埔诏时，继续执行了以前的路线，过分夸大敌人的力量和肃“社会民主党”的重要作用，对于群众斗争情绪估计不足，甚至消极对待特委的有关指示，县委硬在仅有五六十户的马坑等乡村强迫群众分田，建立苏维埃政府。群众因感到革命力量太弱，分起田来敌人一定会来进攻，所以要求暂缓分田。县委不但没有听取群众呼声，反倒认为这是富农有意破坏与阻止分田的阴谋，便将强烈反对分田的人扣留起来，施以严刑拷打，要其供出破坏分田的阴谋，结果引起群众恐慌而纷纷外逃，致使这些地方的工作又处于停滞状态。

1935 年底，饶和埔诏游击队奉调并入云和诏独立营，敌人又多次对根据地发动进攻，并采取软硬兼施的手段，到处造谣收买。少数意志薄弱者思想发生动摇，个别人甚至成了叛徒。

1935 年 12 月，中共闽粤边特委决定解散中共饶和埔诏县委，余丁仁被“开除党籍”，张崇、许其伟“留党察看”，重新组织工作团，并派一部红军游击队，在饶和埔诏一带恢复建立新的基础，工作团归中共云和诏县委直接领导。

（二）云和诏革命根据地的建立与发展

中共潮澄饶县委辖有隆澄、苏南、秋溪、浮凤等地，书记张敏。县委领导下的武装有潮澄饶红三大队和特务大队。主力红军长征后，国民党陆军第九师集中兵力对浮凤苏区进行全面“清剿”。由于敌人力量强大，加上县委在敌强我弱的情况下，提出不切实际的“保卫苏区”口号，使县委与红军游击队固守浮凤区。当国民党强迫群众移民并村时，县委又未能根据形势变化改变斗争策略，甚至把群众当成“反水”加以打击，使苏区群众产生抵触，党组织和红军游击队脱离群众；加上经费短缺，武装力量几度受挫，故根据地范围日趋缩小。此时中共东江特委已遭破坏，与县委联系中断。经过多方联系，1935 年 9 月，中共潮澄饶县委终于与中共闽粤边特委接上联系，黄会聪听了张敏的汇报后，召开特委会议，研究潮澄饶根据地情况，提出“保存实力，组织转移”的计划。县委根据特委指示，分批向诏安乌山转移。当地仅留黄子固等 10 多人在浮凤边境坚持活动。

10月，特委常委何鸣根据特委指示，在乌山与中共潮澄饶县委接上联系。在乌山十八间村，何鸣及县委领导总结了过去失败的经验教训，并召开会议研究恢复潮澄饶工作和开辟云和诏新区的问题。决定重新组建中共潮澄饶县委班子，任命陆位保为书记，陈耀潮、蔡湖为常委，重新派回潮澄饶工作，其余一部分干部则在诏安、云霄一带开辟创建新的游击区。会上还成立了中共云和诏县委，从中共潮澄饶县委中抽调一部分干部组成中共云和诏县委，蔡蔚林任书记，中共潮澄饶县委原书记张敏提为特委委员。中共云和诏县委下辖4个区，一区江亩坑至西潭；二区江亩坑至景坑一带；三区为进水、金溪一带；四区为平和、云霄边境地区及诏安四、五都的部分地区。1935年12月，中共闽粤边特委决定解散中共饶和埔诏县委，其原辖区划为云和诏五区。

特委在开辟云和诏根据地的同时，着手加强对红三大队的领导。特委调吴金、卢胜到红三大队，筹划组建闽粤边独立营。早在埔尖山战斗之后，卢胜就奉特委之命，率领红三团一支精干武装到乌山一带活动，开辟新区。该武装以乌山为依托，开展群众工作，宣传党的主张，先后拔除地主联防的许多据点，逐步建立了以诏安北蔗、进水、云霄的桥头、半岭为中心的乌山革命根据地。红三大队进入乌山地域之后，增强了云和诏地区的武装力量。为了提高红三大队的战斗力，特委决定将红三大队卢桂秋部、邓珊部合编为中国工农红军闽粤边独立营。独立营于11月成立，官兵共计160多人，邓珊任营长，贝必锡任政委。后邓珊在上岭埔战斗中牺牲，1936年2月，特委派卢胜接任营长，吴金任政委，并宣布独立营划归特委直接领导。

在中共云和诏县委和独立营的努力下，云和诏革命根据地迅速发展和巩固。东至诏安沿海的四都、梅州，直至云霄县城，西至诏饶交界的坪路、景坑、搭桥一带，南至诏安西潭一带，北面至平和大溪一带，形成了云和诏革命新区，并迅速与靖和浦根据地连成一片。根据地增设了交通站、被服厂和印刷所，并设有后方伤兵站和看守所。

(三)云和诏“肃反”及纠正

1936 年 2—3 月间，中共云和诏县委和闽粤边独立营内发生一场“肃反”扩大化的斗争，造成革命力量的巨大损失。这次“肃反”，区一级的干部 70%被扣留，独立营中一半的队员及中队长、排长被扣留，所被扣留的人 95%都受过严刑拷打，强迫供口供，所以，所捕去的人与受过严刑拷打的被审判的人，百分之百都承认是“社党”，同时，对于“社党”“托派”的处置，又不分主要、次要、主动、被动与阶级成分，以致总共所扣留的 130 余人(红军队员与区一级干部等)中，在首批解押七八十人中，则首要、次要、主动、被动、大小、老幼、男女，甚至小孩子都一律枪杀。

错误的“肃反”，使中共饶和埔诏、潮澄饶县委均受其害。不少党和部队的重要干部被冤杀肃杀。

中共闽粤边特委得知这些情况后，马上给中共云和诏县委去信，指出特委驻县委特派员张敏及县委的严重错误，并责成他们对尚被扣留五六十人，“谨慎审判与不可用严刑拷打来强迫认供，及应分首要、次要、主动、被动，与阶级成分来处置”，并指出要给一般被欺骗的工农分子以自新之路。县委接到特委指示信后，尚被扣留的五六十人经重新审查，才发现这些人中有的是遭诬陷而被扣的，有的则是难以忍受严刑拷打之苦而无奈供认自己是“社党”的。卢明就是因为遭受严刑拷打而承认自己是“社党”成员的。经特委当面对质，澄清事实后，给卢明恢复了党籍并分配工作。

闽粤边党组织和红军游击队中的“肃反”扩大化纠正后，中共云和诏县委与独立营的工作逐步得到恢复和发展。至 1936 年 10 月，云和诏各区委领导下的支部共有 100 个左右，党员 500 多人，独立营也由整肃后仅存的六七十人发展至 200 多人，党组织与红军队伍战斗力又逐步增强。

第五节　红三团红九团平和会师

一、开展反“清剿”斗争

(一)打破敌第一期“清剿”

1934年10月,主力红军长征后,蒋介石在“追剿”主力红军的兵力调动完毕后,即开始部署对南方各革命根据地的“清剿”。国民党军队第八十师负责漳属地区的“清剿”,该师分别部署于漳州、长泰、南靖、漳浦、海澄一带。而广东军邓龙光师、李汉魂师则从广东方向对靖和浦、潮澄饶、云和诏地区“进剿”,形成东西夹击之势。随着国民党军队“清剿”计划的全面展开,国民党投入在闽南的三十万陆军和地方保安队,“就像洪水一样,几乎淹没了整个根据地”。国民党当局采取分进合击、分区清剿、重点驻兵、穿心斩线的战术,不惜一切代价与红军游击队拼消耗。

1934年11月,国民党地方保安部队、反动民团马鸿兴部从漳浦的象牙庄进入龙岭、欧寮;沈东海部从文峰、三坪进发,准备在欧寮村与马鸿兴部会合。为保卫秋收、保卫苏区人民,中共闽粤边区特委调集红三团主力和赤卫队计500余人,由红三团团长张长水指挥,除派部分队伍阻击从漳浦方面来敌马鸿兴部,主力部队埋伏于平和文峰埔尖山,然后派小分队到三坪引沈东海部进入伏击圈,集中兵力予以歼击。当沈东海部队进入文峰许霜楼一带时,遭到红三团一个短枪班发起的突然袭击,尔后,又在埔尖山陷入红三团主力的包围,沈东海部队顿时乱作一团,敌军三次冲锋均被红三团打退,沈东海中弹负伤伏马而逃。经过激烈战斗,红三团及赤卫队歼敌一个大队,伤敌军100多人,俘敌80余名,缴获重机枪2挺、各种枪支100多支、子弹万余发、军用品30多担。在追歼沈东海残部的途中,红三团又与驻文峰的敌保安队派出的慰问队相遇,敌慰问队丢下大批慰劳品夺路而逃。随后,红三团乘胜打败了进占龙岭的马鸿兴部。

埔尖山战斗之后，国民党调中央军第八十师、粤军第九师等部队及地方民团，分别向靖和浦、饶和埔诏等苏区展开更疯狂的进攻。在军事上，敌人采用“驻剿”和“分进合击”并用的战术，集中优势兵力，分驻于靖和浦苏区外围，尔后各路兵力同时向预定地点出击，一旦发现红军游击队，则进行前堵后追。同时，敌人还在靖和浦中心区实行“移民并村”政策，强迫群众围篱筑栅，修工事，建炮楼，将小村合并到大村，把群众迁移到白区，使苏区变成“无人区”，妄图以此割断红军游击队与群众的联系。此外，国民党反动派还强迫移民组织守望队负责看守炮楼；组织壮丁队配合守望队监视群众和对付红军游击队活动，给红军游击队在军事上、经济上造成更大困难。

为使闽南革命根据地与广东韩江以东的红色区域连成一片，共同粉碎敌人的“清剿”，1934 年底，中共闽粤边特委派卢胜率领红三团一支精干队伍 100 多人，前往乌山地区开辟新的革命根据地。

1935 年初，国民党第八十师与保安队在地方民团配合下，进一步占领靖和浦苏区的龙岭、车本、欧寮、山前、三坪等重要据点。2 月，国民党军队洗劫平和五寨石门村，全村 90％的房屋被焚，石门合作社财产被洗劫一空，合作社被迫停办。同月，红三团第一连袭击驻文峰伏地虎的沈东海部一个营，缴枪 30 多支，歼敌多人。为更疯狂地“清剿”革命武装力量，国民党当局又于 3 月间调集八十师二三八旅王继祥所属的李树棠四七六团、陈德法四七七团、钱东亮的补充团、周弘训的工兵营，会同各县保安队，向靖和浦、云和诏革命根据地“清剿”。

面对敌人更加残酷的“清剿”，中共闽粤边特委及时调整了斗争方针，把军事斗争的重点转向武装群众开展游击战争阶段，红三团则避敌锐气，到封锁线外作战，创造新的游击根据地。与此同时，潮澄饶的红三大队也分批向诏安乌山一带转移，与红三团汇合，开辟云和诏革命根据地。

为粉碎敌人的“移民”政策，特委采取在特殊历史条件下的灵活策略，允许不暴露身份的党员，在敌人强迫“自新”时和群众一起签名，以得到合法生存和便于在移民区坚持斗争。

1935年3月下旬，国民党第八十师纠集保安团和民团，采取“驻剿”和“分进合击”相结合的战术，进驻平和山前、漳浦龙岭等地，大肆烧杀抢掠。3月29日，红三团主动出击，攻下平和南胜圩。

为加强对闽南革命根据地的“清剿”，此时，福建省保安大队沈东海部从永定、平和边境调驻平和县城九峰，福建省保安第八团陈昆部也由闽西调驻闽南。4月3日，福建省保安第八团一连进攻靖和浦中心区三坪，被红三团击退。4月6日，红九团在平和秀芦、象湖、杨梅墘一带活动，引起敌人恐慌，国民党八十七师四七九团匆忙由平和小溪调驻九峰，以加强县城防务。是月，国民党中央军八十师、七十五师各部和各县保安队，先后向闽粤边区的靖和浦、饶和埔诏苏区发动“清剿”。根据特委部署，红三团兵分三路出击，冲出外线，避免与敌人硬拼，灵活地四处袭扰敌人，在军事上取得了主动权，取得了一系列胜利。红三团第一连和团特务排协同作战，先后攻克云霄何地、马铺圩等地的地方反动武装据点，缴枪40余支。

5月17日，红三团一部由团长张长水带领，袭击平和五寨新楼，战斗一个多小时，消灭保安团一个连和反动联防队，毙敌30多人，俘敌70多人，缴获长短枪100多支和一批弹药。战斗结束后，红三团在新楼召开群众大会，就地镇压了联保主任林友权、联防队庄何成、教练官吴为民及恶霸地主林更晨等6名乡团头目。随后又打下溪楼、井尾楼。6月下旬，红三团袭击驻平和黄井的省保安第八团第一大队，毙伤敌兵2名，击伤敌排长1名。

根据中共闽粤边区特委的指示，7月，红三团先后打下平和的南胜、五寨，云霄的何地、马铺圩，诏安的金溪圩和漳浦的杜浔、过洋、枫林、院前等地，从而恢复、巩固了闽南革命根据地。8月上旬，国民党八十师四七六团第一营进驻平和欧寮和漳浦小山城，保安独立大队沈东海部进驻平和三坪，福建省保安第八团陈昆部进驻漳浦石榴板、龙溪圩等地，妄图“围剿”靖和浦苏区，均被红三团及游击队击退。

9月，红三团和独立营在短距离分兵的基础上密切配合，攻下平和龙头、南山、寨仔3座土楼，毙敌100多人。11月，红三团又先后打下平和白叶楼、大坑尾、壶嗣及大溪圩等地，使靖和浦根据地、云和诏根据地连成一片。

经过近一年的艰苦斗争，闽南红军游击队突破敌人的封锁线，不仅恢复了靖和浦中心区，保持了原有的游击队根据地，而且开辟了大片新区。林路带领的工作团与红九团一连及特务排在平和山内开辟了大芹山游击根据地，向沿海发展的红三团第三连在漳浦开辟了梁山游击根据地，闽粤边的武装斗争较成功地实现游击战略转变，并在机动灵活的战斗中，有效地保存革命力量，粉碎了国民党军队的第一期“清剿”。

（二）打破敌第二期“清剿”

国民党对闽粤边红军游击队的第一期“清剿”失败后，很快又组织力量，于1935年秋进行第二期“清剿”。为粉碎敌人的第二期“清剿”，中共闽粤边特委于9月在平和厩仔石山召开第五次扩大会议，会议明确提出进一步加强党的领导，武装群众，广泛深入地开展群众游击战争的斗争策略。会议还讨论了抗日反蒋，组织抗日义勇军等问题。

10月，国民党第八十师采用“驻剿”与“搜剿”并举的战术，对靖和浦、云和诏根据地发动第二期“清剿”。同时颁布“自新政策”和“十杀令”，企图断绝红军游击队和革命群众的联系，进而消灭红军游击队。

中共靖和浦县委在反移民堡垒斗争中，针对敌人把小村并到大村，把群众迁到大村去，在大村中加强反动武装，妄图隔绝党与群众联系的做法，提出“到大社（村）去，建立党与群众的基础，创造大社党团支部”的斗争策略。

为了使党的组织能在大社巩固与发展，县委把建立党组织与发动、宣传、武装群众紧密结合起来。党员、工作团同志深入群众，利用各种机会、各种关系接近大社群众，并在群众中组织各种名义的团体，争取在公开活动中，号召与团结群众，通过宣传、发动和武装群众，使守望队、壮丁队实际成了党领导下的一种群众武装组织。

到1936年夏,靖和浦五南区的23座敌人炮楼属于红军游击队掌握的就有16座。红军游击队还把守望队、壮丁队带上山编入红军游击队或人民抗日义勇军。五南区守望队参加抗日义勇军的就有120多人。五南区党支部从7个发展到21个,赤卫队从400人增至2000多人。

1936年2月,国民党第八十师和省保安团共纠集7000多人,“清剿”乌山根据地,历时14天。红军游击队采取灵活战术,避开强敌,深入敌后,与敌人展开斗争。2月6日,红军游击队在平和东坑赤卫队配合下,拔掉防守严密的地主武装驻防堡垒凤鸣楼。三四月间,张长水率红三团攻下水磨、寨仔、苦竹等地,建立了灶山游击根据地。随着游击战争不断取得胜利,闽南地区不断恢复了老游击区,中共靖和浦县委又开辟了云和、浦云、浦南、双格(平和双溪至山格一带)4个新的游击区。人民武装力量也有很大发展,靖和浦农民武装有4000人左右,平和的五寨侯门、南胜龙心等地几乎每家每户有一人参加红军游击队。

1936年6月,两广事变发生后,闽粤边各红军游击队为进一步适应抗日的需要,根据特委指示原独立营改编为“中国人民红军闽南抗日第一支队”,支队长卢胜,政委吴金;原红三团改编为“中国人民红军闽南抗日第三支队”,支队长张长水;原潮澄饶红一大队扩编为“中国人民红军闽南抗日第五支队”,支队长刘金盛,政治部主任刘炳勋。

7月,何鸣率红一支队和红三支队第一、三连,出击平和安厚龙头寨仔村反动联防队,全歼联防队50多人,缴枪30多支。后又在云霄马铺、平和大溪一带游击,摧毁多处敌据点。同月,国民党广东军分兵进攻平和南胜藤吊岭游击队,尔后又“进剿”大坪山红三支队驻地。红三支队迅速抢占制高点,集中火力抗击敌人进攻,经过一天战斗,击退敌人多次进攻,毙伤敌人100多名,缴获枪支100多支。8月,平和坂仔东坑革命群众协助红军游击队,逮捕了20多名化装进入苏区的国民党特务。

9月3日,中共闽粤边特委组织红一、三支队共500多人,奇袭云霄县城。攻占“宏利”银庄，缴获银圆300块、钞票1万多元、步枪6支、子弹1箱。

闽南红军游击队在中共闽粤边特委和中共靖和浦县委领导下，在反敌人第二期“清剿”斗争中，加强基层党组织建设，紧密依靠群众，经过艰苦斗争，终于粉碎了敌人对闽粤边革命根据地的第二期“清剿”。

（三）第三期反“清剿”斗争的失利

两广事变平息后，蒋介石将“剿匪”不力、令其失望的国民党第七十五师和第八十师调离闽粤边区，于1936年11月先后调遣粤军第一五七师、第一五八师进入闽粤边区，对闽粤边革命根据地发动第三期“清剿”。此时，国民党当局向闽粤边区革命根据地进犯的正规部队加上保安团和地方保安队、民团，总兵力达1万余人。

第三期“清剿”，敌人首先把靖和浦、云和诏及平和山内革命根据地分割成几个互不相连的小块，孤立起来，再配合地方反动武装，层层设防，形成严密的小包围圈，使党组织和红军游击队既没有回旋余地，又难以相互配合、协同作战。其次，敌人集结优势兵力，竭力寻找红军游击队主力决战，除把“清剿”“追剿”“堵剿”等战术一并用上，还兼用夜袭、突袭、分小队打埋伏及捕捉交通员，切断交通线等手段对付红军、游击队的活动，妄图短期内在军事上将闽粤边革命武装力量全部清除。

敌人在加大对闽粤边革命根据地军事进攻的同时，加强了保甲制度，经常派官员到各县区举办保甲、壮丁训练班，为学员讲课，宣传反共政策，并定期检查保甲制度的健全与否。敌人还采用“剿抚兼施”的政策，大肆收编土匪作为反共的地方力量，先后收编了张河山、江天赐等地方恶匪为其反共效劳。此外，国民党反动派还动用所有舆论工具，加强反共宣传，通过实行所谓“软化、分化、感化”等政策，以各种形式笼络民心。第一五七师驻漳初期，还枪毙了几个恶贯满盈的土匪，查缉几起烟赌，春节期间与民众联欢等，以图博得漳州民众好感。

中共闽粤边区特委书记黄会聪于10月到上海寻找党中央汇报

工作，由何鸣代理书记。特委由于对第一五七师中下层官兵的抗日情绪估计过高，对国民党顽固派假抗日、真反共，妄图用军事武力消灭闽粤边党和红军游击队的反动本质认识不足，加之何鸣对第一五七师军事力量的轻视与麻痹，基本上是实行了“散兵群”的内线作战的战术。

战争一开始，敌人未站稳脚跟之时，闽粤边红军游击队和地方武装连续打了几次胜仗。但是，敌人不断破坏我交通线，造成我党我军情报不灵，信息不通。“散兵群”内线作战已不能达到粉碎敌人“围剿”的目的。

1937 年春节后，特委决定改变策略，打出外线，变被动为主动，可是红三支队第三连在南靖坪山消灭敌人一个班之后，就被敌人跟踪追击。2 月，红三支队第一连在平和西崎头与敌人打了一场遭遇战，双方互有伤亡。1937 年二三月间，叛徒陈歪头引导敌一个营兵力，包围了竹湖山红三支队三中队的驻地，双方展开激战，三中队伤亡 30 多人。当晚，红三支队趁敌不备，进攻盘陀圩，摧毁敌乡公所和炮楼，缴获枪 10 多支，并镇压一个反动乡长。之后，红军游击队虽然在云和诏出击诏安盐务局、云霄梨子坑，但都没有达到集中队伍有力反击敌人“清剿”的目的。红军游击队在军事上没有打破敌人分割封锁，所以没能摆脱被动局面。敌人投入“清剿”闽粤边区的国民党正规部队和地方武装 1 万多人，红军游击队仅有 700 多人，敌兵力十几倍于我，敌我力量悬殊，我军又不能迅速集中兵力突出外围作战，加上特委及红军游击队领导力量严重不足。在这期间，特委设在平和畲仔后鞍的交通总站又遭敌人破坏，在这种艰难困苦的战争环境中，闽粤边党和红军游击队仍不屈不挠地浴血战斗，维持了军事上的相持状态，粉碎了国民党中央军妄图于 5 月底彻底“肃清”红军游击队的计划。

二、红九团千里转战下闽南

1935 年 4 月 10 日，闽西南各地党政军领导人在永定上溪南赤寨村召开联席会议。会上中央分局的代表陈潭秋传达了中共中央关于"要求留在中央根据地红军，要就地分散坚持游击战争，不能采取大兵团行动"的精神，并对闽西南地区的斗争形势做了客观的分析。

为了统一领导闽西南地区的游击战争，会议决定在闽西军政委员会的基础上，扩大成立闽西南军政委员会，选举张鼎丞为主席，邓子恢、谭震林为副主席，使之成为闽西南地区游击战争新的领导核心。闽西南军政委员会的成立和新的策略方针的确立，标志着闽西南党组织和红军游击队完成了向游击战争的战略转变，是闽西南反"清剿"斗争向胜利发展的一个重要转折点。

红九团于1935年上半年开始了向闽南发展的准备，先是以金丰大山为中心，开展永东县各乡村的工作，以此作为向闽南开展工作的第一基地。之后，红九团由永和靖边境向闽南挺进，经过平和的大坝头，过芦溪河，进入秀峰山区，在永和埔一带积极开展军事活动，通过开展游击战争寻找红三团。红九团在平和秀芦、象湖、杨梅墘一带活动，引起敌人恐慌。4月6日，国民党第八十师四七九团由平和小溪调驻九峰，以加强县城的防务。

红九团选择了平和境内的秀磜作为重点，扫除附近残余反革命势力，并派罗柱华、张全福、林宗保等政工干部，留在平和秀磜、山顶坪、白花洋等地开展地方工作，恢复这些地区的革命活动和党组织。该地区是老区，群众基础好，故把秀磜、山顶坪等村建成红九团下闽南的前进基地及伤病员的疗养处和转运站。红九团最初在秀磜地区活动了几个月，转战整个平和北部地区，但仍得不到红三团的任何消息。

6月中旬，红九团一部分别出击平和第一区的苦竹洋和龙岭背，烧毁龙岭背民团炮楼一座。6月30日，红九团一部由粤境进入平和，夜袭平和县城九峰，县长张乃武和保安队仓皇逃离。次日，红九团另一部攻打了平和第二区大坪乡。

7月12日，红九团一部攻打平和坪埛民团据点永思楼，守楼反动民团据楼顽抗，红九团数次攻击，未能攻下该楼。15日，红九团以掘地道爆破的战术攻陷永思楼，全歼民团武装，缴枪百余支、炸弹数十枚。

7月24日，国民党闽南保安独立第三大队张河山部，经平和白花洋追击红九团一部。红九团在苦竹洋与敌激战两小时后，撤往芦溪漳汀游击根据地。时逢漳汀河水暴涨，当地革命群众冒雨搏水架桥，帮助红军渡河，从而摆脱了敌人的追击。

7月下旬，红九团从秀磜附近出发，经大埔的大产、上清溪，饶平的上善、下善，又从庙埔附近直下诏安境内。第一天，红九团停宿于诏安秀篆，第二天从秀篆出发，继续向前推进，并抬了10多名伤员，经平和大溪等地乡村，走了几十里路，均没有遭到敌人抵抗，顺利进入红三团所属的饶和埔边区游击队活动的地区。7月28日至8月3日，红九团攻下诏安官陂的格贝坑坝楼民团据点，并在三角塘大青山下与饶和埔游击队取得联系，得知中共闽粤边区特委和红三团的活动区域。红九团在该地区休息了两天，红九团领导人与中共饶和埔县委领导人余丁仁及游击队队长吴文富等开了两次小型的联席会议，相互通报各自的情况和任务。此时，云霄、平和、漳州各方的敌人，约3个团的兵力向红九团急速扑来。为避敌锐气，红九团与饶和埔游击队一起迅速由原路返回饶和埔边平和秀磜。

三、红三团冲出外线向饶和埔发展

面对国民党军队的大举“清剿”，闽南地区的党组织和红军游击队在斗争环境极为不利的情况下，与国民党军队展开顽强的斗争。由于敌我力量悬殊，国民党军队的包围圈越缩越小，斗争形势日趋严峻，中共闽粤边特委重新制定了“组织群众和武装群众，开展广泛的、群众性的游击战争；红军游击队主力分散到敌人的封锁线外，向着敌人的弱点进攻，创造新的游击根据地”的方针。

根据闽粤边区既有尫仔石山、梁山、狮头山、大芹山、马山、凤凰大山等地形复杂的山区，有利开展游击战争，又靠近福建重镇漳州市，易于开展白区工作，扩大政治影响的地理特点，中共闽粤边特委提出采取山区斗争和平原工作并举，以山区为依托，建立新的游击根据地，实现多点开花，推动闽粤边游击战争迅速开展的斗争策略。

决定将武装力量化整为零，多点出击，除由卢胜、林路、朱曼平等率部分武装留在根据地内，以厄仔石山为依托，在平和的五南区、内外东溪和云霄的坪水一带活动，进行分散游击并伺机发展白区工作外，主力武装则分路突击封锁线，到外线作战。由红三团团长张长水带领的一路，从漳浦的霞美、杜浔、沙西向海边一带发展，以梁山为依托发展游击根据地；由红三团政委何鸣和副团长陈桃庆率领的另一路则绕过平和小溪，进入毛山开展游击战争。

红三团冲出外线后，避免与敌人硬碰，灵活地四处袭扰敌人，在军事上取得了主动权，闽粤边区的反“清剿”斗争由点到面迅速展开。红三团直属部队向平和、云霄等地游击，先后攻下田贝、龙头、坪水、大楼、小尖，一直打到盘陀；红三团一连在平和黄井、柴头埔、浦仔一带游击，向山格和南靖山城发展。卢胜率一支精干的武装在平和峨嵋山开辟新区，先后攻下东坑、寨仔尾、白楼、大坪、马铺圩、田径、小岭角等地，开辟了大片游击区。红三团三连则先后消灭了眉田、巷内、霞美等乡的地主武装，开辟了眉田、巷内、垄仔埔、黄厝格、竹仔林一带的游击区，特别是 1935 年 4 月，红三团集中力量，在平和境内先后攻下片仔、郭坑、松湖、乌龙坑等地，摧毁敌炮楼一座，获枪支三四十支，并在这一带组织了游击队，开辟了通往闽西的游击区域。

1935 年 6 月 5 日，中共靖和浦县委在平和召开第五次县委扩大会议，提出了开辟新的根据地与恢复老根据地的斗争结合起来，争取靖和浦游击根据地和饶和埔游击根据地打成一片的斗争方针。

1935 年 7 月，红三团先后攻下了平和的南胜、五寨，云霄的何地、枧脚、芳林、罗婆洞等地，拔掉盘踞在中心区周围的地主联防武装据点，进一步扩大和巩固了游击中心区域。由卢胜率领红三团一部向云霄、平和境内进一步深入，先后拔掉地主联防武装的许多据点，在平和的陂下、寮安、后寮、梅林、七高礤等地建立了红色区域。此时，由饶和埔地区转移出来的中共饶和埔县委和潮澄饶红三大队也于 1935 年秋进入乌山地区，不久在云和诏交界处月眉池与红三团会师，并根据中共闽粤边特委指示，合并组成闽粤支队，以乌山地区为根据地向凤凰山地区游击。

四、红三团红九团胜利会师

经过一段时间的休整，1935 年秋红九团又一次向闽南进军。由于敌人对永和埔、永东方面进攻的力度加大，红九团决定分为两部分行动。红九团政委谢育才率第三营在平和西北部频繁活动，把国民党闽南保安独立第三大队张河山部引入长乐，并予包围，把敌人的注意力引向永和埔边，以策应红九团第一营在闽南地区的活动。红九团团长吴胜及赖荣传率团部及第一营进军闽南。在饶和埔游击队带引下，吴胜率部采取远程奔袭战术，迅速通过饶平上善、下善，进入诏安龙伞崇楼仔村，侦悉国民党第八十师有个临时小兵站设在平和大溪区公所，由一个连的新兵看守，便决定予以消灭。8 月 14 日，红九团第一营从诏安官陂菜头坑出发，奔袭平和大溪区公所和八十师设在大溪的临时兵站，歼敌一个新兵连，缴获一批枪弹、被服及药品。随后红九团官兵换上缴获的国民党军装，从容通过平和安厚、云霄马铺白区，进入靖和浦根据地的平和五寨、南胜。

8 月中旬，红九团一部在平和南胜横石村，与红三团三连一排和中共靖和浦县委领导人朱曼平取得联系，并由红三团战士带路，越过平和望旗尖山，抵达平和三坪革命根据地，与中共闽粤边区特委相会。此时，在漳浦梁山活动的特委常委何鸣、红三团团长张长水得知红九团到来的消息后，随即率部赶回三坪与红九团会师。历经近 4 个月、行程 500 多里的艰辛，红九团终于完成打通与红三团联系的任务。

红三团与红九团会师后，双方领导人召开了几次座谈会。红九团领导人吴胜、赖荣传向中共闽粤边特委和红三团领导人传达了中共中央、中央分局关于实行游击战争战略转变的指示精神，并与特委书记黄会聪、特委常委何鸣、红三团团长张长水等人就开展游击战争、建立交通站、统一领导等问题进行了商讨。

在统一领导问题上，双方领导人未能达成统一意见，但在建立交通站等方面，双方取得共识。8 月下旬，中共闽粤边特委为红军两个团的胜利会师，在平和文峰山前村召开了庆祝大会。

红九团1000多人武装力量下闽南，是福建三年游击战争时期红军游击队最大的一次军事行动，具有重要的战略意义。红九团下闽南与红三团的会合，不仅沟通了两块游击区间的联系，且开辟了新区，更有力地打击了敌人，对于粉碎国民党军队的“清剿”，推动闽西南地区特别是闽南地区反“清剿”斗争的发展，起了重要的作用。

红三团、红九团三坪会师，震惊了闽西南地区国民党军队，敌人纠集强大兵力向三坪展开进攻。红三团、红九团分头向外转移，红九团除留下20多个伤病员在红三团的后方医院疗伤治病外，大部分则沿闽粤边原道返回。为尽快建立交通关系，中共闽粤边特委决定派红三团一个排随红九团行动，以期建立交通站，特委还让红九团带去一些重要文件。

9月初，吴胜、赖荣传率红九团一个营和团部直属队回到平和秀䃮、山顶坪基地，与谢育才率领的第三营汇合，然后向永和边境转移，途中在犀牛岗击溃敌八十师一个团的阻击。

五、永和靖革命根据地的创建

红九团到达闽南后，虽然开辟了一些新区，但未能利用新区、分散兵力开展灵活的游击战争，巩固根据地，在国民党军队的围攻下遭到了巨大的损失。

由于红九团战略上的失误，没有以游击根据地为依托，化整为零，分散游击，“却采取集结力量，突击白区的行动”的计划，分兵两路，一路由吴胜率一部向东佯动，以图将敌人引向漳州；一路由谢育才率领从西北方向跳出，沿乌山东北侧经一夜急行军，到达平和，与饶和埔工委取得联系。此时，跟踪而来的国民党军队已缩小包围圈。红九团各部“又盲目转移到受革命影响较小的地区，民情生疏，没有粮弹补给，伤员无处安置，困难重重”。经七八天且战且走，才进入五指山的崇山峻岭之中，但已损失惨重，几乎到了弹尽粮绝的境地。于是，红九团才不得不决定以深山密林为掩护分散突围，由吴胜、谢育才各带一部分向北，朝楮树坪方向突围，其余向西从永定陈东坑、岐岭进入金丰大山。

1936 年 1 月，吴胜、谢育才带领在太阳寨突围出来的红九团指战员，继续在湖雷地区收容被敌打散的战友。其间，吴胜带警卫员回到家乡上湖雷石坑小方村筹集粮食，被村里的反动派包围而被捕，次年春被杀害于龙岩。谢育才继续收容红九团余部达 80 多人，并与闽西南军政委员会接上联系。

根据闽西南军政委员会指示，保存下来的红九团部队进行了整顿，总结经验教训，把现有部队组成武装政治工作队，一边打仗，一边做群众工作。决定将红九团编为两个大队，第一大队到岩永靖边区活动，第二大队到永和埔边区活动。第二大队在平和仙洞歼灭国民党第八十师补充团的一个加强排，缴机枪 1 挺、步枪 2 支、子弹 2 箱，俘敌 2 名。接着又巧袭平和三莱舟，歼敌一个民团，缴长短枪 50 余支、轻机枪 1 挺、子弹 5000 余发，鼓舞了士气，扭转了被动局面。

此后，岩永靖边区和永和埔边区游击根据地建立和巩固起来，并连成一片，永定的金丰、岐岭、楮树坪、大雪崇，平和的刺牛岗、小芦溪，南靖的科岭、泉坑、坑下、上马等地为巩固的基地。红九团的休养所、被服厂、交通所和党政机关大都设在这些基点村。

1936 年 1 月 1 日，闽西南军政委员会根据中央抗日统一战线精神，决定把闽西南的红军游击队改称“中国工农红军闽西南抗日讨蒋军”，并将原闽西南的 4 个作战分区调整为 3 个游击作战分区，把红军游击队整编为一、三、五、七支队(后增加二、四支队)。龙岩、岩南漳、岩永靖、永和靖地区为第三分区。第三分区辖三、四支队。1 月 4 日，红四支队第一大队从南靖科岭、下村驻地出发袭击长教，毙敌 1 人，缴获长短枪 20 多支、子弹 1000 余发。

4 月下旬，红三支队、红四支队及多支游击队集中活动于永和边区的平和象湖、永定中心洋、南靖科岭一带，旨在向南发展，扩大游击区，将闽西粤东连成一片。

5 月，闽西军政委员会特务大队与永埔游击队编成中国工农红军闽西南抗日讨蒋军第五支队，支队长刘永生，政委熊梦辉，全队 200 余人。红五支队由永东一带向外发展，深入平和大、小芦溪一带活动，拓宽了永和靖边的游击区域。6 月 28 日，永东县军政委员会召开全体会议，决定将永东县军政委员会改为永和靖军政委员会。永和靖主要辖区为平和北部的大、小芦溪及长乐，永定的南溪、象湖山，南靖的上、下坂寮和书洋一带。永和靖军政委员会的成立，进一步促进了闽西南地区游击战争的发展。

六、大芹山革命根据地的创建

平和境内的大芹山是闽南第一高山，主峰高 1544.8 米，地处大溪、九峰及高坑三乡镇交界处，数条山脉曲折迂回，向四周延伸，方圆近百里，中心区域山高林密，溪涧纵横。大小近百个村庄散落于崇山峻岭之间，大的五六十户，小的仅三五户，小山坳里偶见单家独户的。大芹山区南邻粤东，西接闽西，农民群众饱受国民党反动派和地主豪绅压迫和剥削，生活贫苦，革命热情较高。国民党乡保政权，除片仔保外，都较薄弱，在大芹山区建立根据地，不仅扩大了闽南地区的革命根据地，有利于联结闽西、乌山及粤东各根据地，且可作为敌我的缓冲区，为红军提供一块休整基地，为特委机关提供一块较安全的驻地。

1935 年 8 月，以林克明为首的工团进入大芹山，并以当地共青团组织作为主体，成立武工队，陈天才任队长，陈子夏为副队长，队员 13 人。之后，林克明提出把他带来的人员与武工队合并组成工作团，以郭坑为中心向四方辐射，开展活动。工团由林克明为主任，下分 4 个组开展工作：一组由陈子夏向高坑、坂仔、双溪方向发展，二组由陈振川等向霞寨方向发展，三组由陈龙虎等向大溪方向发展，四组由赖招燕等向崎岭、九峰方向发展。

至 1935 年 12 月间，白叶保、东川保、碧野保等村社陆续建立了党支部。至 1936 年春，大芹山地区已有 30 多个保的群众与红军游击队有联系，围绕碧野保的中心区域，已有 10 多个保为红军游击队所控制。至此，方圆 50 多千米、拥有 4 万多人口的大芹山区革命根据地已初具规模。

1936 年 2 月，林路代表中共云和诏县委宣布，在大芹山区设立和中区，区委7人，陈天才任书记。和中区委成立后，积极地宣传发动群众抗租抗息，发展党团组织及组建地方武装。为了打通与闽西根据地的交通联系，9月下旬，中共闽粤边特委决定派红三支队第一连公开进入大芹山根据地。该连转战于平和白水、墩仔窑、半岭、顶洋、田尪一带。途经大溪松公岭、高坑白叶，分别抓了两个地主罚款。到片仔保时镇压了恶霸陈其川。之后便在碧野、梅子、溪头等保开展武装斗争及宣传活动。

1936年11月，中共闽粤边特委撤销中共靖和浦县委，分别成立中共平和县委和中共漳浦县委。随后，中共平和县委领导人林路率抗日义勇军第三大队及工作队进驻大芹山区开展工作。11月底，特委终于和闽西南军政委员会接上联系。为充实闽粤边区的军事干部，闽西南军政委员会应特委的要求，调闽西南抗日讨蒋军第四支队参谋长王胜到闽南任红三支队参谋长。

为与闽西南军政委员会保持密切的交通联系，1936年底中共闽粤边特委在大芹山区的后溪村建立了闽西南交通总站。闽西南军政委员会也在平和秀芦东山村建立交通站。从此，闽西南、闽粤边两块革命区域之间的交通线得到恢复，在三年游击战争中发挥了巨大作用，并一直保持到1938年1月红三团、红九团各部分别改编为新四军第二支队第四团一营、二营北上抗日时止。

第三章　全面抗战时期

第一节　抗日民族统一战线的形成

一、发展壮大抗日组织和武装队伍

日本帝国主义为了实现其独占中国，变中国为日本殖民地的狂妄野心，从1931年九一八事变开始，数月内强占了东北三省全境。1935年，制造华北事变，向华北地区发起新的进攻。1937年7月7日，日军向北平郊区宛平县卢沟桥的中国驻军发动进攻，制造卢沟桥事变，标志着中国人民全面抗日民族解放战争从此开始。

面对日本帝国主义的野蛮侵略扩张，国民党南京政府顽固坚持蒋介石提出的“攘外必先安内”的反动方针，采取不抵抗主义，步步退让，屈膝求和，继续把百万军队用于“围剿”革命根据地，妄图消灭中国共产党及其领导的工农红军。

与国民党蒋介石集团相反，中国共产党从九一八事变起就坚决主张对日抗战，号召全国人民动员起来，武装起来，反对日本的侵略和国民党的反动统治。1935年12月17—25日，在瓦窑堡召开中共中央政治局扩大会议，提出党的基本策略任务，就是建立广泛的民族革命统一战线，并制定了抗日民族统一战线的政策。中国共产党积极主动地做了大量的统一战线工作。1936年12月12日发生的西安事变，促进中共中央“逼蒋抗日”方针的实现，终于促成了第二次国共合作，建立起中国抗日民族统一战线。

在南方三年游击战争中,闽粤地区的共产党和红军处境十分险恶。然而在中华民族生死存亡的危急关头,中共闽粤边区特委,坚持党中央的路线和纲领,高举抗日救国旗帜,把反对日本帝国主义的民族解放斗争作为反"清剿"斗争的重要内容,同时提出建立反日反蒋统一战线的任务,特别强调要为实现反日统一战线而奋斗。经过不懈的努力,终于在全面抗日战争爆发前夕,与驻闽南粤军达成"六二六"政治协定,实现停止内战,合作抗日,在闽粤边区构筑起广泛的抗日民族统一战线的长城。

1934 年 10 月,中央红军长征后,中共闽粤边区特委与党中央的通讯联系中断了两年多的时间。在不能得到党中央新的指示情况下,特委一方面以公开出版的报纸杂志获取有关党中央的信息,另一方面根据以往的中央文件精神结合形势的变化,采取相应的策略,领导闽粤边区人民开展抗日反蒋斗争。华北事变后,中日民族矛盾和国内阶级矛盾发生了深刻的变化,中日矛盾已上升为主要矛盾。在中国民族危机更加深重的形势下,"特委对于抗日统一战线的执行特别地加紧"。

为了实现抗日统一战线这一党的主要任务,中共闽粤边区特委从 1936 年 1 月开始,多次发出指示信,加强对各级党组织和红军的指导。同时根据国内局势的变化和斗争的需要,调整斗争策略和政策。特委把各地游击队完全改为"人民抗日义勇军"。取消反对国民党组织壮丁队的口号,派共产党员和革命群众参加壮丁队,使之成为党领导下的公开合法的农民抗日武装。1936 年七八月间,特委获得王明论反日统一战线的文章,便开始转变对富农政策,把过去向富农派款,改变为向富农募捐。同时,把在闽南各地被错当土豪抓捕的 100 余个富农及几个富裕中农无条件释放,因此在闽南农村引起很大的反响。

针对闽粤边游击根据地的恢复与扩大,国民党军政当局采取移民并村,构筑炮楼,实行严密封锁,妄图割断红军游击队与人民群众的联系,把红军和游击队困死、饿死。为了粉碎国民党反动派的阴谋,红军和游击队将大部打出敌之封锁线,在外线开展游击战。同时，党组织了许多工作团，派到敌占区或白区开展工作，以各种各样的名义组织民众，武装群众，用各种各样的形式领导群众斗争，创造新的游击根据地，并扩增了云和、浦云、浦南、三格四个新的游击区，还创建了云和诏三县新的游击根据地。靖和浦、云和诏、潮澄饶的游击区域连成一片，周围横亘约五六百里，而且与闽西南游击区相连。闽粤边游击区多属高山峻岭，地形复杂，是很好的游击根据地。

在闽粤边游击区中，平和大芹山根据地是1935年新开辟的具有重要战略意义的游击根据地，在抗日战争时期和解放战争时期，一直是闽粤边区中巩固的重要的革命根据地。

闽粤边区共产党组织和红军部队迅速发展扩大。1936年10月，由于党组织的扩大，为适应斗争形势新的发展变化，中共靖和浦县委分为中共平和县委和中共漳浦县委。中共平和县委书记先由何浚兼任，后由林路担任。中共平和县委下辖和中区委、五南区委、三坪区委和云和区委，总共80余个支部，党员400余人。中国人民红军闽南抗日支队进一步发展壮大。红一支队改编时160余人，10月扩大到250人，人枪齐全；红三支队战斗人员350人左右；红五支队160余人，战斗力相当强。同时，红军部队在反"围剿"斗争中从国民党军队手中夺得了许多自动步枪与新式步枪等新式武器武装自己。中国人民红军闽南抗日支队，是久经反"围剿"斗争严峻考验的红军游击队，有丰富的游击战经验，英勇善战，机动灵活。

闽粤边区城乡普遍建立起各种反日组织，波澜壮阔地开展抗日救亡运动。为了统一领导闽南各县的反日救亡运动，闽粤边区共产党联络各地反日救国会派出代表，成立闽南各界反日救国会筹备会。平和小溪抗日救国会与上海全国各界救国联合会直接密切联系。中共闽粤边区特委书记黄会聪北上寻找党中央，就是通过小溪抗日救国会的介绍，在上海全国各界救国联合会的帮助下与党中央接上关系。在闽粤边区的广大农村普遍建立起公开或半公开的农民抗日组织。靖和浦、云和诏各区各乡都有农民抗日救国会及农会，会员共3万余人。农民抗日救国会的成分包括贫农、雇农、中农、富农和愿意抗日的地主。

游击根据地里都建立起共产党领导的农民抗日自卫军和人民抗日义勇军，形成强大的抗日武装力量。靖和浦农民抗日自卫军共有4000多人，云和诏农民抗日自卫军共有3000多人。农民抗日自卫军是公开合法的、半脱产或不脱产的武装组织。他们立足本乡本土，熟悉本地的地形和社会情况，担负着除奸抗敌、保卫家乡的重任，在军事上配合红军与人民义勇军的军事行动。农民抗日自卫军在抗日反蒋斗争中，表现得很顽强，发挥了重要的作用。人民抗日义勇军于1934年下半年在靖和浦根据地产生，后发展到三区、和中区和五区等60多个村庄。1936年下半年后，人民抗日义勇军在靖和浦及云和诏根据地迅速发展起来。靖和浦根据地人民抗日义勇军发展到9个中队，编为3个大队，总人数630多人。1936年6月在平和县南胜邦寮成立漳州人民抗日义勇军总指挥部，中共靖和浦县委书记何浚兼总指挥。义勇军每人都有武器，多属广东七九与汉阳五排步枪及一部分土造五排枪，平时有100颗子弹随身。义勇军中党团员占30%，每个大队都有党支部。义勇军日常任务是：领导农民起来消灭汉奸及日本帝国主义在漳州各县所组织的“东亚国盟军”“青年铁血团”等傀儡部队，实行没收走私日货和抵制日货，广泛地在各乡中公开进行抗日救国宣传和组织抗日救国会，领导农民在不妨碍实现抗日统一战线的原则下，进行改良生活的斗争，如减租、减利、取消苛捐杂税等，以提高农民参加抗日的热情。云和诏各区委领导下的人民抗日义勇军共有3个中队，每个中队有100人左右，共有300余人。义勇军的中队长都由红军第五支队派出的人员担任，成分大多数是贫农、雇农，并且是18～25岁的青年。义勇军的给养与红军一样，日常生活除出操外，还有政治课、读报班、游艺会、批评会。武器装备大部分是土造五排步枪，每人平均有五六十颗子弹，每个中队有5～10支的驳壳枪。人民抗日义勇军是一支可靠而且坚强的抗日武装。

闽粤边区各种反日组织，各具特长的人民抗日武装队伍，构成宏大的人民抗日阵营，形成强大的抗日力量。

二、国共两军和谈与“六二六”政治协定的签订

实现国共合作，停止内战，共同抗日，打败日本侵略者，这是中国共产党的主张，是全国人民的强烈呼声。中共闽粤边区特委对国民党军队积极开展抗日统一战线工作，驻闽南的国民党中央军第八十师及七十五师，对共产党和红军游击队的态度发生微妙的变化。据此，特委准备派代表与其谈判，以实现双方停战，一致对外，团结抗日。但是八十师和七十五师因“围剿”不力，于1936年11月被蒋介石相继调往他处。因此，特委关于和谈的设想未能实现。粤军一五七师及一五八师于1936年11月入闽驻防“剿共”。

粤军一五七师具有一定政治和军事实力，既反共又抗日，具有两面性。一五七师驻闽南，在政治上采取一系列拥蒋反共的方针政策，实行“剿抚兼施”的政策，笼络民心。在军事上，一五七师训练有素，装备精良，擅长山地作战。一五七师奉其上峰“限到五月底止剿灭红军”的指令，全力“清剿”红军。在战术上，采取分割包围红军游击区，捕捉交通员，截断游击区间的联系，因此给闽南党和红军带来许多新的困难。一五七师又自称是“抗日的队伍”，打着“合作抗日”的旗号，开展抗日救亡宣传活动，惩办汉奸，组织规模较大的援绥募捐运动，调查浪人走私，推销国货等。无可否认，在粤军中确实有许多官兵具有抗日的热情。粤军入闽主要任务是“剿共”，但也开展抗日救亡宣传活动，做了一些对中华民族有利的事情。特委全面分析粤军既反共又抗日的两面性特点，采取相应的斗争策略。对其政治上和军事上反共一面，采取针锋相对，坚决反击，挫其锐气；对其抗日的一面给予积极支持，通过合法的抗日社会团体与粤军加强联系，开展抗日爱国活动，争取粤军广大中下层官兵站到抗日的立场，与红军合作抗日。

1936年11月，为了便于领导华南地区的革命斗争，中共中央北方局在香港正式成立中共南方临时工作委员会，隶属中共中央北方局领导，薛尚实任书记。南临委成立后，与厦门工委书记尹利东（尹林平）接上关系。尹利东前往香港，南临委向他传达了1936年9月

1 日中共中央在内部发出的《关于逼蒋抗日问题的指示》。1937 年春节前后，尹利东到漳浦小山城，第一次向中共闽粤边区特委传达南临委的指示。1937 年 2 月，尹利东第二次前往香港，南临委书记薛尚实向尹利东详细介绍了党中央处理西安事变的意图和过程，并由他转达对特委的指示：要动员群众拥护中央逼蒋抗日的做法，可发宣言，组织示威游行。特委与南临委建立起上下级关系后，使自己采取的策略方针同党中央一致起来，把原来的“反蒋反日”的策略方针转变为“逼蒋抗日”，从而把闽南的抗日斗争推向新的发展阶段。

1937 年 3 月 5 日，南临委给特委发出指示信。信中要求特委尽快改变正在使用的某些抗日口号，在舆论宣传上做些调整，改变过去的提法，从而与党中央一致起来。同时要求特委立即向一五七师进行广泛的宣传，双方可传递有关谈判的公函与意见，开始与粤军建立和平关系，减少军事上的进攻，充分利用当地上层名流的作用，推动合作抗日的谈判。关于如何谈判南临委做出四条规定：(1)红军游击队停止游击行动；(2)红军和游击队的名义可改变为民族自卫军或抗日讨贼军，在抗日行动中可接受粤军指挥；(3)在未得到中央红军调动集合命令以前在原有地区驻守，双方不得侵犯；(4)在对日作战进入友军区域，红军给养能得到保证，红军不干涉友军的一切行政事务，并遵守友军一切关于社会的法律和命令。

南临委的三五指示信，在国内革命战争转向民族革命战争的重要时刻，给予特委及时的正确指示，为特委在南方十五块根据地中率先与国民党驻军进行合作抗日的谈判做了理论和方向性的指导，对闽粤边游击区第二次战略转变起了积极而重要的推动作用。

尹利东第二次去香港返回闽南后，根据南临委的有关指示，特委决定加快与一五七师及国民党地方当局进行合作抗日的谈判。由何鸣主持，特委在平和县山内召开特委扩大会议，做出了以特委和红军名义向一五七师去信，建议“停止内战，合作抗日，一致对外”的决定。但是，一五七师对特委的建议置之不理，仍然继续“清剿”红军。何鸣领导红三支队采用“散兵群”的作战方法与敌周旋，牵着敌军的鼻子团团转,既保存了闽南红军的有生力量,又使粤军"限期剿灭"红军成为泡影,从而为逼使粤军坐下来和谈造成了有利的客观条件。特委于1937年4月上旬再次向一五七师提出互派代表进行谈判的建议。在这期间,活动于云和诏一带的红一支队也根据特委的指示率先与国民党驻军进行合作抗日谈判。4月19日,一五七师四九二团二营派一名副官和诏安县政府一名委员为代表,红一支队派政委吴金、支队长卢胜为代表,双方进行了谈判,并达成初步协议。国民党军方面接受了红一支队提出的三个条件,即:(1)停止双方军事行动;(2)给人民一切自由:(3)释放政治犯。但对红军今后驻地、番号、给养等问题,双方未能达成一致意见。红一支队向特委汇报了谈判情况,特委十分重视,特委代理书记何鸣立即前去红一支队指导,并转往南方政治联络处报告及请示下一步工作。

1937年5月,何鸣回到平和山内特委机关驻地,加紧进行国共和谈工作。通过保长牵线搭桥,促成特委与当地国民党驻军在平和进行首次谈判。经溪头保赖光辉、梅子保陈耀秋、片仔保陈济亨三名保长往返几次联络交涉,双方代表如约在郭坑陈天才家进行谈判。

这次谈判时间不长,双方主要是表示各自抗日的主张,表表诚意,并未触及实际问题。郭坑谈判结束的当天晚上,我方代表卢叨回到岩坑台牛贯向何鸣汇报。虽然特委与一五七师驻军在郭坑进行第一次接触谈判,但当时的形势还是十分紧张。几个月来,虽然全国民众抗日的呼声很高,国民党当局也大造共同抗日的舆论,但是一五七师在军事上对红军游击队的进逼却有增无减。为了预防不测,何鸣召开会议做出决定,特委机关及部分武装人员立即分三路撤离山内驻地,何浚、尹利东为一路,何鸣、林路等为一路,陈天才和林克明带领武工队向崎岭进发打听敌情。

何鸣一行14人走到白沙的小树林宿营,5月27日天未亮时因做早饭的火光被发现,被一五七师李尚达营突然包围,除2人突围外,何鸣等12人全部被捕。

何鸣等人被捕后,特委采取紧急措施,一面指定张敏为特委代理书记,负责日常工作,一面对何鸣等全力营救。特委公开宣布何鸣为谈判代表,宣称何鸣是在进行谈判被捕的,通电抗议一五七师破坏谈判,捕捉我方谈判代表。何鸣被捕,在闽南各界引起了强烈反响。同时也在一五七师官兵中引起很大的歧议和不满。在各方面的压力下,经黄涛同意,何鸣等被关10多天后获释。一五七师李尚达营捕捉何鸣等人后,随即把为和谈牵线搭桥的3位保长抓捕关押在平和小溪,直至何鸣等人释放后才释放。

6月中旬,特委在平和高坑乡大水坑召开会议,与会人员有何鸣、林路、尹利东、朱曼平等。会议着重研究与一五七师谈判问题。会议研究决定继续让何鸣、卢叨为代表跟一五七师谈判,派尹利东马上去香港向南临委汇报情况。何鸣、卢叨随即前往漳州,正式作为特委和红军的全权代表,与一五七师代表师参谋长张光前、参谋处处长李宏达举行谈判。谈判中,一五七师接受特委关于合作抗日的主张,承认特委和红军游击队的合法地位,但借口红军游击队留在根据地内不能抗日,必须离开根据地,开往厦门沿海一带驻防。何鸣不同意红军游击队调离根据地,提出在高坑、南胜或坂仔集中整训。于是谈判的焦点集中在驻地问题上。经过几番争执,何鸣强调红军游击队集中驻地必须在平和坂仔,对此一五七师不同意,但做些让步,提出红军部队驻防地点可改为漳浦县城。

闽南红军与国民党一五七师谈判已经进入关键的阶段,这也预示着闽南的政治军事形势将发生重大的变化。6月23日,特委在平和高坑陈家祠堂举行特委扩大会议。会议由张敏主持,地方区以上干部、部队连以上干部参加。会议开了数天,关于部队集中地点问题的争论十分激烈。有三种不同的意见:一种以何鸣、吴金为代表,主张把队伍拉出根据地,认为这样有利于扩大影响;一种以朱曼平、林路、卢胜为代表,担心敌人会搞阴谋,反对部队离开根据地;一种以张敏为代表,主张部队不要全部拉出去,留下一部分精锐部队,以防万一。在三种不同意见争论的基础上,特委进一步深入分析研究,从抗日的大局出发,同意把红军部队拉出根据地,关于部队集中驻防地点,把坂仔和漳浦进行比较分析,同意部队到漳浦县城驻防。高坑会议以团结抗日救国为宗旨,着眼抗日大局,仔细权衡利弊,解决了谈判中关于红军部队集中地点的焦点问题，使闽南红军与一五七师谈判最终达成协议。1937 年 6 月 26 日，何鸣代表特委同一五七师代表陈浚（团长）在漳州正式签订合作抗日的“六二六”政治协定。

“六二六”政治协定的内容有：（一）红军第一、三支队和抗日义勇军改为国民革命军，受一五七师指挥；（二）特委在不推翻现政府方针下，有宣传组织独立自由批评精神；（三）在一五七师防区内共同组织与保证民众爱国运动自由，如救国宣传、组织与排除汉奸浪人、铲除土劣、禁绝烟赌等；（四）停止封锁苏区；（五）释放被捕之红军人员，红军所抓之土豪也予释放，办法：A.一五七师所捕之红军人员及参加红军组织之民众未判刑的，与红军所抓之土豪，尽数于 7 月 15 日以前释放，B.在漳潮二属所抓之红军及共产党工作人员于 8 月底释放；（六）保留红军之原有指挥员及政治工作人员，编配由其枪支、人数来决定，编后师部有派员去巡视检查、帮助之权利；（七）红一、三支队及义勇军改编后用保安队的名义，直接由一五七师指挥，将与闽西南红军接洽改编妥当，当即编入同一系统；（八）伙食暂定官长每日四角、士兵三角，待到指定防地后，即按月发清，薪饷待遇与一五七师同；（九）在未发动抗日战争前不得调离漳属；（十）双方应遵守双方中央谈判成立之日最后政治协定，待双方之政治协定公布后，不合以上各条者修改之，不够都得补充之；（十一）以上各条由即日起，双方应即通过双方之部队、各党部及政府施行。

“六二六”政治协定，符合全国抗日斗争形势发展要求，顺应民心民意，极大地鼓舞中华儿女抗日救国的信心和决心，深受广大民众和不同党派各界人士的热烈拥护。遵照“六二六”政治协定，7 月 1 日何鸣率部队抵达平和小溪，接受一五七师点编。红军游击队改番号为“福建省保安独立大队”，大队长何鸣，副大队长卢胜，政训员吴金，参谋长王胜，官长 42 人，全队官兵五六百人编为 5 个连和警卫、电话、军医、宣传 4 个排。7 月 2 日，召开“欢迎红军改编为国军合作救国大会”，双方代表都发表热情洋溢的演说。红军游击队与粤军及平和商会、当地民众共同欢庆红军改编。在小溪期间，红军游击队还与党领导的芗潮剧社举行联欢活动。何鸣的演说词及特委发出的《为改编红军一、三支队及漳州人民抗日义勇军告闽南同胞书》为各地报纸登载，影响甚大。闽粤边区共产党与红军对抗日救国事业的真诚与努力，全闽南群众均为之兴奋。

三、震惊全国的“漳浦事件”和“月港事件”

在中华民族危急的关头，闽南共产党和红军为了抗日救国，秉持民族大义，与国民党驻军谈判，并达成合作抗日的协定。然而国民党军政当局却以国共和谈为骗局，借“国共合作”之名，行“剿共”“灭共”之实，制造震惊全国的“漳浦事件”和“月港事件”。

“六二六”政治协定的墨迹未干，一五七师便策动消灭闽南红军的阴谋。7 月 14 日，国民党第四路军总司令余汉谋、国民党第五军区司令李振球和参谋长郑训晟奉蒋介石密令，以“纪念第四路军成立一周年”“慰问驻闽的粤军官兵”名义，从广州飞抵漳州，策动黄涛采取非常措施，解决红军游击队。14 日晚，余汉谋、张光前等聚于黄涛家中密谋，余汉谋主张用武力消灭闽粤边红军游击队，黄涛则提出用包围缴械的办法解除红军的武装。经密商，按照黄涛提出的办法，进行周密的计划和部署。余汉谋、黄涛又乘专机飞抵福州，与二十五集团军司令、国民党福建省主席陈仪共商“剿共”事宜。15 日，余汉谋返广州。

抗战全面爆发，在一五七师催促下，7 月 12 日，何鸣、卢胜率保安独立大队从平和小溪出发，13 日抵达漳浦县城，进驻漳浦城关孔庙。保安独立大队向漳浦开进途中，一五七师钟天定营沿途暗中监视，并揭去张贴的标语。群众把这一情况向何鸣报告，何鸣丝毫不在意。14 日晚，朱曼平化装连夜进城，潜入孔庙，当面向何鸣通报：一五七师有向漳浦调动部队的动向。何鸣却认为是“谣言”，也没有转告卢胜等人。15 日，负责漳浦白区工作的彭德清，侦悉敌一个机枪连已部署在石榴坂，准备袭击独立大队，并及时通报何鸣，何鸣仍然不以为然。何鸣的麻痹大意，使独立大队没有做任何预防不测的准备。

7月16日0时许，一五七师以点名发饷为名，命令独立大队于次日8时到大操场集中。16日8时，独立大队800余名官兵全副武装进入大操场，四七一旅参谋主任陈英杰等人上前，声称现在国共合作抗日，要独立大队指战员把枪放下。指战员觉察情况有变，立即拉开枪栓，压上子弹。卢胜、王胜示意何鸣武装反击突围，何鸣没同意。由于独立大队已陷入一五七师重兵包围，处于四周机枪火力网之中，从800多名官兵的生命安全考虑，何鸣一面愤怒指责一五七师破坏国共合作，破坏抗日统一战线，一面说服部队放下枪支，就这样闽南红军部队800余人全部被缴械。一共被缴去轻机枪5挺、冲锋枪10余支、驳壳枪200余支、步枪500余支、子弹十几万发。这就是震惊全国的“漳浦事件”。

国民党反动派在制造“漳浦事件”的同一天制造了“月港事件”。7月16日，中共闽粤边区特委代理书记张敏在诏安县的月港村召开云和诏县、区委负责人会议，研究进一步贯彻抗日民族统一战线方针政策，布置云和诏地区下一步抗日救国工作。中午时分，国民党保安团沈东海部队一个连的兵力突然包围月港村，袭击开会的共产党干部。中共云和诏县委委员罗贵炎当场中弹牺牲，还有二三人负伤，张敏等12名主要领导干部全部被捕，押至诏安县城。4天后，全部被枪杀于良峰山东麓的虎咬巷。

“漳浦事件”及“月港事件”的发生，彻底暴露了蒋介石集团假和谈真“剿共”的真面目。中共中央对“漳浦事件”极为重视。毛泽东多次分别致电在不同地方开展工作的党的领导人张云逸、林伯渠、博古、叶剑英、周恩来等，向余汉谋提出强烈抗议，要求国民党当局迅速将何鸣部的人枪交还；向南京国民党当局进行严正交涉，要求责令余汉谋退还何鸣部人和枪。同时，指示各地红军部队领导人，与国民党谈判，谨防再次上当。在党中央和边区地方党组织多方交涉、据理力争下，1938年初，国民党才不得不归还了300多支枪。特委和红军领导人何鸣、吴金，在“漳浦事件”发生后，被国民党挟持到厦门。闽南红军游击队在龙岩整编期间，何鸣、吴金在党组织的帮助下，摆脱了一五七师侦缉队，前往闽西，回归部队北上抗日。

“漳浦事件”发生后，特委和红军主要领导人立即采取应急措施，组织红军战士突围，重建红三团，捍卫革命根据地的安全。

1937 年 7 月 16 日上午“漳浦事件”发生，何鸣、吴金被扣留在一五七师驻漳浦旅部，其余红军指战员被监禁在孔庙内。趁一五七师警戒还不严之机，何浚、伊利东、卢胜等人秘密进行策划，布置干部战士突围疏散。当天下午，何浚、尹利东设法先逃出，尹利东立即赶往漳州和陈松年一道转厦门去香港向南委汇报“漳浦事件”发生的情况。何浚到下布向朱曼平等特委领导成员报告事变情况和研究对策。经研究，决定组织突围，重整武装。于是派人潜入县城，通知部队指战员突围出来到下布清泉岩集中。当天深夜，卢胜、王胜带领林长兴、陈高顺、欧育超、林少克等一批骨干，潜出城关到下布。随后，战士们亦陆续分批冲出孔庙赶到下布清泉岩。突围的指战员共 100 多人，没来得及冲出孔庙的战士被严加看管，最后被散编在一五七师中。7 月 17 日，何浚、朱曼平等在清泉岩召开紧急会议，经研究决定，把这 100 多人的红军指战员进行整编，仍然称红三团，卢胜为团长兼政委，王胜为参谋长。会议还决定由何浚主持中共闽粤边区特委工作。会后，何浚指定朱曼平、卢胜负责特委工作，即往香港向南委汇报。

红三团重新组建后，急待解决的问题就是武器装备和给养。根据特委决定，红三团兵分五路，分别到厓仔石山、乌山、山内、狮头山、南山等地活动，然后集中于平和、乌山发动群众，扩大队伍。特委和红三团主要领导人林路往平和、卢胜去乌山、朱曼平在漳浦，深入发动群众，解决经济困难、筹集枪支弹药，发展武装组织；王胜赶往永定向闽西南军政委员会报告并请求支援。

1937 年 8 月中旬，何浚从香港回到闽粤边根据地，传达南委对特委的指示：“政治上还是要争取统一战线，要求放人，交还枪支，继续谈判；在军事上，恢复部队，解决经济，一面募捐，一面生产；组织领导，归闽西南军政委员会领导。”南委的指示为处在错综复杂的斗争环境中的特委指明了斗争方向。特委遵照南委的指示，加紧红三团的重建工作。闽南游击根据地人民送子参军，捐款、送粮送菜、献枪支，热情支持红三团。闽西南军政委员会也派一个武装排到闽南，并赠送40多条步枪支援红三团恢复和发展武装。到10月间，红三团恢复发展到200多人。为了进一步唤起民众开展抗日活动，特委将红三团改为“闽南人民抗日义勇军第三支队”（简称闽抗三支队）。

四、倾力支持重建红三团

“漳浦事件”后，平和县党和人民为重建红三团，为巩固革命根据地做出了重大的贡献。

7月17日下午，和中区区委书记陈天才正在山内长圳脚召开区委会议，研究关于贯彻二五减租的合作抗日政策问题。从漳浦逃回的郭坑籍红三团战士张松仔、张天仔跑来报告红三团被一五七师强行缴械和监禁的消息。会议立即转为研究应付突发事件的对策。陈天才分析了“漳浦事件”发生将引起局势的变化，指出一五七师缴了红三团的枪，必然又要“围剿”根据地，地霸顽固势力也会继续为非作歹，应主动出击，狠狠地教训一下反动派，剪除他们的耳目。统一意见后，当晚立即行动。陈天才带领几个武工队员，直奔安厚，抓回两个反动地主，准备罚款，筹钱扩大武装。区委委员陈子夏带领赖永昌等几个武工队员直奔高坑，镇压了陈烈、赖□□两个反动家伙。在关键时刻，果断地采取先发制人的措施，化被动为主动，有效地保护了根据地的安全。

9月初，闽西南军政委员会副主席谭震林和邱金声率领一个武装排（排长李德安），来闽南协助发展武装及征款以解决闽西部队的经济困难。中共闽粤边区特委组织部部长兼中共平和县委书记林路告诉谭震林，红三团被缴械后，重建武装首先遇到的困难就是枪支不足。于是谭震林写了一封信交给陈天才，由他和原红三团的排长林文英带了10多人前往小芦溪，向红九团领导递交了谭震林的信，领回了40多支步枪。闽西红军赠送枪支，为重建红三团武装提供了十分宝贵的帮助。

谭震林率领的闽西红军武装排在闽南期间，与闽南红军游击队互相配合，并肩作战，镇压反动地主，铲除地头蛇及国民党爪牙，征筹款项。李德安武装排协同陈天才带领十几个武工队员，趁着朦胧的月色直奔上坪山，击毙大溪联防队长陈笃敬兄弟3人，缴获2支驳壳枪。李德安、陈天才夜袭四区坂仔南山村，逮住大地主林行押回山内，伏击前来支援的区公所地方武装，当场击毙区长，击伤区丁数人。向林行罚款得5000块钱，林行经教育后释放。闽西红军武装排在闽南的活动，扩大了红军的影响，鼓舞了闽南人民的革命信心，增进了闽南红军和闽西红军同舟共济的革命友谊。武装排在闽南征得一定数量的款项，大大缓解了闽西部队供给的困难。闽西武装排在闽南活动一个月时间后返回闽西，何浚也随谭震林到闽西开会。

“漳浦事件”后，中共闽粤边区特委深入发动群众，依靠群众，重建红三团武装，扩大队伍，保卫革命成果。在这过程中，平和人民表现出极大的积极性，做出很大的贡献。平和五南区群众捐款260多元，还送粮送菜给红三团，并献出鸟枪等武器。五南区区委副书记赖水生带头入伍。彭德清在平和坂仔区恢复了地方党的工作，发动了20多名抗日义勇军战士加入红三团。根据地人民不仅为重建红三团武装捐款送粮，有的还献出宝贵的生命。如平和云寮保大行村党支部书记林兴放，为发动群众捐款支援红军部队，被国民党反动派杀害。8月下旬，何浚、朱曼平、林路和卢胜等特委领导人来到山内，在园边村召开会议，研究重建革命武装和坚持斗争的问题。会后，和中区区委书记陈天才主持召开80多个党员参加的党员大会。在会上，特委组织部部长兼中共平和县委书记林路做了重要指示。会议要求适合条件的党员要带头参军，要求每一个党员设法动员一二个青年入伍。经过全区全体党员十几天的努力，很快发动了90多位青年入伍。根据林路的意见，就把这90多人组建为一个连，称“区干连”，洪定安任连长。区干连经几天整训，开到毗邻大溪乡的白水基点宣传发动群众。几天后的一个夜晚10时左右，国民党保安中队100多人，在汀溪一个反动分子指引下，突然来到白水进行偷袭。巡逻哨发现，区干连指战员立即反击，把敌人打得七零八落，连滚带爬逃走。区干连乘胜追击十几里，俘虏2个敌班长，缴获4

支步枪。区干连士气很高，有很强的战斗力，后来其中50多人编入红三团，北上抗日。卢胜在平和七高磜、金坑、银坑等地，发动了100多个青年参加红三团。至1937年底，红三团发展到300余人。在重建红三团的过程中，充分发挥了平和基层党组织的战斗堡垒作用和党员的先锋模范作用，展现了党的群众路线的强大威力。

五、闽南、闽西南红军在平和改编为新四军北上抗日

1937年10月9—15日，闽粤赣边临时党代会在龙岩白沙召开。会议决定取消“闽西南军政委员会”，成立中共闽粤赣边省委员会，后改称中共闽西南潮梅特委，张鼎丞任书记，方方任组织部部长，邓子恢任宣传部部长，谭震林任军事部部长。中共闽粤边区特委、平和长乐区委归中共闽粤赣边省委所辖。1937年10月2日，中共中央就南方八省红军游击队改编为国民革命军新编第四军问题，同国民党政府达成了协议。12月25日，新四军军部在汉口成立，由叶挺任军长，项英任副军长。1938年1月6日，新四军军部移到南昌。15日，中共闽粤赣边省委派谭震林前往南昌与项英商讨部队整编问题。28日，谭震林从军部接受命令返回龙岩白土，正式宣布将闽西、闽粤边、闽赣边和闽中地区的红军游击队改编为新四军第二支队，由张鼎丞任司令员，谭震林为副司令员，罗忠毅为参谋长，王集成为政治部主任。

新四军第二支队成立后，遵照毛泽东关于红军游击队集中均须由党中央派人传达然后才能集中的指示，谭震林由陈天才接护再次来到平和山内根据地，向中共闽粤边特委传达了关于红军游击队整编的指示。游击队陆续到达平和山内郭坑集中。特委决定把新成立的和中区区干连中的50人也编入新四军。1月31日，闽抗三支队奉命从平和县壶仙乡陂下村开往平和县坂仔圳心集中，中共闽粤赣边省委常委谢育才带领池义彪和廖成美两人，从龙岩白土赶到平和坂仔参加整编。从2月2日开始，闽粤边红军游击队共300多人在坂仔圳心村进行了一星期的整编。闽粤边红军游击队改编为新四军第二支队第四团第一营。10日，部队开赴平和小溪集训；14

日，乘坐汽车到龙岩集中，正式编入四团。新四军第二支队第四团团长兼政委卢胜、副团长周桂生、参谋长王胜、政治处主任廖海涛。闽西南红军游击队在平和小芦溪整编为新四军第二支队第四团第二营，长乐、芦溪60多名青壮年编入二营。当时，闽西南红军游击队实际人数500多人，但为了显示红军军威和筹集红军军饷，深明大义的小芦溪地下党员和革命群众200多人也踊跃参加点编。2月27日，新四军二支队全体将士在龙岩白土举行誓师大会，并发出《为出发抗敌告别父老书》向边区父老乡亲表达了勇往直前、抗战到底的坚强决心，3月1日开赴苏皖抗日前线。

闽南红军游击队在整编、集训期间，受到各界民众真诚慰问和热烈欢送。获释红军在坂仔整编，各乡各保救国会送来许多鸡鸭，区里杀猪宰羊慰问犒劳军队，妇女们为即将北上抗日的子弟兵赶制军衣、军鞋，备军粮。东坑、双溪、坂仔等地召开欢送大会，学生前来演戏慰问。中共漳州工委领导下的芗潮剧社部分宣传骨干和青年学生百余人及小溪熊火剧社专程到圳心同部队联欢，芗潮剧社和这批青年学生中有彭冲、陈虹、周雯等70多人随部队到龙岩白土，并被分配在新四军二支队工作。各界民众的慰问和欢送极大地鼓舞了北上抗日红军部队的士气。闽南红军指战员满怀父老乡亲、同志战友、各界爱国人士的深情厚谊，毅然踏上北上征程，奔向抗日杀敌的沙场。

第二节　抗日救亡运动的深入开展

一、宣传贯彻抗日民族统一战线

从卢沟桥事变开始，日本侵略军持续不断地发动疯狂进攻，扬言3个月灭亡中国。日本侵略军所到之处，大肆烧杀、奸淫、抢掠，中国许多市镇、村庄被摧毁，一个个、一批批手无寸铁的平民被枪杀，被刺刀刺死，许多妇女被强奸，甚至被先奸后杀，十来岁的幼女、六七十岁的老妇也难逃魔掌。

日军的疯狂进攻及其惨无人道的暴行,并没有使中国人民屈服,反而更加激起对日本侵略者的仇恨,更加坚定抗战到底的意志,抗日救亡的烈火越烧越旺。

中共闽粤边特委坚决贯彻党的全面抗战路线,深入宣传贯彻抗日统一战线,积极推动和领导抗日救亡运动。在平和县,从城镇到偏僻的山村,抗日救亡运动搞得有声有色、轰轰烈烈。

1937 年 7 月,在中共闽粤边特委的鼓动和支持下,爱国进步人士、平和县民众教育馆馆长张景尧在平和小溪组织抗敌后援会。张景尧任会长,中共小溪支部书记张克雄(又名三族)协助工作。朱曼平亲自为抗敌后援会编写和提供干部训练教材。抗敌后援会下设组织股、宣传股、锄奸团、熊火剧社、歌咏队。后援会开展多种形式的活动,演文明戏,演唱抗日歌曲,举办平民夜校,开办民众讲座,出版《抗战画刊》《新平和报》,抵制及查搜日货,开展“义买义卖”,发动捐献,利用“平和书局”和“秋友书店”传播抗日救国思想。抗敌后援会把查搜的日货拍卖所得款项汇往前线支持抗战。这一爱国的正义行动,广大民众无不称赞,当然也引起反动奸商的仇恨。盘踞小溪的恶霸地主、靖和浦“剿共”别动队大队长张和生,外号“狗母吹”,当抗敌后援会没收他的商号从厦门购进的日货后,便谋划杀害抗敌后援会的领导人。特委得到报告,何浚立即派红三团一排兵力和义勇军一大队部分战士,还有陈天才和林克明,在夜幕掩护下,包围张家大院,4 个短枪手从窗口进入,击毙张和生这个反动分子。镇压了张和生,使那些企图破坏抗日救亡运动的反动分子不敢轻举妄动,抗敌后援会的活动更加活跃。1938 年 8 月,国民党七十五师副师长范子明到平和小溪策划镇压革命运动,发现抗敌后援会办公地方墙上挂有朱德肖像,下令在小溪抓共产党和赤化分子,密令逮捕张景尧等人,未能得逞,便强令解散抗敌后援会。

抗战全面爆发后,在平和县国民党当局的认可和默许下,小溪和县城九峰的中小学,纷纷组织宣传队,如火如荼地展开抗日宣传活动。小溪地区,私立东溪中学、公立小溪小学、私立育英小学、从厦门内迁到平和的双十中学、从漳州内迁到平和的漳州进德女子中学；九峰地区，县立简易乡村师范学校、奎文小学，都组织起抗日宣传队。这些由中小学师生组成的抗日宣传队，慷慨激昂，走上街头，深入周边农村，演出《台儿庄大捷》《东洋镜》《放下你的鞭子》《不做亡国奴》《活捉汉奸卖国贼》《大屠杀》《送郎上前线》等剧目；演唱《大刀进行曲》《义勇军进行曲》《大路歌》《开路先锋》《自由神》等抗日歌曲。在这抗日宣传活动中，颇有影响的社团是前来平和演出的漳州芗潮剧社，以及平和熊火剧社、县立简师剧团。其演出形式有舞台剧和街头剧，著名的剧目有《放下你的鞭子》《捉汉奸》等。他们演得活灵活现，具有很强的艺术魅力，非常吸引观众，在社会上享有很高的声誉。

抗战初期，平和县成为闽南抗日救亡活动的热点。在小溪、九峰掀起的轰轰烈烈的抗日救亡运动，极大地激发民众的民族自尊心和强烈的爱国热情，唤起广大民众团结起来，同仇敌忾，有钱出钱，有力出力，坚决抗战到底。

1938 年 2 月，中共闽粤赣边省委在平和县东坑下尾烧村召开闽南地区党的负责同志会议，由谢育才代表省委宣布，撤销中共闽粤边特委，成立漳州中心县委，书记何浚，副书记吴作球，组织部部长朱曼平，宣传部部长林路。林路到平和加强县委领导工作，当时中共平和县委书记为林胡鳅。1938 年 2—6 月期间，也就是在闽南红军北上抗日前后的关键时期，由中共闽粤赣边省委改称的中共闽西南潮梅特委相继召开了三次会议。会议分析闽西南抗战军事形势急剧变化和闽西南红军北上抗日后党所处的政治军事环境，明确提出党的中心任务，就是放手发动群众性的抗日救亡运动，健全壮大地方组织，巩固老支点，建立新支点。为将来创建闽粤赣边区根据地奠定基础，建立和加强以民众运动为基础而发展起来的上下层统一战线与组织，使之成为统战的组织与核心。

中共平和县委认真贯彻中共闽西南潮梅特委会议精神，在漳州中心县委的直接领导下，在老支点和在 1935 年新开辟的作为敌我缓冲区、红军休整基地的大芹山根据地成立抗日群众组织，开展抗日救亡运动。县委冲破国民党当局对抗日救亡运动的包办和控制，在党控制的游击区成立“抗日救国会”“妇女救国会”，并以合法的“抗日救国会”秘密取代国民党的保甲政权组织。和中区、五南区、文峰区、双坂区都成立抗日救国会，并由党的主要领导干部任主任。区以下设保分会，分会下设小组。和中区救国会还把较进步的保甲长吸收入会，并推举17个保长当保一级救国会委员，政府方面的一些差事就由他们去应付。

抗日救国会在农村广泛开展抗日救国的宣传活动，发动民众行动起来，支援抗战。国民党政府发动“一元钱捐献”运动，中共平和县委发动农民一共捐献3000多元。抗日救国会除了开展抗日救亡活动外，同时还领导生产，每当夏收、秋收季节，组织农忙互助队，帮助解决农民的生产困难，了解各地的土地情况和租佃关系，调解群众纠纷，移风易俗。抗日救国会做了大量利国利民的事，深得广大民众的衷心拥护和支持。

中共平和县委还组织成立妇女抗日救国会。在“一元钱捐献”运动中，该会的妇女们编竹篮、畚箕，砍柴烧炭，一角两角地攒，共捐100多元支持抗日。妇女抗日救国会同时在为妇女解放、反对封建包办买卖婚姻，在监视敌人、搜集情报，在支前拥军等方面，做了许多卓有成效的工作，获得社会的高度赞扬。

二、审时度势开展群众性斗争

闽南红军北上抗日后，如何维护已初步形成的国共合作、团结抗日的局面？在新的政治环境条件下，怎样去巩固原有的根据地，保护人民群众的利益？这是摆在闽南党组织面前的新课题。中共平和县委相应采取新的策路，成功地解决了这一新的课题。

中共平和县委指派坚定的共产党员进入国民党基层政权组织机构任职，同时争取保甲长为共产党做事，把国民党政权组织改造成为“白皮红心”的政权组织，利用合法公开的形式开展党的工作。在大芹山区根据地，党在这方面的工作做得很出色，很成功。1938年3月，漳州中心县委机关从坂仔东坑迁入山内，大芹山区根据地便由中心县委直接领导。由陈天才提议，经中心县委研究决定，派出积极分子黄文英出任高坑乡乡长，陈天才先出任高坑乡社训队军训助教，后由国民党县政府任命为社训队少尉分队长；派出共产党员出任保长，分别是：陈其城、陈子夏出任碧野保正副保长，黄乾钟出任小岭保保长，黄淑美出任白叶保保长，陈耀秋出任梅子保保长。在国民党政权机构任职的共产党员，一方面团结交好思想较进步、作风较正派的同事，认真做好本职工作，争取当局的好感，利用国民党官场的腐败，用酒肉金钱应酬权势人物，尽量“搞好关系”借以保护群众。另一方面，利用职务之便开展统战工作，贯彻“减租减息”的抗日民主统一战线政策，搜集情报，保护党组织的安全。党在老游击区领导群众开展减租减息和实行合理负担的斗争，维护了根据地民众应有的政治经济权利。平和县和中区30多个保、五南区20多个保，大都实行减租减息，有的老支点，如磜尾还实行抗租抗息，群众得到切实利益。据不完全统计，从1937年下半年到1939年，农民因减息所得到的利益就有2500担谷子以上，群众生活得到改善。相反，在白区则无法实行减租减息。

在大芹山区根据地，党巧妙地运用非法与合法相结合的斗争策略，审时度势，抓住机会，发动几次群众性斗争，获得全胜。陈天才上任军训助教后，马上成立一个高坑联防警卫班，人员共13人，其中有3个共产党员，以合法的身份积极开展抗日武装斗争。

当时，因乌军、土匪活动猖獗，袭扰乡民，危害社会，党组织乘机由乡长黄文英向区长请示，要求造枪防匪。经批准，请工匠到小岭，造出“五排”“单响”步枪及曲卜短枪，武装了一部分壮丁，组建起民兵武装自卫队。1939年，党组织发动民众除掉捐棍，即国民党政府征收员张金水。当张金水到高坑乡石盘村收捐，又是打人骂人，早有准备的农民群众群起而攻之，拳打脚踢，当场把他活活打死。1939年4月，闽南发生严重粮荒，县长黄明日前往高坑乡视察民情。党组织获此情报，预先发动组织群众500多人，由保长带队，扛着扁担麻袋到高坑乡向县长请愿，请示开仓放粮救济，减免田赋。黄明日见群众声势浩大，迫不得已答应免去高坑、郭坑等6个乡的半年田赋,开仓放贷谷子 9000 斤。群众按限量每人购得 60 斤谷子,解了燃眉之急,度过粮荒。党领导了上述几次群众性斗争取得胜利,极大地提高了群众的斗争情绪,进一步巩固了党的群众基础,使大芹山根据地更加巩固。

三、国共合作剿灭“乌军”

1938 年 5 月 12 日,日本侵略军攻占厦门后,由于兵力有限,便采取“以华制华”的策略,四处网罗汉奸土匪,组织伪军充当侵华鹰犬。在闽南地区活动,势力较大的汉奸土匪武装有两股:一股是以黄大伟为司令的“和平救国军第一集团军”,共有 2000 多人,黄大伟匪部于 1940 年 2 月被国民党七十五师歼灭;另一股是以朱庆瑞为第五纵队司令的“乌军”,这股匪军经党领导的民兵和国民党保安队一年多的清剿,于 1939 年底被剿灭。在清剿“乌军”及其他土匪的过程中,平和山内民兵英勇善战,起了决定性的作用。

以朱庆瑞为头子的“乌军”,是一股扰乡害民的汉奸土匪武装。被革职的平和县政府职员朱庆瑞,由侵占厦门的日军提供经费和武器,网罗地痞流氓、土匪散兵三四百人组织一支“乌军”部队,自任“乌军”司令。朱庆瑞以反动会道门符仔会会首张建成、惯匪头目周俩吉和曾其生等为羽翼,十分猖狂,无恶不作。“乌军”在九峰地区横行了一阵子后,进入闽南革命根据地,妄图占领根据地为巢穴。1938 年 5 月,朱庆瑞亲率匪部进攻乌山地区,占领金溪几个保,杀害共产党员、区干部吴青龙。接着“乌军”匪首张建成带领三十几个匪徒进入大芹山根据地纵深地带岩坑、台牛贯、乌龙坑骚扰,奸淫抢掠。“乌军”不灭,乡民永无宁日。面对“乌军”猖獗的罪恶活动,漳州中心县委布置各保保长出面向乡政府、县政府请愿,要求派兵清剿。得到国民党当局准许后,中心县委通知陈天才回到机关,与何浚、朱曼平一起研究,做好派民兵消灭“乌军”的准备。

张建成、周俩吉、曾其生等“乌军”匪徒入侵根据地,住在乌龙坑。张建成是符仔会会首,手下匪徒都有一把画着符的小黄旗,旗把下坠着一只木葫芦,称“有此符箓护身,刀枪不入”,匪徒受骗,深信不疑。周俩吉、曾其生都是平和土匪头目，为非作歹，嗜杀成性。接到张建成“乌军”匪徒进住乌龙坑的情报后，陈天才以社训队分队长兼联保警卫班班长的身份，带了壮丁队（民兵模范班）和警卫班共40多人，立即奔往乌龙坑，经群众指点迅速包围匪徒住所。为避免误伤房东及周围群众，采取突袭智取。埋伏到清晨5点多钟，老妇开门提水，民兵乘机冲入房间，一阵射击，除曾其生跳后窗逃掉外，周俩吉、张建成等匪徒当场被击毙。另20多个外出骚扰的匪徒，清晨在返回乌龙坑的途中，听到枪声知道出事，一哄而散，逃之夭夭。

在“乌军”入侵根据地横行之时，高坑乡白叶坑尾村被革职的保长黄火龟和几个受过打击的地痞，也以为红军北上，报仇时机已到，迫不及待地纠集十几个地痞，另立一股“乌军”。这帮乌合之众，刚拉起队伍活动时，就被壮丁队配合县保安队全部捕获，送交政府，关押一段时间后，大小头目全被枪决。

剿灭了进犯大芹山区的“乌军”，山内壮丁队声威大震。平和县保安队一个姓刘的中队长奉命到第一区围剿朱庆瑞“乌军”，路过四区便请陈坚派山内壮丁队协助。陈天才和另一位社训队分队长李山林带领了3个班40多人的壮丁队随县保安中队一起出发。当摸清朱庆瑞驻扎在壶仙乡金坑村的情况后，决定对其突然袭击予以歼灭。保安队胆小怕死，行到离金坑还有半里路，就架起机枪打响。“乌军”听到枪声，一溜烟跑上山去。陈天才率壮丁队奋力追击，打伤“乌军”十来个，追击了整整一天时间。朱庆瑞带着残兵败将逃进九峰大山，最后走投无路，只好接受国民党收编，朱庆瑞及手下头目后来被处决，从此“乌军”被肃清。国共合作，依靠壮丁队和警卫班剿灭了“乌军”及其他土匪，维护了社会治安，切实保护了广大人民群众生命财产的安全。

第三节　开展抗日反顽武装自卫斗争

一、国民党顽固派连续不断制造反共摩擦事件

抗日战争全面爆发后，虽然国共合作抗日，但是国民党蒋介石集团为了维护其一党专政的专制统治，总是处心积虑妄图消灭共产党及其领导下的人民抗日武装力量。1938 年 10 月，武汉和广州失守后，抗日战争从战略防御转入相持阶段，国民党当局把政策的重点由对外转向对内，消极抗战、积极反共。从 1939 年冬开始至 1943 年春，国民党顽固派相继掀起三次反共高潮。面对国民党顽固派倒行逆施的反共行径，中国共产党采取“有理、有利、有节”的方针给予坚决反击，巩固了国共合作抗日民族统一战线，使中国的抗战朝着胜利的方向发展。在闽南地区，国共合作后，国民党当局虽然一度暂停大规模的军事“剿共”，但是却变换手法，派遣特务暗杀共产党人。1939 年 6 月“东坑事件”以后，国民党当局恢复全面“清剿”共产党，闽南地区国共合作已是名存实亡。

1938 年 6 月，国民党七十五师副师长范子明在平和公开宣称准备“清党剿共”。5 月 25 日夜，国民党县保安队分队长蔡标带十几个士兵突然包围平和小溪镇坑里村林路住处，暗杀了中共闽西南潮梅特委委员、漳州中心县委常委、宣传部部长林路，共产党员洪觉成，爱国开明人士蔡文棋、蔡雁。同时，强制解散了小溪的抗敌后援会。6 月 23 日，漳州中心县委为林路被害发表了《致各军政党及各界人士书》和《为追悼林路同志告各界同胞书》，强烈谴责国民党顽固派破坏国共合作抗日的罪恶行径。

1939 年 1 月，国民党召开五届五中全会，制定了一整套“溶共”“防共”“反共”的具体政策。2 月，陆续颁布《防制异党活动办法》《共党问题处置办法》等一系列反共政策法令。随着这些反共政策法令的颁布，闽南国民党当局更加肆无忌惮地“清剿”共产党。国民

党当局采取一系列反共措施，军事手段和政治手段并用，妄图消灭共产党，把革命老区变为名副其实的国民党反动统治的白区。

漳州中心县委始终保持高度的政治警惕性，密切注视闽南地区的政治动态，及时做出对策。1939 年 3 月，在闽南政治形势严重恶化的情况下，漳州中心县委在平和县东坑新纪楼召开闽南党的活动分子会议，时间五六天，参加会议 200 余人。会议深刻分析了抗战的形势，揭露国民党消极抗日、积极反共的行径；指出党的活动要适时转入地下，教育干部群众要提高警惕，随时应付突然事变。各县要整顿健全党的组织，发展地方武装，扩大农会活动，搞好生产，消灭匪徒，维护地方治安，继续加强抗日民族统一战线等。会后，漳州中心县委成员和各县区党的领导干部深入乡村，帮助农民发展生产，改变张扬的工作方式，隐蔽地发动群众支持抗战，领导群众进行合法斗争，争取民主、改善生活。东坑会议后不久，国民党顽固派就不断制造反共事件，明火执仗地向闽南共产党进攻。

1939 年 6 月，国民党顽固派制造了反共的“东坑事件”。平和坂仔东坑是革命支点村。平和县县长亲自到东坑“防共”，胁迫东坑学校教员承认是闽南共产党的负责人，学校是闽南共产党党报机关，并立即查封了东坑学校。不久后，国民党顽固派发现了中共漳州中心县委设在东坑的印刷部，于是谋划出动部队夜袭东坑。

6 月 6 日下午，受中共平和县委派遣，时任高坑乡社训队分队长的和中区区委书记陈天才，在坂仔从国民党四区少校教官陈坚及平和保安分队长陈德卿的警卫员杨松茂处得到国民党军当晚要到东坑“剿共”的情报。情况万分火急，陈天才急速跑到山内邦咸漳州中心县委机关驻地报告。何浚、朱曼平得此情报，当即写了一封短信交给交通员周合德，要他迅速通知印刷部的同志转移。周合德夜里 11 时赶到东坑，印刷部同志马上撤离。当晚，国民党福建省第五专员公署保安副司令汤涛派出一营兵力，在地方反动武装保安队的配合下，共四五百人开往东坑，7 日凌晨包围了东坑，结果扑了空。国民党军队十分恼火，迁怒群众，逮捕了革命群众 100 余人。因保长赖水白告密，东坑村党支部书记赖彬等 3 位共产党员被捕杀。当晚,中共平和县委书记林胡鳅来不及撤离,幸亏老接头户杨丹急中生智掩护相救脱险。国民党军队搜去一担报纸等宣传品,在东坑逗留七八天,奸淫抢掠,无所不作。国民党军袭击东坑漳州中心县委印刷部,从缴获的大量宣传品发现共产党和红军游击队仍然在积极活动,因此采取措施,加强对革命根据地和游击区的控制,把大芹山革命根据地列为重点加强控制的地区。

早在1939年初,国民党政府撤掉高坑乡乡长黄文英的职务,任命林朝卿为高坑乡乡长兼联保主任。林朝卿是五寨的一个大土豪,其父亲、兄弟都被红军镇压。林朝卿到任后,就接连撤掉几个共产党组织指派的保长、保队副。没多久,又以工作不力为由撤掉陈振盛的高坑乡征收员的职务,陈振盛是中共和中区委副宣传委员。征收员改换由区联防队长张天佑的心腹张金水担任。"东坑事件"后,赖寿珍接替林朝卿任高坑乡乡长。赖寿珍是双溪乡的一个大土豪、国民党党棍,是一个心狠手辣的反动家伙。赖寿珍曾派人暗杀了倾向共产党的进步人士双溪乡原乡长赖济民,从而夺取了双溪乡乡长的职务。赖寿珍一到高坑乡,就着手整顿和加强联防队,布置搜捕共产党的工作人员。和中区委副宣传委员赖永昌在尖石开展工作,被联防队发现和追击,负伤后被联防队抓去砍头。陈振盛到高坑赶圩,被赖寿珍派人抓捕,不久被杀害。接着,赖寿珍又与陈秀林密谋,策划诱杀陈天才,幸得杨松茂及时通报,陈天才才避免落入敌人陷阱。陈天才也从此离开社训队,回到党的机关工作。

1939年冬至1940年春,国民党顽固派掀起第一次反共高潮。1940年1月,汤涛伙同平和县政府军事科科长陈秀林等人,在靖和浦中心区的龙溪圩成立"剿共指挥部",策划和部署"清剿"共产党,调集军队向靖和浦革命基点村发动进攻。1941年1月,陈秀林带保安队到平和南胜"剿共"。当时在南胜开展工作的中共平和县五南区委负责人陈萍,因警卫员杨银行叛变而被捕。陈秀林软硬兼施对陈萍劝降,陈萍坚贞不屈,英勇就义。2月21日,国民党反动军队包围洗劫了基点村欧寮,捕杀群众40多人。

1940年1月,傅崇礼保安中队进驻大芹山腹地山内片仔村,开始长期“驻剿”共产党。保安中队在村周围编插竹篱笆，在主要路口筑起碉堡、炮楼。尔后又向四邻扩展，移民并村。白天外出“游剿”，夜间龟缩村中。为了给傅崇礼打气，汤涛部、陈秀林保安队和民团，不时进犯大芹山区。1940 年正月，傅崇礼带保安队从片仔开到郭坑，采取突然袭击，把陈天才的弟弟陈清泉抓起来，对他严刑拷打，逼他供出陈天才的动向和党的机关驻地。陈清泉宁死不招，口骂脚踢，傅崇礼气急败坏，令士兵拿来扁担、尖担把他活活打死。过了一个月，陈天才的三叔陈锥、大哥陈天德和刚满 7 岁的侄女阿梅也相继被害。

1941 年，国民党福建省政府特别拨出专款支持平和、漳浦等县军政当局的反共活动。1941 年夏秋，国民党“闽南剿共司令部”调集保安第八团及闽南各县地方武装，分头向平和、靖和浦、云和诏的革命基点村发动军事“清剿”。同时采取诱骗“自新”，强迫移民并村等手段，诱捕和围困共产党；利用坐探、便衣、警察，侦缉和搜查共产党；利用叛徒捕杀共产党干部，破坏党的机关。

1942 年 12 月，中共闽南特委交通总站从漳浦车本迁往平和邦寮与横石村交界的蜈蚣山。12 月 27 日，国民党顽固派突然派兵包围袭击特委交通总站，交通站工作人员林三友被乱枪击中牺牲，站长吴酒精去向不明，杨基华、柯永麟、陈古老急忙突围。马上赶去车本三角坑，准备转移特委藏在石洞中的文件、资料。当接近石洞时，却发现通往石洞的山上已被人踩出一条很宽的路。原来，吴酒精已叛变投敌，带敌军把特委机关藏在石洞中保留多年的文件 13 担半及 50 多支枪全部搜走。杨基华等 3 人翻山越岭，忍饥挨饿，在雨天中走了两天两夜，终于到山内园仔山找到钟骞、陈天才、卢炎等人，报告吴酒精的叛变情况，避免了国民党军队对中共平和县委机关的破坏。1941 年初，中共南委在平和县长乐下村建立无线电台。电台与党中央、中共中央南方局、桂林八路军办事处以及中共粤北、粤南、江西省委进行通讯联络。1942 年 6 月 3 日，南委电台警卫员陈鹤平叛变投敌，当晚带平和县保安队 80 多人袭击电台。由于岗哨及时发觉鸣枪报警，电台迅速转移，工作人员马上撤离，除山寮被烧、生活物资被抢光外,均未受损失。

二、毛泽东为平和“天利植牧场”亲笔题词

1939年1月,国民党五届五中全会后,国民党顽固派采取一系列反共措施加紧“剿共”,企图把南方国统区里的共产党彻底消灭,闽南地区的抗日斗争形势急转直下,共产党地方组织的处境相当险恶。根据时局的急剧变化,闽南地方党组织贯彻落实党中央制定的隐蔽精干、蓄力待机的方针,保存骨干力量、保持与人民群众的密切联系,坚持开展抗日民主斗争。

闽南红军游击队改编为新四军二支队北上抗日后,闽南共产党组织恪守国共合作抗日协议,停止打土豪罚款,不搞征借,因此,经济十分困难,机关工作人员的生活难以为继。如果靠支点村的群众支持来解决经济困难问题,势必增加群众的负担,况且群众的生活也是极其困难。为了克服党面临的经济困难和改善人民群众的生活,中共漳州中心县委与平和县委研究,决定开荒自救,在平和大芹山区根据地里,发动群众以股份合资的形式建立起垦荒生产合作社。

1938年秋,中共漳州中心县委书记何浚亲自到平和县山内勘察,认为那里是革命的老支点,有广泛深厚的群众基础,又有实质由党领导的“白皮红心”基层政权,地理条件好,可垦荒地多,且土质肥沃,水源充足,气候温和。于是择址在高坑乡碧野保西格营正式成立垦荒生产合作社,命名为“碧野建兴垦荒公司”,由中共漳州中心县委指派的党的干部吴青山任公司经理。公司在高厝山开荒种粮,建立起垦荒生产基地。公司筹集生产资金,采取股份制形式,贯彻“有钱出钱、有力出力”的原则,既可交现金,也可以交谷子折现金入股,甚至可先交部分现金,另一部分由投工投劳的工钱及租用耕牛“牛工”的工钱抵作股金。一经发动,许多群众和国民党的保甲长纷纷入股参加公司。至1938年底,参加公司60多人,股金合计3600元法币。后来公司的规模又进一步扩大,新增股金1700元法币,参股人员也增加到70多人。陈天才离开高坑乡社训队回到山内党的

机关后，也东挪西借凑了200多元法币作为和中区的份额入股。

碧野建兴垦荒公司开始只是垦荒种粮，从事农业生产，后来生产经营的范围进一步扩展，兼营商业和手工副业生产。商业方面，公司投资1600元左右，分别在高厝山、白叶开设食杂商店，在高坑乡开设振茂号客栈兼营食品，还组织货郎担走乡串户，销售副食品、日杂百货、药品等。工副业方面，陈天才以和中区区委名义，在大水坑创办“大水坑木材公司”，组织一批基点群众砍伐锯木，聘请木匠就地加工成棺材和其他规格的木料，然后经白叶食杂商店中转外销云霄县；发动群众砍柴烧炭，编制箩筐、卸箕等竹器，经高坑振茂号客栈集散，销往坂仔、小溪等地。公司出售商品后，又将货款就地委托有关商号代购商品运回山内，满足民众的需求。公司内部建立有一套完整的民主管理制度。碧野建兴垦荒公司聚农工商为一体，产销一条龙，又有健全的制度，因此具有很强的活力，越办越红火。到1940年秋，公司开垦水田50多亩，种单季稻共收获谷子1.5万多市斤；木材公司除自己售出外，还积存可换四五百石大米的木材。

中共漳州中心县委领导创办碧野建兴垦荒公司，是切合时宜，具有开拓性的创举。垦荒公司的建立与发展，对于党组织隐蔽精干，保存骨干力量，领导民众坚持抗战具有重大的意义。

碧野建兴垦荒公司的创办，使党组织有了稳定的经济来源，从根本上解决了党的经济困难问题。同时，公司的创办和发展，激活了山内地区的经济，拓宽了山区经济发展的道路，使民众增加了收入，改善了生活。

碧野建兴垦荒公司的创办，创造了埋藏生产、保存骨干的最好形式，从实践上成功地解决了在当时特定的历史条件下党组织的保密安全问题。同时，进一步巩固了党的群众基础和党在抗日民族统一战线中的领导地位。党创办垦荒公司在社会上引起很大的反响，得到社会各阶层爱国人士的赞赏和支持。坂仔双溪乡开明绅士赖秉坤对中心县委创办垦荒公司非常赞赏，并予以热心帮助，他自己创办的“天利植牧场”还接纳了部分党员干部在那里隐蔽生产，渡过难关。

赖秉坤是清末的秀才，受孙中山三民主义的影响，热心于兴修水利、创办学校的公益事业。1929 年，他自动从赖氏族事中彻底解脱出来，一心致力于办实业，办起“天利植牧场”。该场场址在坂仔双溪乡洞仔内，场舍为两层楼房，大门贴着一副对联：“天然物产各遂其生实业原为治本，利用货材咸资自殖立身在不求人。”植牧场拥有水田 20 多亩，栽有桃、李、柑橘、梨子、菠萝、香蕉的四季果园 40 多亩。赖秉坤与共产党组织关系密切，在抗日战争中，支持党领导的抗日救亡运动，协助争取国民党保甲长为党工作，供给抗日红军游击队物资，保护党的干部。赖秉坤的儿子赖国民在上海大学法学系毕业后，于 1937 年赴延安抗大学习，后被分配在晋察冀边区政府任高等法院主任法官。1939 年“天利植牧场”建场 10 周年，赖国民把植牧场发展的情况及其成果向毛泽东汇报并请求为之题词。12 月 7 日，毛泽东为“天利植牧场”题写了“造成生产战线上的模范战胜日寇”的赠词。

碧野建兴垦荒公司的举办也起到示范作用，为闽西南各地党组织普遍采用。各县区都陆陆续续建立起自己的生产基地，规模不等，经营项目不一，有种粮、有伐木、有烧炭、有搞竹编等，主要是种粮。党员干部就在生产基地隐蔽生产。

国民党顽固派为了达到消灭共产党的目的，“围剿”“主剿”“经济封锁”等手段并用，企图把共产党人杀死、饿死、困死。1940 年秋，国民党当局利用坐探、特务侦知共产党兴办垦荒公司，立即派李仔海带自卫队进入山内，在叛徒的指认下把碧野建兴垦荒公司洗劫一空，当场枪杀了兼公司保管员的保长陈耀秋及其病在床上的儿子，劫去公司寄存的谷子。随后又洗劫了大水坑木材公司寄存在群众家中的半成品木料。碧野建兴垦荒公司遭此洗劫而停办，随后其他地方党的生产基地也相继遭到国民党顽固派的洗劫。

三、分散隐蔽积蓄力量等待时机

1940 年秋，闽西南的政治形势进一步恶化，国民党顽固派加紧“剿共”，出动反动武装，以极其野蛮的手段大肆破坏党兴办的生产基地。从此,闽南党组织转入"分散隐蔽、积蓄力量、等待时机"的阶段,这一阶段也是抗日战争时期闽南党处境最困难、最危险的阶段。中共中央十分关注南方红军游击队改编为新四军北上抗日后南方国统区政治形势的变化情况,及时发出重要指示,做出决策,以保证南方共产党组织的安全,巩固老根据地,坚持抗日反顽斗争。中共中央关于党在国统区实行"隐蔽精干"方针提出后,随着国民党顽固派反共活动日益加剧,中央又多次指示各级党组织转变斗争策略,隐蔽、撤退党的干部。

根据中共中央和南方局的指示以及中共闽西南潮梅特委的具体部署,中共漳州中心县委及所属的各县、区委撤退和调换了在抗日救亡运动中暴露的党员干部,把他们疏散到安全地区,分散埋藏生产、蓄力待机。

1940 年 11 月,中共中央和南方局决定,撤销中共闽西南潮梅特委,成立中共南方工作委员会,下设闽西、闽南、潮梅 3 个特委。中共闽南特委机关驻平和县坂仔东坑山上。

1940 年秋冬,国民党顽固派加紧反共、"清共",闽南的形势更加恶化,中共闽南特委根据上级确定的"隐蔽精干"方针,进一步提出"分散隐蔽",强调要做到"一只鹧鸪占一个山头",即分散单独住一个地方。特委和各县、区委主要干部分散各地,隐蔽地在当地开展党的工作。中共平和县委和区委干部基本上都分散各地,有的当长工,有的当教员,有的找其他职业做掩护。陈天才留在本地县委机关。当时县委机关人员只有县委书记陈天才加上几个不固定的交通员。县委机关驻地不固定,常驻的地方是大水坑、山内大湖、坂仔金京洋。

1940 年冬,中共大埔县委派胡伟(化名陈光竣)任象湖山党支部书记,不久改任九峰至象湖一带党的特派员,李金城任组织委员,邱奇任宣传委员,黄秀华、陈芥芳等在象湖等地开展党的秘密工作。他们以教员的身份分别插入象湖、湖光、九曲塘、杨梅墘、上漳溪、坎头、坪埛、九峰等地学校,开展秘密活动,以合法斗争的形式宣传党的抗日民族统一战线政策,发展革命力量。1942 年春,刘永生、黄月英带领游击队40多人，到平和长乐下村，与当地群众一起开荒生产，解决经济困难，巩固革命基点村。黄大水化名黄云虎到下村，以教员身份为掩护，领导学生和群众开展抗日救国活动。

1942年2月，为统一领导闽西、闽南和大埔党组织的工作，南委决定于秀芦粗坑组建中共闽粤边区委员会，中共闽南特委书记朱曼平调任中共闽粤边委书记，中共闽西特委妇女部部长张昭娣为副书记，李碧山为常委。中共闽南特委书记由卢叨继任，另调钟骞任中共闽南特委副书记兼组织部部长，郑墩任宣传部部长（后升任副书记）。4月，南委派组织部部长郭潜到曲江交通站，向中共江西省委和粤北省委传达南委总结工作的情况并检查江西工作。5月26日，郭潜被捕，当晚叛变。次日郭潜带国民党特务逮捕了中共粤北省委书记李大林等，5月30日逮捕廖承志，6月6日在大埔逮捕张文彬、涂振农。南委事件发生后，南方局及时多次发出指示，要求各地党组织采取有效应变措施，减少损失。

中共闽南特委根据上级的指示，结合闽南的实际，采取积极妥善的应变措施；继续贯彻“长期埋伏，积蓄力量，等待时机”的方针，开展“勤学、勤业、勤交友”的“三勤”活动，保存革命力量，坚持党的斗争；支点内保留特委和县委，特委、县委改为特派员制，中共闽南特委特派员卢叨、副特派员钟骞和郑墩，中共平和县委特派员陈天才；国统区党组织和支点内区委以下党支部仍保存，但停止活动，暂时不召开会议，不组织工运、学运和农运，不吸收新党员，不缴纳党费，党员实行单线联系，以确保组织安全；改变以往有组织的相对集中斗争和集中埋藏生产形式为分散放点和分散埋藏生产形式。虽然南方局指示“暂停党的组织活动”，被误传为“党组织解散”，但是中共闽南特委坚持从实际出发，仍然保留各级党组织，这是难能可贵的，对闽南革命事业的发展起了十分重要的作用。

在“隐蔽埋藏、蓄力待机”期间，留守中共平和县委机关的干部和中共闽南特委领导人处境相当艰难，经受了严峻考验。中共平和县委机关只有陈天才、卢炎、钟骞和几个不固定的交通员，驻在大水坑山上的山寮里，生活靠基点村的群众接济。后来县委机关迁到山内大湖，又转移到坂仔金京洋。陈天才等人一日三餐只能由群众接济，三餐吃不饱，常常以野菜充饥。衣服也是破破烂烂，补了又补。虽然日子很艰难，但是陈天才还是四处奔走，到基点村检查指导支部工作，联络群众。他常常是一个人昼伏夜行，一件蓑衣，一顶大笠，露宿荒山野岭。

陈天才等党的干部隐蔽山上期间，基点村的党员和群众冒着生命危险送粮送钱上山，帮助渡过难关。他们不畏敌人严刑拷打，不为敌人的金钱利诱所动，甚至以牺牲自己的生命保守党的秘密，保护陈天才等人的安全。国民党当局颁布的"十杀令"，其中一条是"济匪者杀"，凡被认定为接济共产党的，统统格杀勿论。尽管如此，基点村的群众还是千方百计接济山上的共产党干部。例如，赖龟的母亲把家里仅有的"财产"一头猪卖掉，亲自把所得款项二三十元送到山上给陈天才做经费。还有一位老阿姆，家里仅祖孙二人，在减租废债中得到点利益，她一直铭记在心，卖了一头小水牛得五六十元全部交给县委做费用。牛是种田人的命根子，陈天才说什么也不能收，但她却发脾气，非要陈天才把钱收下不可。坂仔的群众装作上坟，提着竹篮，装上香烛，覆盖着米粿送到大水坑山上，给陈天才等人吃。国民党当局为抓捕陈天才，把基点村的群众抓起来施以酷刑，逼供陈天才的去向，但群众宁死不屈，守口如瓶。硬的不行，又来软的，反动当局悬赏"三十两黄金，五百担谷，一千块大洋"杀掉陈天才，但没有一个群众买他的账。革命老妈妈何岂，借高利贷支持中共闽南特委和平和县委开展革命活动。山内邦咸党支部，陈木贵、陈石汶等党员得知陈天才、钟骞、卢炎等缺少衣服时，便上山砍竹子卖，一根竹只值二三角钱，积了25元，跑了40多里路赶到虎碧堂送给陈天才等买新衣服。芦溪乡秀芦粗坑村烈属陈明好、陈海澄一家冒着生命危险，克服生活艰辛，秘密收养中共闽粤边委书记朱曼平的儿子朱先平、女儿朱怀英。还有陈明好、陈海澄堂姐妹陈亚细秘密收养中共平和县委书记林胡鳅的儿子林其华。芦溪漳汀济生堂医生陈西山不惧国民党当局颁布的"十杀令"，长期为红军游击队送医送药，耐心细致，热情服务。支点村的党员、群众冒着杀头的危险保护党的干部，秘密收养革命后代、支持革命的事迹不胜枚举。闽南党的领导机关、党员骨干在经济极端困难的情况下，在十分险恶的环境中能保存下来，就在于党深深扎根于群众之中，如果没有群众的帮助和支持是根本无法生存的。朱曼平说得很深刻："与群众的隔离就是与灭亡的接近，这还有疑义吗？"

四、开展反顽武装自卫斗争

闽西南共产党贯彻执行上级的指示，实行"隐蔽精干、蓄力待机"，维护了国共合作抗日的局面，避免了国民党顽固派企图挑起反共内战，保存了党的机关和骨干力量。在隐蔽埋藏时期，党员干部经受了严峻考验，变得更加坚强，更加成熟，更加丰富了群众工作和秘密斗争的经验。但是，由于党没有保留自卫武装，因此国民党顽固派纠集地方反动武装无所顾忌地疯狂"剿共""清共"，进攻革命支点，残杀革命群众。党实行分散隐蔽，党组织停止活动后，国民党反动当局一时失去目标，于是出动警察、便衣、保安、坐探，白天搜山，夜里查户口，四处侦缉搜捕共产党干部，利用叛徒破坏党的机关，杀害党的干部。党的机关干部被困在山窝里，活动地区日益缩小，处境更加艰难和危险。忍让和退却是有限度的。为了改变被动挨打的局面，为了求生存，求民主，求团结抗战，中共闽南特委决定重建武装，在"有理、有利、有节"的原则下，开展反顽自卫武装斗争。

由于情势所逼，闽南共产党领导机关也大胆进行开展武装活动的尝试。中共平和县委领导人陈天才和卢炎，为了解决隐蔽山上的机关干部的吃饭问题，渡过难关，两人商量后，带领赖顺、张小波、黄汉龙到平和县与南靖县交界的洪濑口公路上，拦截国民党便衣人员，抓获两个便衣并把他们击毙，缴获两支驳壳枪及1万多元钱，从而解决了党在经济上的燃眉之急。这次武装行动的成功，说明开展反顽武装斗争是可行和正义的，有利于保存力量。

1943年3月，中共闽南特委在平和县坂仔乡金京洋召开特委扩大会议。会议决定：闽南党组织应从单纯的隐蔽埋藏，过渡到必要的武装自卫，扭转被动挨打的局面。立即在支点内，从民兵骨干中抽调有斗争经验的人员，组成武装小分队，以卢炎为队长、陈文平为政委，即刻开展活动。会议还决定停止内部肃反，而通过整顿干部队伍的思想，加强党的建设，特别是把大家的思想统一到开展反顽自卫斗争上来。

金京洋会议后，中共平和县委组建了一支由共产党员组成的有一定游击经验的精干武工队。武工队队长赖水权、副队长赖国文。平和县武工队成立后，就奉命开赴乌山集中。为了保卫驻山内的钟骞副特派员的安全，陈天才马上联系各个支部，立即恢复民兵活动。1943 年 4 月 5 日，武装班在平和半径党支部书记陈文的配合下，首次出击，活捉了坂仔的一个反动地主，拘押在后溪村，准备对他罚款，因看管不慎，被其逃脱。此次行动虽未达到预期目的，但是却震慑了当地的反动势力，刹住了顽固派的嚣张气焰。实践证明，中共闽南特委做出“重建自卫武装，开展反顽自卫斗争”的决策，是完全正确的。

第四节　争取抗战全面胜利的斗争

一、闽西南经工队在平和的活动

闽南共产党重建了武装小分队后，逐步改变了被动挨打的局面。中共闽粤边委为了更有效地保卫党组织和革命群众，改变分散隐蔽埋藏的做法，转为集中自卫，以武装斗争求生存、求和平，恢复与发展地方工作。中共闽粤边委决定，恢复闽西南的自卫武装队伍，统一行动，给国民党顽固派的进攻以有力的反击。1943 年 10 月 7 日，中共闽粤边委在机关驻地平和县的秀芦粗坑成立“闽西南武装经济工作队”（简称经工队），共 14 人，刘永生为总队长，范元辉为政委。经工队成立后，立即在闽西南及粤东一带开展活动。

经工队成立后，决定首先开赴闽南活动，主要任务是打击反共顽固分子，恢复老基点，筹集经费解决经济困难。中共闽南特委遵照闽粤边委的指示，积极做好一切准备，配合经工队在闽南开展活动。11 月，刘永生和罗炳钦率领的经工队进入乌山后，与特委共同研究做出决定，队伍先在乌山地区，恢复云和诏老游击区，然后到靖和浦边区恢复党的工作，最后到平和山内巩固支点。特委除钟骞留守机关主持工作外，卢叨带领莫丁贵、卢炎等一部分闽南干部与经工队一起行动，同时把闽南武装小分队的一二十人全部编入经工队。经工队开展武装斗争，连续出击，捕捉几个土豪劣绅，对罪行较轻的顽固分子进行教育警告并罚款，对罪大恶极的反共分子坚决镇压。因此，迅速扩大了武装斗争的政策影响，极大地鼓舞了闽南党组织和支点人民的革命信心，使国民党顽固派不敢再明目张胆、无所顾忌地向党组织和革命支点进攻。

1944 年 2 月 8 日(农历正月十五日)，刘永生率经工队在地方党组织的配合下，趁当晚闹元宵之机活捉了平和县安厚乡马塘村的反动大地主、恶霸张钦之子张番珠。张番珠被带到乌山后，通过关系通知其家属，交出 50 万元法币、5 支驳壳枪和一部分药品，然后释放。捉放张番珠既极大缓解了党的经济困难，又严重打击了国民党顽固派的嚣张气焰，在社会上引起了很大的震动。经工队又在乌山周围镇压了几个反动分子，使乌山的形势有了好转。接着，经工队主力转到平和山内一带活动，迅速恢复了尪仔石山、欧寮等地党的组织和基点村。经工队在闽南活动了 10 个月后，于 1944 年 8 月返回闽西。

经工队活捉张番珠，国民党顽固派恼羞成怒，于 1944 年 2 月底出动李仔海、傅崇礼等保安队对平和山内根据地疯狂“扫荡”，妄图消灭中共闽南特委和经工队。平和县保安队重兵包围了大水坑，驻在大水坑的特委机关只有副特派员钟骞、中共平和县委特派员陈天才及几个警卫员，钟骞重病在身不能走路，打是不行。情况危急，陈天才背起钟骞就走，并告诉其他同志，非万不得已不准开枪。到天黑时候，陈天才等终于钻出敌人的包围圈，到了白沙村。过了个把月，钟骞被转移到霞寨铜场乡黄惠家养病，1944 年 5 月 31 日钟骞因医治无效逝世。新中国成立后，为了纪念钟骞烈士，把铜场乡改为

"钟骞村",后演变为今"钟腾村"。

二、闽南政保队的武装斗争活动

在闽西南经工队胜利开展武装斗争启示和鼓舞下,为了适应闽南武装自卫斗争形势发展的需要,中共闽南特委决定进一步扩大武装队伍。1944年5月中旬,中共闽南特委召集原有的武装班成员,在诏安县官陂豆畲村的禾仓岽正式组建闽南政治保卫队(简称政保队),任命卢炎为队长,陈文平为政委,张火瑞(张北柱)为副队长,莫丁贵为军事教练,全队分为2个班,共20余人。

闽南政保队成立后,在人民群众的配合下,在豆畲村禾仓岽至牛屎棚之间的山上,伏击公田联防队,当场击毙联防队长张钦,毙俘联防队队员10余人,缴枪10余支。禾仓岽伏击战使国民党顽固派大为震惊,随即加强对乌山地区的军事"清剿"。为避其锐气,中共闽南特委指示政保队转移到平和山内地区休整。随后,政保队又转战云霄及平和边界,继续打击地方反动联防队,惩办土劣恶霸。如惩处平和县崎岭乡乡长及壶仙乡乡队副等。同时,还发动群众,大搞筹粮扩军,队伍很快发展到4个班,共有四五十人。队伍扩大后,特委将政保队分兵两路开展活动,一路由卢炎带两个班继续在平和山内和漳浦地区开展工作;一路由陈文平带两个班回到乌山,坚持云和诏边区的斗争。

闽南政保队分兵活动后,给闽南的武装自卫斗争和其他方面的工作带来了勃勃生机。卢炎带领的两个班,首先在大芹山周围乡村活动了一个时期,进一步巩固了大芹山革命根据地;尔后转到南靖的树海、狮头山等地与敌周旋,多次冲出国民党顽军的重围,发展了不少新区。

在中共闽南特委逐步打开新的工作局面的同时,中共闽西特委也积极恢复和加强党组织的活动,恢复革命老区,开辟新区。1944年上半年,李碧山陆续调一批党员到平和县长乐及大埔县清泉溪集训,培养新干部,以适应革命斗争发展的需要;与此同时,设法跟外出隐蔽的同志取得联系。8月,中共闽西特委决定恢复中共永和靖县委建制，县委特派员范元辉，后江岩接任。是年秋，成立永和埔工作委员会(书记胡伟)及饶和埔丰工作委员会(书记张全福)。中共闽西特委在平和长乐举办党员学习班，以放点的方法恢复边区党的组织活动。饶和埔边区党组织积极开展活动，平和县长乐革命老区迅速恢复，成为抗日反顽自卫武装斗争及解放战争牢固的革命阵地。

三、王涛支队挺进平和

1943—1944 年，世界反法西斯战争的形势发生了根本性的变化，德意日法西斯国家日益走向失败和灭亡。在中国战场，中国共产党领导的抗日武装局部开始战略反攻。为了形成一个全面反攻的布局，中共中央于 1944 年 9 月 1 日制定了巩固华北、华中，大力发展华南的战略方针。

中共闽粤边委根据中共中央关于大力发展华南的战略决策，决定扩大武装队伍、放手发动群众，保卫党的组织安全和群众利益，巩固闽西南的重要战略支点。闽西南经工队从闽南返回闽西后，10 月 25 日，中共闽粤边委在上杭和永定交界的梅镇乡楮树坪，将闽西南经工队总队和闽西分队合编，正式成立一支英勇善战的抗日反顽自卫武装部队。为纪念 3 年前牺牲的原南委委员兼中共闽西特委书记王涛烈士，中共闽粤边委把这支部队命名为王涛支队。任命刘永生为支队长，巫先科为副队长，范元辉为政委(未到任)，陈仲平为政治部主任(代政委)，全支队 49 人。王涛支队成立后，在闽西开展反顽武装斗争，取得节节胜利。

鉴于闽粤沿海抗战形势的变化，闽南沿海可能成为战区或沦陷区，1945 年 6 月上旬，中共闽粤边委在永定金丰大山召开了闽西南党的领导干部会议，即金丰会议。会议全面分析了闽西南抗日反顽斗争形势的发展变化趋势，对党领导的抗日反顽武装斗争做出新的部署。会议决定成立中共闽西南特委和军事委员会，魏金水任特委书记兼军事委员会主席，陈卜人任特委副书记，范元辉任组织部部长，卢叨任宣传部部长。朱曼平仍为中共闽粤边委书记兼闽西南军事委员会副主席。

金丰会议后，王涛支队进行整编，支队部改为司令部，刘永生为司令，巫先科为副司令，陈仲平为代政委兼政治部主任，新任命教导队队长郑金旺为参谋长，将3个班扩编为3个大队，共260人。此时，国民党闽西绥靖指挥部正采取紧急措施，策划新的“反共”军事行动。根据金丰会议的部署及闽西顽军反共的态势，王涛支队司令部决定，第一、三大队挺进闽南，第二大队在闽西和闽粤边界一带活动，发动群众开展反顽武装斗争，迷惑敌人，策应一、三大队的行动。

为了确保王涛支队抵达闽南后，在粮食方面得到保证，以利于迅速展开抗日反顽自卫武装斗争，中共闽粤边委预先致信中共闽南特委做好接应工作，并致信中共平和县委，要求“火速备粮五千至一万斤，以迎接王涛支队”。中共平和县委特派员陈天才接到通知后，立即着手筹粮工作。当时正是农历正月上旬青黄不接之时，又因为国民党反动派强制移民并村以及抓兵派款的重重压迫和剥削，广大农民群众粮食短缺，生活十分艰难。要向根据地群众筹集这么多粮食确有困难，陈天才等县委领导最后决定打国民党政府粮库的主意。平和县政府在高坑乡设有一座粮库，存粮数十万斤。陈天才从地下党员陈红牛处获悉，该粮库主任好赌成性，近来输了一大笔钱，为还赌债，偷卖了粮库的谷子，又听说近日上头将派人来盘仓，急得坐立不安。于是陈天才和陈红牛一起商量策划，抓住粮库主任的“辫子”，胁迫他同意红军破仓取粮，既解决我军完成备粮的任务，又以此让他逃脱监守自盗的罪责。6月20日晚，陈天才和陈红牛组织了一批青年，破开高坑仓库，挑走130多担谷子，完成了上级交给的备粮万斤的任务。6月21日，刘永生、陈仲平和卢叨率领王涛支队第一、三大队，以“闽南人民抗日挺进队”的名义抵达平和古树坪。陈天才等的破仓筹粮正好赶上军用需求。

当日晚，陈天才到古树坪向刘永生等领导汇报闽南的情况和中共平和县委的工作，反映群众关于开仓济贫“反三征”的要求，提出解除国民党联防队和乡兵武装的建议。刘永生等领导采纳陈天才的意见，决定第二天采取行动，解决高坑乡的地方反动武装。6月

22日凌晨，刘永生率部悄悄运动到高坑，突袭高坑乡公所，俘虏十几个联防队员和乡兵，缴获枪支10多支。天亮后，县武工队和王涛支队分头到各保开仓济贫，向群众宣传团结抗日，“反三征”。仅22日、23日两天，就破仓分发近200万斤的粮食给群众。

王涛支队在平和高坑开仓济贫，进行“反三征”宣传。消息很快传开，云和诏地区的人民群众无不欢欣鼓舞，而国民党当局却惊慌失措，以为红军大部集结山内，准备打大仗。保安队龟缩于白区据点，一时不敢轻举妄动。国民党地方当局惊魂稍定后，又立即拼凑力量向山内进攻。高坑分粮后的第三天，国民党当局纠集警察、联防队和自卫队约三四百人，沿着云霄与平和交界处的泮池向王涛支队驻地高坑逼近。支队得到群众送来的情报，又侦得敌军不知我方的虚实，决定主动出击，狠狠打击来犯之敌。6月25日，受陈天才的委派，磜尾的周明利、郭坑的陈扁、高坑的陈红牛、乾岭的黄伴、吉坑的陈锅各自带领当地民兵共100多人，来到高坑配合支队作战。王涛支队、平和县武工队和民兵，兵分两路，占据有利地形，截击来犯之敌。敌不堪一击，获俘10多人。

6月25日下午6时，高坑战斗一结束，王涛支队立即开抵坂仔乡金京洋，决定尽快拿下坂仔乡公所，开仓济贫。陈天才把发动民兵和组织群众配合部队行动的任务交给金京洋党支部去完成。很快，金京洋的民兵，还有虎碧堂的林生财，半径陈文以，桃子畲的林查媒、林侨等，都各自带本村民兵和群众，组成浩浩荡荡的队伍随支队向坂仔乡进发。当部队行至下尾村，五甲党支部书记赖柳枝急来报告，有一支顽军正从霞寨向坂仔开来。此时，我部尖兵也已发现顽军到了五甲。支队领导当机立断，放弃攻打坂仔乡公所及破仓放粮计划，乘顽军尚未发现我军行踪之时进行伏击。王涛支队主力迅速占据下尾岭，沿山坡布置战斗队形，机枪阵地和指挥部设在山坡上，短枪班和第三大队利用树林掩护，迅速向山下运动。部署完毕，顽军一部分已开始过溪，我军拦腰截击。当第一大队的马克沁机枪一打响，步枪机枪一齐射击，顽军死的死，伤的伤。顽军惊魂稍定，迅速组织火力反击，战斗十分激烈。在战斗中，民兵发挥了相当大的作用，枪声一响，金京洋党支部书记卢应和卢有信从队伍后面冲到前面，带领民兵抢占各个制高点。带枪的民兵向敌军开枪射击，没带枪的大声呐喊助威。顽军吓得晕头转向，一直退到坂仔溪，呈背水之势。我军居高临下，呼喊着往下冲锋，敌军掩护后撤的机枪手抢先过溪逃命，我军朝敌军屁股猛打，顽军溃不成军，把枪支子弹丢到溪里，争先逃命。至黄昏，顽军躲进下尾村土楼。天色已晚，下尾土楼周围又是开阔地，不宜再战，我军撤回山内根据地。原来这支顽军是福建省保安三团第一大队，大队长吴子高，从闽西尾随王涛支队而来。这次战斗，我军无一伤亡，狠刹了顽军精锐部队的威风，极大地鼓舞了我军和民兵的斗志。

王涛支队撤回大芹山根据地，稍作休整，派出小部队和县武工队分别在国民党反动统治较薄弱的地区活动。赖水权、赖国文协同支队小分队进入大溪乡大松惩办地主，筹得款项10多万元，6月26日，打下片仔联防队，缴获步枪10支、冲锋枪1支，并开仓济贫，宣传“反三征”。小分队的活动，进一步扩大了影响，扫除了障碍，使根据地更加巩固。

平和县保安大队有一个中队驻防崎岭乡。该保安队官兵平时鱼肉百姓，无恶不作，群众恨之入骨。6月30日，王涛支队应崎岭群众要求向崎岭挺进。当部队行至离县保安队驻地还有数里之遥，保安队看到路上有很多人的踪影，便用机枪扫射。刘永生命令第三大队一个排冲上去，没等靠近，保安队便赶紧钻进双和大土楼。保安队十分嚣张，一边朝外打枪，一边大声叫嚷，威胁前来领粮的群众。土楼易守难攻，我部又没有黄色炸药，因此围而不攻。为了群众安全，由副支队长巫先科带领第三大队用火力封锁住保安队的枪眼。陈天才命武工队和民兵把群众集中在天和堂的大埕。陈天才向群众宣传党的政策和取粮应注意事项。陈天才向群众说明，王涛支队下闽南是以“闽南人民抗日挺进队”的名义进军，目的是协助闽南巩固根据地，然后挺进潮汕前线抗击日军。同时向群众揭露国民党顽固派消极抗战、积极反共的罪行。随后，破仓发放粮食给在场群众。

7月3日晚，刘永生率部从崎岭向霞寨进发，准备攻打霞寨乡公所，开仓济贫。霞寨内坑村是革命游击区，积极分子与党组织保持着密切的联系。积极分子周贞等向陈天才提出，内坑群众要求红军开仓济贫分得粮食，陈天才答应他们的要求，并要他们做好接应部队的准备。当天亮支队到达内坑时，群众已准备好早饭。部队指战员正吃早饭时，平和县保安大队二中队奉命开赴崎岭增援，途经内坑对面山头，听到内坑人声鼎沸，便朝村子打了几梭机枪。我部判定是敌保安队，而且不知道我部队正在内坑。于是，支队领导立即进行战斗部署。王涛支队、县武工队、民兵分成两路隐蔽前进，利用占据的有利地形向保安队突然袭击。保安队当即溃败逃跑，我部奋力追击，直追到霞寨乡公所。县保安大队二中队队长李仔海被追得口吐鲜血，由几个卫兵扶着逃入松柏脚大土楼。乡公所里的人乱作一团，四处逃窜。战斗结束后，我部迅即打开粮仓，发放了大批粮食给群众。这次战斗，击毙顽军10多人，俘虏6人，缴获步枪10多支、子弹千余发。我部一名战士和一名民兵负轻伤。

王涛支队在闽南10多天中，在闽南党组织和地方武装配合下连打4次胜仗，开仓分粮300余万斤，发动农民群众3万余人。这些胜利极大地增强了群众对敌斗争的信心和决心，进一步提高我党我军在群众中的威望。同时也充分展现了王涛支队和闽南党组织领导的武装，不畏强敌、敢打敢拼、英勇善战的精神风貌。

7月4日，王涛支队开回山内乌龙坑休整。卢炎从南靖的竹黄、陈文平从乌山到达乌龙坑，与王涛支队胜利会师。遵照中共闽西南特委的决定，闽南政保队六七十人编为王涛支队第四大队，卢炎为大队长，张火瑞为副大队长，陈文平为政委，下辖2个中队。

国民党当局获悉王涛支队在平和高坑乡乌龙坑村休整，于7月10日出动福建省保安第二、三团及平和县保安队近千人，从崎岭乡诗坑村出发，分三路向王涛支队驻地合围而来。乌龙坑村四面环山，树林茂密，交通不便，有利于游击作战。王涛支队司令部决定利用有利地形，分兵三路抗击保安团的进攻。上午8时许，国民党保三团主力及平和县保安队组成的一路顽军经彭坑沿小路直插乌龙坑。巫先科、赵国强指挥的王涛支队第三大队与这路顽军接上火，战斗打得十分激烈，第三大队依据水口控制点，打退顽军三次进攻。与此同时，保安团一部经彭坑迂回虾尾龙山侧击乌龙坑，偷偷地摸了上来，但很快遭到刘永生等率领的第一、四大队和短枪班猛烈阻击，顽军被死死压在山底。另一路由保安二团组成的顽军从岩坑沿小路进犯乌龙坑，行动较为缓慢，下午 4 时许进至大山母尖地域时，被陈天才率领的县武工队突然袭击，连忙退回岩坑，时近黄昏，双方仍相持不下，为了求得主动，王涛支队司令部决定撤出战斗。这次战斗，最为激烈的是水口争夺战，战斗中王涛支队第三大队队长赵国强英勇牺牲，副司令员巫先科和中队长钟文松受伤。战斗快结束时，司令员刘永生在虾尾龙山脊上视察阵地，被顽军冷枪击中大腿。这次战斗，顽军伤亡惨重，被击毙、伤、俘副团长以下官兵 80 多人，被缴长短枪 60 多支、机枪 1 挺、迫击炮弹 5 发以及大量的子弹和手榴弹。新中国成立后，为了纪念赵国强烈士，改高坑乡为"国强乡"。乌龙坑战斗，粉碎了国民党顽固派企图一举歼灭王涛支队的阴谋，沉重地打击了装备精良的顽军。

7 月 10 日晚，王涛支队撤出乌龙坑，转移至寮坑休整。支队司令部决定，郑金旺代理司令，率部向乌山挺进，以打通通往凤凰山之路，建立闽粤边抗日根据地，刘永生等伤员由陈天才负责安置在后溪村山上治疗。

1945 年 8 月 15 日，日本天皇宣布无条件投降。至此，中国抗日战争胜利结束。中共闽粤边委根据党中央对抗战胜利后国内形势的估计和指示，强调军民要做好保卫根据地的工作，并做出具体的部署：将王涛支队第四大队改编为钟骞支队，保卫乌山根据地；王涛支队一、三大队返回平和大芹山区休整。

四、韩江纵队在平和长乐成立及其活动

抗日战争胜利前夕，中共中央即确定了巩固华北、华中，大力发展华南的战略方针。根据党中央的战略部署，中共闽粤边委立即部署闽西南各地党组织为壮大人民武装，扩大抗日武装斗争，进一步巩固和发挥闽粤边区这一南方重要战略支点而斗争。1944 年 11

月,饶和埔县工委书记张全福接到闽粤赣中心县委领导人李碧山(越南人)关于建立武装,开展自卫武装斗争的指示,马上发出通知,联络原分散隐蔽的各地干部、游击队员回革命"老家"平和长乐集中,着手组建武装队伍,准备开展抗日反顽武装斗争。到1944年底,平和长乐地区的游击队已经发展到60多人。

1945年2月13日(农历正月初一日),在平和县长乐乐北村兔子窝山寮,李碧山主持召开抗日游击队韩江纵队成立会议。韩江纵队由王长胜任队长,张全福任政委,下辖2个支队。韩江纵队的指战员来自中越两个国家,以及福建、广东和河南的6个县。是年七八月间,两个支队合编,称抗日游击队韩江纵队第九支队,支队长王长胜,副支队长兰汉华,政委张全福,副政委廖伟。韩江纵队的成立,标志着永和埔革命老区抗日反顽武装斗争发展到一个崭新的阶段。

平和县长乐地区,是具有重要战略意义的革命根据地。长乐是平和暴动的策源地,是平和革命的"摇篮"。平和暴动后长乐人民在中共平和县委的领导下,顽强地开展反"围剿"武装斗争,打土豪、分田地,建立苏维埃政权,成为中央苏区的组成部分。1934年4月,中国工农红军闽西独立第九团一部挺进闽南,红九团政治部干部、连长张全福带领一排人留守在长乐活动,恢复党的基层组织和群众组织,长乐成为巩固的游击根据地和红九团下闽南的"中间站"和"大后方"。抗日战争全面爆发后,张全福积极贯彻党的抗日民族统一战线政策,与乡长、保长、甲长建立起密切的统战关系,同时把立场坚定的共产党员秘密安插到乡、保、甲地方政权机构中,建立起"白皮红心"的基层政权。张全福在革命斗争中积极慎重地发展共产党员,建立党支部,成立长乐区委,下辖11个支部,党员117人。1937年冬,长乐党组织发动了一批青年参加新四军北上抗日。1940年,党组织派李碧山到长乐与张全福接上关系,并成立长乐区委,张全福任书记,王长胜任委员。1941年春,中共南方工作委员会(简称"南委")正式成立,代表南方局领导广东、江西、福建、香港、澳门等地党的工作,下辖中共江西省委、粤北省委、广西省工委和琼崖、潮梅、闽西、闽南、湘南5个特委。南委机关设立在广东省大埔境内，南委在广东曲江县设立交通站，在福建省平和县长乐下村乌科设立无线电台。1941年2月电台开始工作，在党中央及华南各省党组织建立起无线电通讯联系。电台在长乐人民的支持和掩护下，整整活动了两年时间，直至1942年“南委事件”发生后，停止活动，电台的技术人员回原地原单位去，其余工作人员分散隐蔽，开展生产自救，以保存革命力量。张全福、王长胜、阿先和陈莲秀留在长乐坚持地下工作。张全福等党的骨干在长乐寨仔、下村、荒田里等地办酒精厂、樟油厂，开荒种地、养猪、养牛，实行分散生产隐蔽。后来又在乐北吉科楼的屋后山树林里开办地下兵工厂。兵工厂主要是修理枪支，制造手榴弹、土地雷、土曲卜及步枪等，为组建武装队伍做准备。在分散隐蔽期间，张全福等隐蔽地领导当地群众以各种方式开展反征兵、征粮、征税的反“三征”斗争，有效地维护了群众自身的利益。抗日游击队韩江纵队的成立，对长乐老区人民是一个极大的鼓舞，对于进一步巩固长乐革命根据地，有力开展抗日反顽武装斗争具有十分重要的意义。

韩江纵队成立后，紧接着闽粤赣中心县委于2月17日在平和县长乐乡下村水口大丘田下设无线电台。电台台长程严，党支部书记胡冠中。电台的任务是：一、抄收新华社电讯；二、培养报务员。后来，电台搬迁到广东梅县。电台的建立，使闽粤赣中心县委能及时得到党中央的指示，及时了解全国战局变化的新情况，并采取相应的策略方针，领导闽粤赣边区革命根据地的人民胜利开展抗日反顽斗争。

韩江纵队成立后，积极开展抗日反顽武装斗争，在长乐老区民兵和群众的密切配合下，采取机动灵活的游击战术，屡战屡胜，越战越勇，队伍迅速发展壮大。1945年农历五月，张全福、王长胜率韩江纵队第九支队及长乐民兵100多人，攻打设在福塘南山楼里的维新乡乡公所。维新乡乡长朱养才与我党有着友好的统战关系，还有乡丁陈章河是地下党员。张全福、王长胜率部从农家出发，途经秀峰时，遇到秀峰保长游方畴。张全福写字条叫他带去给朱养才，要他通知乡公所的人员全部避开，留下武器。当部队到大峰坳时，朱养才等乡公所人员已撤离乡公所。于是游击队不费一枪一弹，顺利进入乡公所，缴获长枪 17 支、子弹 800 多发，还有一些手榴弹。接着部队在福塘、秀峰开仓济民，约发放 10 万斤谷子给群众。过后，国民党平和县政府要维新乡派人押送一批粮食到大埔县，打入乡公所的我方人员送出情报，我游击队在广福亭进行伏击，缴获 6 支步枪。农历六月，得知叶文嵩调任维新乡乡长，张全福带领游击队在龙岭坝头路旁进行伏击，警告这位新乡长，不许轻举妄动。农历六月下旬，韩江纵队第九支队攻打大埔县的黄砂，缴获广东白牌步枪 47 支、子弹 4 箱、手榴弹 4 箱、毛毯 4 条，捕敌 3 人，我方无一伤亡。韩江纵队第九支队主动出击，连连获胜，极大地鼓舞了人民群众的革命信心，同时缴获一批武器弹药武装自己，迅速壮大了自己的武装力量。

韩江纵队猛烈地开展武装斗争，获得节节胜利，引起国民党当局的极大恐慌。1945 年 8 月 8 日（农历七月初一），国民党当局出动福建省保安一团及平和县保安队四五百人，分两路进攻长乐大科，敌一路从百溪头，一路从朴树下，一齐向大科进发。敌军押着当地群众在前带路，以群众为挡箭牌提心吊胆地向大科缓慢逼近，韩纵九支队和民兵共 180 多人，分三路迎敌，中路指挥兰汉华，东路指挥王长胜，西路指挥张全福。分别埋伏在树林中，居高临下，当敌逼近，我军一齐开火，集中火力向敌人猛烈射击，毙敌 20 多人，其中有一个敌连长，这场激战我方也有些损失。被敌抓去带路的群众陈根深被敌枪杀，民兵陈永优、陈盛炬受伤，保长陈东滨被捕（陈被捕后叛变，后被敌杀死于九峰）。

大科战斗结束后，8 月 10 日，韩江纵队开往秀𥔲湖洋休整。当晚接到情报，说翌日有敌 800 多人前来围攻，于是 11 日凌晨 2 时，部队转移到山顶坪寨子村休整。8 月 11 日，叛变的保长陈东滨带领保安团从一条平时很少人来往的小路偷袭寨子村。岗哨没发现，放牛的小孩发觉呼喊，韩江纵队指战员在酣睡中闻讯，立即进入村后的密林撤退。除高度近视的杜南川跟不上队伍被敌击中牺牲外，其余都安全脱险。王长胜队长因脚上生疮不能行走，在寨子村治疗休息，由于战斗需要，把自己用的手枪交给一位同志使用。王长胜化装成当地农民，戴上斗笠，肩荷锄头，想借口到田里劳动伺机脱逃。正当开门出去时，迎面碰到叛徒陈东滨向敌告密指认，因此落入敌手。另外两位从白区来的同志也被抓去。8 月 13 日，王长胜在九峰英勇就义。为了纪念王长胜烈士，经上级批准，韩江纵队第九支队改名为长胜支队。长胜支队化悲愤为力量，继续顽强地开展武装斗争，为抗战的胜利，为解放战争的胜利立下不朽的功勋。

第四章　解放战争时期

第一节　在隐蔽待机中分散发展

一、战后平和的形势

抗日战争胜利以后，深受战争劫难的平和人民同全国人民一样，迫切要求和平、民主与团结，实现全国的统一，建设独立、自由与富强的新中国。然而，以蒋介石为首的国民党反动集团，在美帝国主义的扶持下，坚持内战、独裁、卖国方针，磨刀霍霍，积极准备内战，妄图消灭中国共产党和人民武装力量。国民党福建当局于1945年8月20—21日，两天内连续下达三次“剿匪”密令，调动所有军事力量进行疯狂的“清剿”。就在国共两党举行重庆谈判，并正式签署《双十协定》的当日，国民党福建省主席兼保安司令刘建绪在“出巡”闽西南途中，在南靖县召集闽南各县军政头目参加的会议，布置“清剿奸匪”，命令福建保安第二团开赴平和，第三团开赴闽西执行“清剿”计划。随后，又与广东省、江西省国民党军政当局联合成立“闽粤赣清剿委员会”，组织保安团及各县保安队等反动武装5000多人，向闽粤边界革命根据地进行军事“清剿”，妄图用3个月的时间全部肃清福建境内的共产党组织和人民武装。省保二团在平和县的山内、高坑、坂仔一带“清剿”时，洗劫农村，火烧民房，强迫群众移民并村，广设关卡，遍立岗哨，奸淫掳掠，穷凶极恶，屠杀百姓。单高坑、山内等地就有上百个村庄被烧毁，群众被迫迁移，成为无人区。

省保安团一部及平和县反动武装、壮丁队共1000多人，进驻平和县文峰的内东溪、柴头埔等村，强迫群众大规模烧山毁林，封锁据点村，妄图消灭我游击队。霎时间，平和大地群魔乱舞，平和上空战云密布，到处弥漫着腥风血雨，平和人民又一次处在内战和白色恐怖的严重威胁之下。

中共中央十分关注闽粤赣边区的工作和革命斗争。早在抗战胜利前夕，中共中央就估计到一旦内战爆发，华南必为“国民党首先争夺之所”，闽粤赣边将是“顽我必争的战略据点”，“必须加强一切必要的准备”。因此，在1945年8月9日的《关于闽粤赣工作方针与部署的指示》中要求闽粤赣边党的工作方针，“应以党的政治口号，放手动员群众，坚持与发展各武装据点，实行人民武装自卫的斗争，并领导群众实行革命的两面政策，掩护党的工作，发展和保护群众利益，以达到树立华南革命根据地的右翼基础的目的”。要求闽粤赣边党组织和人民武装要加强据点的恢复、巩固和发展，以一年为期建立星罗棋布的据点，准备在大规模内战时起华南一翼的牵制作用。

中共闽粤边委根据中共中央8月9日的指示精神，结合边区党的工作和斗争实际，于8月27日至9月3日，在平和县高坑乡境内的水尖山召开紧急扩大会议，朱曼平、魏金水、刘永生、卢叨、洪椰子、陈仲平、陈天才、卢炎、郑金旺、廖益等参加了会议。会议由边委特派员朱曼平主持，着重讨论了抗战胜利后闽粤赣边的革命斗争形势与任务，确定闽西南党组织和人民武装今后的方针任务是：继续实行“隐蔽精干，长期埋伏，积蓄力量，以待时机”的方针，党组织要分散到各地“添丁发财”（即扩大武装，发展经济）；地方着力做好宣传教育工作，使党员、干部、群众明确党在抗日战争胜利后的新形势、新任务，以提高对新形势下斗争策略的认识。会议决定，王涛支队采取分散发展的方针，以大队为单位，分散到各地发动群众，扩大武装队伍，解决经济困难，开辟新据点。据此，王涛支队第一大队由陈仲平及卢炎带领，在平和、南靖、永定三县交界处的树海一带山乡宣传发动群众，开辟新区，巩固永和靖地区。第三大队由巫先科带领,在平和的大坪、霞寨一带活动,由地方干部、武工队配合活动筹款,很快就筹足了经费,一个月后便返回闽西。第四大队由中共闽南特委直接领导,留守在乌山地区云和诏接合部,先在云霄境内的水晶坪惩治杀害我地方干部罗理的凶手;不久转到诏安境内的龙磜、进水、金溪一带,在地方武工队的配合下,打击当地顽固反共的乡保长;后又转到平和的大溪、安厚,诏安的上官陂,云霄的车仔圩一带,开展反饥饿斗争,宣传发动群众,开仓济民。

水尖山会议,是中共闽粤边委在历史转折关头召开的一次重要会议。它的召开十分必要和及时。它通过分析研究抗日战争胜利后的形势,检查总结过去的工作和思想,初步认识和纠正了不顾主客观条件的军事冒险主义倾向,转变了干部的思想,增强了内部团结。它对明确党的工作任务和改变斗争方针策略,以适应新形势的需要起了重要的作用,为贯彻新时期的新任务奠定了思想基础。实践证明,水尖山会议所确定的工作方针是正确的。

二、坚持武装自卫斗争

面对日益严重的内战危机,中共闽粤边委书记朱曼平于 1945 年 9 月 15 日以《铁的意志,铁的态度》为题,为边委机关报《新民主》撰写社论,揭露国民党反动派进攻我老革命根据地、摧残人民群众的血腥罪行。并根据党中央的方针,宣布中共闽西南党组织实行“犯我者击之,友我者友之”的政策,同时指出:尽管对来犯者只能给予坚决的反击,但我党仍然愿意与国民党地方政府及其武装在“和平、民主、团结”方针基础上签订互不侵犯协定,以促进地方和平的实现。但是国民党地方当局顽固地坚持其既定的反共方针,一意孤行,多次挑衅,连续挑起内战事端。而我闽南特委及其人民武装,在反对内战,争取和平民主,坚持有利有理有节原则的同时,被迫进行了一些武装自卫斗争,给来犯之敌以必要的打击,以挫国民党反动派的嚣张气焰。

(一)敌军进攻后溪伤兵处

1945 年 9 月,王涛支队第一、三大队回到平和大芹山区休整。

部队回到山内的后溪村。后溪村是一个仅有70多人口的村落，是中共闽南特委时期交通总站的所在地，设有临时伤兵处。王涛支队在山内作战时，伤病员都转移到这里治疗。刘水生在乌龙坑战斗中负伤后，即留在这里养伤。魏金水、陈仲平等领导一到驻地，便到伤兵处看望刘永生和其他伤病员。但部队到达后不久，即遭到跟踪而来的省保二团一个营300多人的疯狂进攻。王涛支队坚决予以还击，毙敌二名士兵，打伤一个姓雷的副团长，后在抬往霞寨的途中死亡。我方牺牲二名战士，后溪村也被敌军纵火焚烧，成为一片废墟。部队最后由陈天才之妻赖葱当向导，安全转移到水尖山。

后溪伤兵处这一仗，是抗战胜利以后发生在平和境内的第一战。虽战斗规模不大，但它却表明国民党当局反动本性难移，亡共之心不死。

(二)水尖山遭遇战

1945年11月11日，中共平和县委特派员陈天才和王涛支队第四大队中队长柯永麟，带领一个加强班共15人，从乌山出发，准备参加中共闽粤边临委扩大会。17日清晨在途经平和时，不意遭遇正在搜山的省保安第二、第三团所属的两个营敌军和县保安队、警察、联防队，被包围在高坑乡水尖山山顶。这里周围有五六座大山，水尖山是一条山脉逶迤起伏的最后一座三角形山峰，山背后是条河流，只有3条陡峭的小路可以通往山顶，地势十分险要。陈天才和柯永麟依据有利地形，凭险固守，沉着指挥战士们，以低劣武器和石头与敌激战三四个钟头，勇敢击退敌人1000多人的20多次冲锋，打死敌大队长、中队长各1人，士兵9人，打伤敌官兵11人，而我方仅武工队赖水权、班长张新旺负伤。最后，陈天才等人在霞寨磜尾村周明利、周伯忍等9名民兵的增援策应下，巧妙绕开敌人，乘着夜色，悄然撤出战斗，安全突围到山内后溪村。

水尖山战斗，敌我力量极端悬殊，我方15人抗击千余敌人，击退敌人20多次冲锋，打死打伤敌人20多人，而我方仅2人负伤。这是个以寡敌众、以少胜多的成功战例，它重挫了敌人的锐气，大长了我军的威风，同时也给我根据地人民以很大的鼓舞。

（三）长乐秀𥔲反击战

平和长乐是被国民党顽固派划为重点“清剿”的核心地区，经常遭受省保二团吴子高部、平和李仔海自卫队、游甲第联防队分进合击，并有常驻兵力配合第二联防指挥所，实施军事进攻与竭泽而渔相结合的“绥靖”政策，使长乐受到极大摧残。1946 年 3 月 3 日闽粤赣中心县委书记李碧山向中共中央的报告称：“由于顽敌大规模向我长乐与所有已暴露的支点进攻，烧杀抢为所欲为，现在长乐已变成一个无人烟之区，民众被迫迁往广东，不敢回去进行春耕，顽敌在那里筑许多炮楼，集结了饶和埔三县的兵力，声言‘到一处烧一处’，‘抓一个杀一个’。”

为了抗击顽敌的进攻，活动在闽西的王涛支队第一大队和第三大队，在支队长刘永生、代政委陈仲平率领下，1946 年 1 月 29 日从闽西挺进长乐秀𥔲，与活动在饶和埔丰地区的韩江纵队长胜支队会合，准备联合行动打击敌人。省保二团一部和平和自卫队李仔海部计 500 多人跟踪而来，进占寨上朴树下，企图消灭人民武装。长胜支队和一、三大队在刘永生等的统一指挥下，立即占据有利地形痛击来犯之敌，同时派出兵力抄近路击敌侧后，敌在我打击下向长乐溃逃，后撤回平和县城九峰镇。这一仗，毙俘敌 20 多名，缴枪 10 多支。事后，又有 60 多名平和自卫队队员逃散，致使其溃不成军。长乐秀𥔲反击战后，当地群众扬眉吐气，兴高采烈，热情劳军。长胜支队和王涛支队一、三大队还举行联欢会，庆祝会师的同时又庆祝打了胜仗。

（四）袭击高陂及锅子岽战斗

在王涛支队第四大队及中共闽粤边临委机关屡遭敌省保安团进攻的情况下，中共闽粤边临委下令王涛支队第一、三大队出击广东大埔高陂镇。1946 年 2 月 24 日，王涛支队第一、三大队和长胜支队，共 300 多人，从平和长乐秀𥔲出发，在中共饶和埔丰县委的配合下，一举攻克高陂镇，没收国民党 3 家银行纸币 3500 多万元，缴获长短枪 30 多支。还在高陂镇公开宣传共产党争取和平民主的主张，揭露国民党搞独裁打内战祸国殃民的行径。出击高陂的胜利，既解决了边区的严重经济困难，又扩大了政治影响，鼓舞了群众的革命斗志。袭击高陂的战斗结束后，部队返回平和县芦溪茶寮休整，因麻痹轻敌，暴露目标，招致尾随而来的福建省保安团、平和县自卫队和广东省大埔县自卫队等反动武装700多人的三路围攻。3月11日，王涛支队第一、三大队抢占茶寮锅子崇英勇反击，激战七八个小时，至天黑时终于击退敌军，突围至南靖县树海，旋又转移到永定县金丰大山，分散配合地方党组织做群众工作。此役重创敌军，伤敌人数十名，但王涛支队也付出不小的代价，副支队长巫先科等多人牺牲。这是王涛支队自建队以来最激烈的一次战斗。

三、积蓄力量隐藏待机

1946年3月底，中共闽粤边临委在平和县霞寨乡铜场村大墓林山里召开会议。出席会议的有中共闽粤边临委和王涛支队领导人，陈天才代表中共闽南特委参加会议。会议首先由朱曼平宣读南委电文，任命魏金水为中共闽粤边委书记，原书记朱曼平改任副书记。朱曼平、魏金水根据新华社消息先后传达了关于国共重庆谈判，签订《双十协定》、停止内战的精神。会议对时局分析估量和参照以往的经验教训，决定部队原以排为单位分散活动，改为以班为单位分散活动，隐藏力量，等待时机，避免与国民党军队正面作战。

1946年5月20日，中共闽粤边委向下属各特委、支队负责人发出《关于进一步执行分散隐藏活动的指示信》，指出：蒋介石已撕毁政协决议，向我东北解放区大举进攻，全面内战一触即发。因此，根据目前全国形势和当地的敌我情况，各地必须采取积极进攻策略和执行分散隐藏发展的方针，注重与群众斗争相结合的方法。6月，王涛支队第四大队100多人奉命集中于乌山整编。为纪念病故的中共闽南特委副特派员钟骞，王涛支队第四大队改编为钟骞支队。陈阿明任支队长，陈文平兼任政委，陈育光、柯永麟任副政委，下辖2个中队。队伍整编后分散在乌山周围，采取“依靠基本群众，争取一般中间人士，打击最反动的顽固分子”的斗争策略，深入发动群众，开展和平民主运动。同时,还加强统一战线工作,争取保甲长及开明人士。6月中旬,中共闽南特委派出支队副政委柯永麟率领3个班共38人的精干小分队,挺进靖和浦地区。队伍从乌山出发,经由平和山内而后抵靖和浦原中心区的文峰乡内东溪村。柯永麟等在取得立足点后,依靠基本群众,扎根于群众之中,深入地宣传党的方针政策和全国革命斗争形势。同时,柯永麟等小分队的干部和战士还积极领导当地群众发展生产,开展抗捐抗税活动,改善革命根据地群众的生活。经过不到一个月时间的努力,就恢复了文峰乡柴头埔、韭菜坑、柴船、顶张、外东溪、龟仔头和山后等10多个老支点村,初步形成以内东溪村为中心的根据地,使游击队有牢固的立足点,为以后恢复整个靖和浦边区打下坚实的基础。此外,特委还派出支队副政委陈育光、政治部主任廖益率领另一支队伍,前往平和同陈天才联系,配合中共平和县委开展工作,进一步巩固革命根据地。

1946年6月下旬,得到美国政府支持的国民党当局,在完成了战争准备之后,终于撕毁停战协议和政协协议,大举进攻各个解放区,悍然发动全面内战。蒋介石先后颁布了"动员戡乱令""戡平共匪叛乱""各省市防范共匪办法"等法令。国民党福建省政府和平和县政府亦步亦趋,积极推进蒋介石的"剿共"政策。1946年8月,福建省保安二团团长吴子高在云和诏中心区设立指挥部,集中兵力,采取"军事围剿、政治瓦解、经济封锁","不准粮食进山,不准山货出山"的野蛮手段,大肆"进剿"乌山革命根据地各基点村,焚烧民房住宅,强迫移民并村,到处摧残群众,捕杀游击队员,制造无人区,妄图困死游击队,一举消灭闽南人民革命武装。省保二团所属三个大队和一个半中队的兵力,还分别驻扎在平和的长乐、山内、大溪、仙石,云霄的水晶坪、车仔圩,诏安的进水、官陂、大元,以及漳州与漳浦、南靖与平和之间的边界。省保二团在平和山内烧毁民房250间,强迫移民40多个村,杀害群众8人,抢掠群众财物不计其数。省保二团的便衣在平和山内及其周边地域四处设伏,中共平和县委书记陈天才三次遭包围袭击,均幸免于难。在靖和边,省保二团在叛徒的带领下,到十几个乡村,把整村群众逮捕吊打,当场指认帮助过游击队的革命群众，捕去30多人，杀害6人，并悬赏1600万元捉拿陈天才和卢炎。文峰乡韭菜坑革命青年吴茂春被敌人逮捕，敌对其软硬兼施，残酷吊打，多次用烧红的铁板烫烙全身，吴茂春坚贞不屈，始终不泄漏革命机密，最后被刑至一手残废。

国民党反动军队的穷凶极恶，激起了广大人民群众的强烈愤慨，群众纷纷要求闽南党组织和钟骞支队，为民除害，为死伤者报仇。为顺应民心，打退敌人的轮番进攻，以壮我军威，在云和诏坚持斗争的中共闽南地委领导人陈文平等，经过周密研究、探索，决定利用乌山有利地形，在云霄水晶坪通往诏安北蔗约一里长的雷公陂地段，埋设地雷，形成地雷阵，然后于1946年12月31日诱敌省保二团进入北蔗村附近的雷公陂，与敌打了一次地雷战。雷公陂地雷战，炸死敌1人，炸伤敌10多人，俘敌5人，缴获步枪3支、子弹500多发。此役有力地打击了敌人的嚣张气焰，粉碎了敌人踏平乌山、消灭乌山人民武装的痴心梦想，保卫了中共闽南特委机关，保卫了闽南革命根据地，同时也极大地鼓舞了闽南地区各根据地人民群众的革命斗志。

雷公陂地雷战后，1947年1月，中共闽南地委召开扩大会议，贯彻中共闽粤边工委上年11月会议精神。根据会议精神，地委机关撤出乌山，领导人重点转到平和山格关刀洋；钟骞支队分散活动：3个班留守乌山一带坚持斗争，另3个班由卢炎带领进入靖和边开辟新区；中共平和县委陈天才等主要在大芹山根据地继续坚持开展斗争。

第二节 发动农村游击战争

一、广泛发动群众斗争

1947年2月，闽粤边工委在永定园头山何凹头村召开会议，全面分析各地的斗争形势，认为粤东反动统治力量较为薄弱且群众基础较好，扩大武装和筹集经费较为有利，决定边区创建一支主力部队，确定了“先粤东，后闽西南，普遍地开展游击战争”的战略方针。此时，中共香港分局也派政治交通员到闽粤边工委，传达中共香港分局《关于重新建立武装，开展游击战争》的指示。随后，魏金水与政治交通员同抵香港分局汇报、请示边区工作。3 月 8 日，中共中央发出关于开展蒋管区农村游击战争的指示。9 日，闽粤赣边工委（由闽粤边工委改名）即发出《新形势与新任务》的指示，指出形势发展的总趋势是有利于我而不利于敌的。为此边工委根据中央指示精神，结合本地区具体情况，提出了“稳扎稳打，能进能退”的斗争策略，并决定发动游击战争，加强统战工作，争取上层，瓦解敌人，注意兵运工作等项具体任务。于是，分散在各地的闽南人民武装力量也迅速发动群众，开展了反“三征”（即征兵、征粮、征税）和破仓分粮运动，迎接革命新高潮的到来。是月，中共闽南地委为加强中共云和诏县委领导力量，调李亚伟、钟亚治回乌山，调整中共云和诏县委，由李亚伟任书记，委员有钟亚治、李仲先，下半年又增补张大目、张振福为县委委员。并以中共云和诏县委为主及部分地委机关人员，组成东、西、南、北 4 个工作团。由于工作团的成立，加强了地方的领导力量，党的地方工作很快得到发展。

1947 年 3 月 25 日，钟骞支队第三连在平和县游击队的配合下，出击平和高坑乡片仔、岩坑 2 个联防队，歼灭了敌人，打开高坑乡 6 个保、崎岭乡 3 个保、平南乡 1 个保的粮仓，放粮济民 20 万斤。

1947 年 6 月，人民解放军转入战略反攻，全国形势好转。闽粤赣边工委召集会议传达中央和香港分局指示，确定成立闽粤赣边人民解放军，大力开展游击战争，创建解放区。卢叨出席边工委会议之后和王汉杰一起到平和与南靖交界的树海传达工委指示。8 月 27 日，中国人民解放军闽粤赣边区纵队闽南支队在乌山葱仔寮成立。李仲先任支队长，王汉杰任副支队长（后改任副政委），吴扬也任副支队长，卢叨兼任政委，陈文平兼任副政委。当时中共闽南地委辖有云和诏县工委、靖和浦县工委、永和靖县工委、平和县工委和安溪临时中心县委。

1947年9月18日，闽粤赣边工委发出《致总队及各地委的信》，提出："加速准备力量，迎接大军南下，壮大人民武装，配合全国总反攻，推翻闽粤赣边蒋匪统治，解放闽粤赣苦难人民"的口号，指示各地委要扩大武装，"普遍进行小搞（包括肃反、埋伏、袭击、截击），准备进行大搞"的方针。并要求各地"在普遍小搞中，注意根据当时当地群众斗争情绪高低，以抗丁、抗粮、抗捐、抗税等斗争为中心，进行以各种不同方式的群众斗争（如从拖抗，从武装撑腰到自觉参加斗争，从参加分粮挑东西到武装起来组织民兵）"。指示总队和各地委必须把武装斗争与发动群众、组织群众相结合，并要求总队把原定年底扩军300人的计划提高到500人。

1948年初，闽粤赣边革命力量在解放大军节节胜利的鼓舞下蓬勃发展。闽粤赣国民党反动派在2月成立以军阀涂思宗为总指挥，少将、高级顾问张光前为副总指挥兼参谋长的"闽粤赣边区剿匪总司令部"，准备实施"十字清剿"计划，并准备得手之后，进而实施"择地驻剿""分区联防"。国民党第五督察区县政督导团考察闽南之后，认为乌山、大芹山地区虽划"清剿区"，"但联系不密，且山中居民迫于匪势，每被利用，搜剿、围剿均有困难"，建议"派遣有力部队专事清剿"，同时还强调"目前虽无大问题，将来即可能成为本省之隐忧"。为此，国民党福建省当局选派原保三团少将团长，曾出任三省联防司令的陈余珊为第五区专员兼保安司令。据《江声报》披露，陈余珊到任后，即在平和召开会议，保一、二、三团头目参加会议，部署分路"搜剿"。

针对当时敌我双方态势，中共闽南地委提出："一切力量动员起来，到处发动群众斗争。"军事上要求采取"基本的外围作战，不放弃有利条件下的内支（指游击区内属于支点村的地区）埋伏战、袭击战和民兵散兵战、地雷战。"具体对策即各支队分路出击，采取避实就虚、避强击弱的战术，以分散对敌之集中；民兵坚持基点，以集中对付敌之分散。1948年1月8日，闽南支队在卢叨、李仲先的指挥下，在云霄水晶坪伏击敌省保安二总队第二大队第五中队，全歼该敌，俘敌少校大队副郑汝勤以下20余名，缴获轻机枪3挺、步枪30多支、大量弹药和军用物资，以及文书档案等。4 月 11 日，平和陈天才带领平和霞寨磜尾民兵、警卫员和交通员共 15 人，在深度村至霞寨途中的石寮口伏击平和县保安队一个班计 14 人，毙敌 13 人，俘敌 1 人，缴获步枪 12 支、短枪 2 支、子弹 200 多发。水晶坪和石寮口两次战斗告捷，威震闽南。这是停战以来我方对敌人的两次有力的打击，宣告敌人散布的所谓"红军已被消灭"的谎言彻底破产。从此，驻守在乌山和大芹山地区的敌人害怕被我方各个击破就地歼灭，都撤退到平原地区的反动据点。

1948 年 1 月，中共永(定)(平)和(大)埔(南)靖县委把闽西支队划给的第四连与埔永游击队合编，在埔北成立永和埔独立大队，大队长陈水锦、政委胡伟。全大队 70 多人枪，编为 2 个连，在永和埔一带广泛开展游击活动。2 月 23 日，闽西支队在队长蓝汉华带领下奇袭平和芦溪乡公所蕉坑楼，拔掉这个"反共据点"，全歼反动自卫队，缴获长短枪 50 多支，还有许多弹药和军用物资，活捉并镇压了乡长叶文嵩。游击队利用那天正逢芦溪圩日，临时召开群众大会展开宣传，还当场破开乡粮仓，将几万斤的"田赋谷"分给附近的贫苦农民群众。3 月 6 日，闽西支队指战员 50 余人，在中共永和埔靖第五区委和湖山工作团的配合下，化装成当地群众，以打路条外出做工为名，进入碉堡，采取内外夹攻，迅速解决战斗，俘虏国民党平和县九象乡公所乡长李梦来等 20 余人，毙敌 2 人，缴获长短枪 10 多支、子弹数百发。战后，立即破谷仓 7 处，把六七万斤谷子拿来救济贫苦农民群众。当晚，支队转移到三莱舟时，又俘获了平和县参议员李振山，随后向下洋大水坑挺进，抓获原保安团队长黄光裕，缴获长短枪 6 支、手榴弹 10 枚，打击了当地的反动势力。

1948 年 2 月，中共闽南地委决定由李仲先、王汉杰率领闽南支队一连赴粤东活动，由吴扬、卢炎带领第一连三排三四十人，挺进平和山内恢复革命根据地。吴扬等同地委常委兼中共平和县委书记陈天才领导的民兵结合，攻打安厚龙头葛厝门反动武装，接着又扫荡了片仔、高坑、小岭、白叶等地反动联防队。于 4 月 13 日抓获并镇压了高坑乡片仔村作恶多端的联防队长陈春潮、副队长陈玉兴，没收他们的财产分给当地群众。为扩大战果，他们又接连拔掉大芹山地区多年与革命对抗、反动气焰嚣张的霞寨联荣寨仔、高坑尖石2个反动据点。在攻打寨仔村时，当场击毙联防队长曾火炼，共缴枪20多支、子弹数百发。在进攻尖石村时，除了当场击毙几个联防队员外，包括联防队长等多数人都向我缴枪投降。通过这两场战斗，反动联防队再也不能为非作歹了。5月，又在坂仔峨嵋山消灭了杨玉里地主武装，巩固了东坑、峨嵋山革命根据地。一个月内，他们出发打仗，抓捕地方10多个反动分子，在平和大芹山周围各处摧毁国民党乡保政权，镇压反动分子，开仓济贫，解决贫苦群众度春荒和部队给养问题。他们不仅破保甲长保管的小仓，也想方设法破大仓。如采用"疑兵"之计，发动群众，一夜之间就把大溪乡粮仓20多万斤存粮挑个干净。自1947年10月至1948年10月，游击队共破开粮仓20多个，分粮200多万斤。

我方的军事行动，深得群众拥护，农民青年纷纷要求入伍。根据地委"积极扩大武装"的精神，各个工团在积极开展反"三征"和开仓济贫的同时，输送了100多人到部队。于是，在平和山内郭坑村成立了闽南支队第三连。第三连成立之后，一直坚持在平和县境内的大溪、霞寨、坂仔、安厚、高坑等地袭击国民党乡保政权和武装，支持群众反"三征"，扩大民兵组织。3个月后，第三连人员增至170多人，于是又抽调武工队部分人员为骨干，再建立闽南支队第七连。为便于集中力量打歼灭战，平和县工委便抽调武工队员和动员一些民兵脱产，成立平和县独立大队。在主力部队发展壮大的同时，平和县工委领导的民兵也迅速发展到1000多人。当时平和的革命斗争形势红红火火，正如边区党委机关报《新民主》上所说：平和"革命烽火连天"。

二、积极开展游击战争

1948年下半年，国民党福建省主席刘建绪配合闽粤赣边"清剿总指挥部"的反共内战部署，对闽南游击队推行封锁堡垒政策。有一个时期，"围剿"平和山内的敌人达到3个营的兵力。到1948年冬，敌人搞“驻剿”，实行“村村驻兵，山山放火”。游击队与敌人之间“围剿”与反“围剿”，“扫荡”与反“扫荡”的斗争更加艰苦，形势更为严峻。游击队在东湖、仙石、大溪等地几次受挫失利，游击基点村的困难增加了，群众情绪低落，部队出现了逃跑减员，个别的还叛变。这时的闽南游击战争暂时出现低潮，而一些地方的反动势力趁机作乱。

在敌强我弱的条件下，闽南支队第三连和第七连在平和县武工队及民兵的配合下，还是打了一些漂亮仗的。同时，中共闽南地委与闽西支队也在平和县境内开展游击战争，狠狠地打击敌人。

(一)速战速决的“盆猪落槽”伏击战

1948年7月，闽南支队第三、七连和平和县独立大队，在吴扬、陈天才、卢炎等指挥下，以“引蛇出洞，围而歼之”的战术，先派员剪断县城九峰至小溪的崎岭地段的电话线，又在九峰与崎岭之间的三田保地界一处地名叫“盆猪落槽”的开阔地公路两旁山头，以优势兵力设下伏兵。当平和县保安队李仔海部一个分队护送查线工进入我伏击圈时，我军立即发起冲锋，不到10分钟时间，就击溃了敌人。这一仗速战速决，我军无一伤亡，全歼县保安队一个分队，生俘分队长及士兵29人，缴获捷克式机枪1挺、步枪20多支、驳壳枪1支、子弹1000余发，还有一些电讯器材及修理工具等。

(二)“以少胜多”的三坑战斗

“盆猪落槽”伏击战后数日，不甘失败的国民党省保安一团派两个营和平和保安队共1000多人的兵力，配备迫击炮6门、六〇炮6门、重机枪6挺、轻机枪10挺，从县城九峰出发进攻山内革命根据地。吴扬、陈天才、卢炎等获悉敌将向根据地大举进攻的情报后，立即部署部队准备反击：七连在三坑大山上设伏，三连在半岭山打援，县独立大队占据小尖山。这天上午7时许，当敌人一个连的兵力进入我伏击圈时，我军居高临下猛击敌人，缴获不少武器弹药。可是，敌军的后续部队随即蜂拥而至，敌人兵力多，且武器精良、子弹充足，又因我方的土炮弹失灵，结果使我军预定的伏击战变为阻击战和阵地战。战斗一直打到下午 4 时，我军指战员英勇顽强，顶住敌人的疯狂进攻，始终坚守阵地，以步枪和大石头击溃敌人共 18 次冲锋。时值暴雨将至，天昏地暗，雷电交加，敌人只得狼狈撤退。这次战斗，我军毙伤敌人 50 多人，缴获步枪 16 支、子弹 1000 余发、手榴弹 23 枚，创造了“以少胜多”的战例，巩固了革命根据地，打击了敌人的嚣张气焰，鼓舞了人民的革命斗志。

（三）下村伏击战和松公岭战斗

1948 年秋，闽南支队第三、七连和平和县独立大队，又以“诱敌出巢，聚而歼之”的战术，歼灭大溪反动联防队。我军先在大溪下村后山设下埋伏，然后派地方工作团的同志去捉下村一个反动保长，把以往经常追击我武工队的大溪联防队诱入我军伏击圈，予以猛击。战斗一个小时，全歼这支反动联防队，毙伤敌人 40 多人，俘敌 30 多人，缴获全部武器。

下村伏击战后，我军尚未转移。第二天，省保安一团两个连，其中一个机枪连，从大溪下村出发，向我山内根据地运动。我军随即沿着大溪大松村大芹山脉松公岭布阵阻击。战斗从上午 7 时打到中午，我军开始冲锋时，敌机枪连阵地开始动摇，他们把机枪零件拆解，准备逃跑。就在这时，陈天才带着高山哨的民兵到阵地报告，从安厚乡出动的保二团已进到白叶村右侧山脉，距我主力阵地只有 3 千米左右；另有一路敌军从县城九峰出发，向白水方向包抄过来，对我军形成钳形的反包围，情况非常危急。为避敌锋芒，减少损失，支队领导当机立断，迅速组织部队撤退。在突围战斗中，我军排长黄进德牺牲。这次战斗给敌省保一团一个很大教训，政治影响也很好，但没有达到我们预期的歼灭敌省保一团机枪连的目的，这是很可惜的。

1948 年 10 月，松公岭战斗后，为了对付敌人疯狂“围剿”“扫荡”，粉碎敌人对平和的重点进攻，闽南支队领导决定以分散对付敌人的集中，内线坚持，外围作战，主力离开平和山内根据地；第三连由李仲先、卢炎带领挺进漳浦；第七连由张振礼、陈清定带领，挺进平和、南靖、永定接合部的芦溪；吴扬、陈天才及赖国文指挥平和独立大队留在山内，发动群众，坚壁清野，骚扰敌人，坚持内线作战。第三连在支队长李仲先率领下在靖和浦地区活动，在靖和浦县工委配合下，消灭了平和境内山村反动地主组织的武装壮丁队，恢复了坂仔、东坑、五寨、南胜等大片地区。11 月，国民党省保一、保三团又集中 1000 多兵力“进剿”山内，平和独立大队在工作团民兵的配合下，采取“麻雀”战术，以排、班为单位分散活动，在后溪、粗坑林、乌龙坑一带与敌周旋，到处扰袭，打击敌人。12 月间，由于第七连被敌省保三团唐憨部死死跟踪，革命据点上官寮村遭敌烧光抢光。为了加强七连的领导，由吴扬带领通讯班赶到芦溪安顿受摧残的群众。之后，吴扬、张振礼带领七连转战平和与南靖交界处的树海，而陈天才则继续留在平和山内坚持斗争。

（四）中共闽南地委和闽西支队领导的几次战斗

1948 年 11 月，中共闽南地委副书记陈文平带领云和诏第四大队在平和仙石、七高磜一带袭扰驻仙石新楼的省保安团（1 个连）和驻车仔圩的云霄自卫队，并在七高磜附近的挑椅鞍打过一次伏击，伤敌 6 人，俘敌 1 人，缴获子弹 100 多发。省保安一团驻平和壶仙乡和云霄车仔圩的 2 个营，从 11 月 15 日起连续三天带数百名壮丁到平和的梅林、仙石一带老区据点村抢割稻谷，洗劫群众牲畜、财物，经过数日的焚烧、抢劫，群众损失极为严重。敌人还用残酷手段强迫群众移民，企图利用移民办法，制造若干“无人区”，切断群众与游击队的联系，达到孤立游击队的目的。为保护秋收，维护群众利益，第四大队伺机于 11 月 27 日挑选 10 多名身强力壮的战士，在陂下至车仔圩必经山口打石村桥头设伏，当场击毙平和壶仙乡乡长、抢割稻谷委员会主任吴耀汉。此战共毙敌 3 名，伤敌 1 名，缴获长短枪 4 支、子弹 70 发。

12 月 24 日，闽粤边工委领导的闽西支队再度出击并摧毁了平和县九象乡公所，全歼九象、维新、芦溪三乡联防反共自卫军，当场击毙三乡联防主任李文辉，共毙俘敌 59 名，缴获长短枪 50 余支、手榴弹数十枚。战斗结束后，召开群众大会开展宣传，并把炮楼内的粮食和其他物资分给贫苦群众。但敌不甘心失败，又派出省保二团邝东成营 300 多人，带 10 多挺机关枪进驻平和象湖山。邝营是从北方撤退下来的正规部队，有一定的战斗力。他们盘踞象湖山后，便扶持本地的李国华担任乡长，并扩充李先庚的自卫队，重新建立反动政权，驱迫群众挖工事、筑炮楼，组织“壮丁联防”，实行“五家联保”，站岗放哨，还在各乡村的路口筑起防御工事，大有固守象湖山，再次与我进行决战之势。1949 年 2 月 21 日，闽西支队兵分二路，一路由兰汉华、邱锦才率领在铲头山山口伏击邝营；一路由游济英等带领地方武装和群众 30 余人，于前一天晚上开进乡长李国华的家乡——黄纳溪开展配合动作，诱敌出巢，以达到聚而伏击歼灭的目的。第二天早上，敌人果然中计。邝营一个连进入闽西支队的伏击圈。经过 30 分钟激战，计毙敌 30 余人，俘虏 10 人，缴获长枪数十支、机枪 2 挺、子弹数千发，以及其他军用物资，全歼邝营一个连，又一次取得攻打象湖山之敌的胜利。事后，邝东成到漳州述职时被撤掉营长职务。

第三节 革命根据地的扩展与地方工团的建立

一、革命根据地的扩展

1948 年上半年，闽南支队进军饶和埔边境，吴扬、卢炎带一个排到平和大芹山地区拔掉国民党的据点，牵制了国民党重点“清剿”的力量。在闽粤赣边工委的领导下，主力部队和地方部队通力合作，密切配合，终于粉碎了涂思宗的“十字清剿”“六路进攻”的计划，涂思宗也因此被撤职。但国民党当局并不甘心失败，又委派汕头市警备司令俞英奇接任“剿总”总指挥，再次纠集残部卷土重来。为粉碎国民党发动的大规模“扫荡”，根据闽粤赣边区工委党代会的精神，1948 年 8 月，中共闽南地委制定新的方针：巩固乌山、山内，加强靖和浦、永和靖及龙溪的武装斗争，建立梅花式的武装据点，恢复白区地下工作，配合支点斗争，加强党的建设和宣传、教育、经济、交通等工作。闽南游击武装根据地委的指示，广泛开展乌山游击区的游击活动，扩大了乌山游击区。平和的革命根据地也得到进一步扩展，扩大到全县乡乡都有根据地，平和的峨眉山、东坑、龙山、小溪等地也都建立了游击区。

二、地方工团的建立

1948 年 8 月，中共平和县工作委员会在山内新建半岭成立，书记叶东辉，组织部部长赖国文，宣传部部长沈亚发，财政部部长卢友信，执委陈治三。县工委下辖 7 个工作团：溪峰工作团，主任赖树森；崎峰工作团，主任叶东辉兼，后陈清水接任；霞寨、芦溪工作团，主任沈亚发兼；东坑、峨眉工作团，主任张天宝；双宝工作团，主任林延青，后张苏生；高坑工作团，主任陈三酌，后赖坤艮；马铺、安厚工作团，主任何文德。1948 年 2 月下旬，何文德在参加中共闽南地委举办的工作团干部训练班期间加入了党组织。训练班结束后，何文德带领马（铺）安（厚）武工队接连攻打平和的泮池、白叶、龙头、南胜和云霄的双地、白石等地炮楼、仓库、乡公所。1948 年 7 月，何文德率队向平原大村发展。8 月 18 日，何文德在平和五寨乡东楼村被反动保长林松茂诱捕，关押在平和小溪的省保二团团部，同行的干部林亚治、林仲被杀。保二团政治部主任、平和县长易衡亲自审讯何文德，先以利诱，后施以酷刑，如搒指、针刺、钢绳穿掌、吊打、铁圈箍头，甚至电刑等，何文德都坚贞不屈。9 月 9 日，何文德就义前游街时还向群众呼喊要反“三征”，敌兵用布塞他嘴巴，被他踢翻在地。何文德后被敌野蛮砍首，英勇就义，时年 31 岁。

中共平和县委领导成员都是农民出身，土生土长，虽然文化程度不高，但由于他们植根于人民群众这一土壤之中，同人民群众同呼吸、共命运，血肉相连，休戚相关，所以不管福建省保安二、三团是分别进犯，还是纠合而来、大军压境，都能与之巧妙周旋，并从中寻找机会打击敌人；特别是在发动、组织群众反“三征”、创建根据地等方面更是富有成效。

此外，在平和县境内活动的还有靖和浦县工委辖下的欧寮、东坑工作团，文峰工作团；饶和埔丰县工委辖下的长乐工作团；永和埔诏县工委辖下的芦溪、象湖工作团；云和诏县工委辖下的廖安、赤安工作团；永和靖县工委辖下的罗平工作团等。

各县工委下辖的地方工作团，同时也是地方武工队。其职责和任务除了做群众工作之外，还要配合主力部队，做好筹粮、筹款，订购布匹、医药等后勤保障工作，以及介绍敌情、民情，甚至参与重大决策等。

第四节　平和的解放与接管

一、芦溪和平解放

1949年元旦，新华社公开发表《中国人民解放军粤赣湘边、闽粤赣边、桂滇黔边纵队成立宣言》，阐明纵队的作战目的是配合中国人民解放军，为彻底地解放全中国，建立新民主主义的新国家而奋斗。同时，闽粤赣边区党委公布《闽粤赣边人民武装打倒蒋介石政府十项主张》。为配合南下大军，中国人民解放军闽粤赣边区纵队统一指挥闽西南人民革命武装，主动出击，扫荡残敌，组织接管各县政权。6月3日，闽粤赣边区党委决定成立闽西南临时联合司令部，边纵第七、第八支队归“联司”指挥，邱锦才任司令员，李仲先、陈水锦任副司令员，范元辉任政委，卢叨任副政委兼政治部主任，陈文平、罗炳钦任副政委，吴扬任参谋长。“联司”将部队集合在靠近平和县芦溪的永定县湖雷进行为期12天的集中训练。在整训期间，“联司”组织领导各团认真学习《古田会议》文件，新华社元旦社论《将革命进行到底》等，使指战员认清形势，明确任务，并研究部署解放芦溪、解放平和事宜。6月15日，李仲先、卢叨、吴扬等率十三、十九、二十一团，从湖雷出征，挥师南下，挺进平和芦溪。在我党政策的感召下，曾经统治芦溪乡10多年的平和县自卫总团副团长、芦溪乡乡长叶武，在与中共平和县委陈天才等取得联系后，于6月16日晚率其所属叶名庆、叶立成自卫队 70 多人枪，并贡献出 1 万余斤大米和 60 多石赋谷，投诚起义。6 月 20 日在芦溪的溪滩上，举行盛大的“芦溪解放”和“平和县第一区人民民主政府成立”庆祝大会。区长由区委书记叶东辉兼任，副区长陈海澄，委员叶结，秘书叶翔。芦溪的解放和平和县第一区人民民主政府的成立，拉开了解放平和、接管平和的序幕。

在芦溪叶武起义之前，国民党文峰乡乡长林佃南逐步地转变其反共立场，到 1948 年底，他看出国民党必败，共产党必胜，毅然率部起义，把乡公所的 20 多支长短枪和弹药悉数交给靖和浦县工委属下的文峰工作团，开了平和县国民党基层政权头目向我方投诚起义的先河。

在平和革命斗争取得节节胜利的形势下，根据边纵闽西南临时联合司令部的决定，平和县独立大队在芦溪乡蕉路小学进行扩编，原永和埔靖第六区基干大队的第一连、第二连划归平和建制。县独立大队由陈天才兼任政委，代大队长黄虎文，副大队长沈重生、副政委陈芸生。独立大队计 200 多人，编为 3 个连。

芦溪解放后，平和县第一区党委和人民政府积极发动群众，打击封建反动势力，维持社会治安，号召青壮年参加革命和支前工作，从而使当时的芦溪成为解放全平和的前进基地和可靠后方。在“联司”和中共闽南地委、平和县委的领导下，在芦溪除了完成县独立大队扩编外，还完成了接管政权的军政人员的集训，学习《三大纪律八项注意》《约法八章》《论群众路线》《接管城市政策》《统战政策》等文件，以及组织政工队等。当时，芦溪各地有一批进步的青年学生和知识分子，响应号召踊跃报名参加政工队。

二、大坪之战与金京洋战斗

（一）大坪之战

大坪战斗是新中国成立前夕闽粤赣边区纵队为了扫清平和县小溪镇外围国民党反动据点，摧毁大坪、小坪和霞寨乡公所，攻打驻防霞寨地区的省保安团，进而威胁小溪城，伺机扩大战果，打开全闽南突破口的一次重大军事行动。

1949年7月4日，边纵十三团、十九团和二十一团1000余人，在联合司令部副司令员李仲先、副政委兼政治部主任卢叨率领下，成功地组织指挥了大坪战斗。大坪战斗，我军共击垮敌保三团一个营又一个连，以及霞寨、大坪和小坪自卫队，计毙敌排长2名、士兵8名，伤10多名，敌士兵趁机开小差数十名，缴获捷克式机枪1挺、长短枪数十支、子弹1000多发。而我军仅1名班长牺牲，6名士兵负伤。大坪战斗的胜利，大大地削弱了敌人的力量，动摇了国民党在平和的统治根基。

大坪战斗的胜利，也是人民战争的胜利。大坪战斗时逢盛夏季节，就在敌我双方争夺七岭湖山的激烈战斗中，炽热的太阳直晒得阵地发烫，在我指战员又饥又渴之际，大坪乡的群众冒险奋勇加入支前队伍，肩挑手提，送来大量的饭菜和茶水，又用担架从阵地上抬运伤员。大坪的人民群众为保证战斗的胜利，在后勤保障方面立下了汗马功劳。

大坪战斗结束后，国民党平和县县长易衡眼看大势已去，败局已定，为保生命，率领县政府人员，带上档案资料等，从九峰出发，绕道大溪、安厚等地逃到小溪，把县署设在三井洋行。尔后，易衡向国民党省政府辞职，平和县县长由张介义接任。

（二）金京洋战斗

大坪战斗胜利结束后，边纵十九团拉回大坪圩集结，然后辗转移驻平和坂仔乡基点村金京洋休整，国民党反动当局出于对大坪战斗惨败的报复，于7月8日派出省保三团三营偷袭我十九团驻地。当时情况相当危急，团长张振顺立即指挥全团指战员迅速登上山头，控制制高点。面对敌人强大的火力，我方采纳中共闽南地委常委、组织部部长陈天才的正确意见，坚守山头，等待天黑后再寻找机会安全转移。下午3时左右，敌军头目20多人在距我方阵地700米远的一个山头召开阵前会议，我军趁机集中部分步枪和机枪，向该敌阵地猛烈射击，当场击倒敌保三团副团长兼三营营长李济芳等2名保安团官兵。敌军群龙无首，纷纷逃避散开。我军十九团副团长张振才为了观察敌情，不幸胸部中弹，光荣牺牲。敌我相持，天色渐暗，夜幕降临，敌军先行撤退，我军也采取梯次掩护，撤出阵地，向我山内根据地转移。

金京洋战斗，是解放战争时期敌我双方在平和境内的最后一战。此战我军粉碎了敌人的偷袭阴谋，打退敌人多次的进攻，击毙反共老手李济芳，迫使省保安团和刘汝明残部撤离平和，大大地动摇了国民党在平和的反动统治。此后，国民党县自卫队也只能据守在九峰、小溪两个集镇了。我军在大坪战斗和金京洋战斗的胜利，使霞寨、坂仔、南胜等地相继得到解放，平和县广大山区和农村，大部分为我所控制。同时，南下解放大军入闽的节节胜利，更是使政治军事形势发生了急剧变化，这就为平和的和平解放，建立人民民主政权，奠定了有力的基础。

三、策动起义和平解放平和县

中共闽南地委、边纵第八支队司令部，为适应革命形势发展的需要，经会议研究确定，比照 1949 年 6 月 23 日边区党委指示，饶和埔原平和县属的地区归中共平和县委管理，同时成立军事管制委员会。8 月 1 日，中国人民解放军平和县军事管制委员会在芦溪成立。陈天才为主任，张水满为副主任（未到职），军管会下设秘书室、公安科、财政科、文教科。8 月 15 日，平和县军管会由芦溪迁至霞寨大坪西爽楼办公，二区、四区党委和政府同时宣告成立。

随着革命形势的迅速发展，平和许多革命青年和学生纷纷到县军管会报名参加革命工作。经中共闽南地委批准，中共平和县委和县军管会决定，以原有芦溪政工队以及抽调工团和部队一些骨干为基础，组成平和政治工作团。1949 年 9 月 5 日，在大坪庙后岭大坪小学礼堂正式宣告成立平和政工团。县政工团政委由地委常委、组织部部长、县委书记、军管会主任陈天才兼任，张苏生为团长，叶活水为副团长。政工团在大坪的 10 多天中，团员人数发展到近百人。

县政工团成立之初便召集霞寨、大坪、小坪等地的国民党保甲长开会，晓以大义，对他们讲解《约法八章》，要求他们听从县军管会的命令,遵照实行。团员们还分头到四乡各村调查了解社会阶级情况,开展宣传活动和借粮筹款等工作。在短短时间内,共为军管会向本地区的一些富裕户筹借到白银计1000多元。县政工团在西爽楼及其他许多村庄,多次与当地群众举行联欢晚会,表演短剧、杂技和歌咏等节目,干部与群众的关系十分融洽。解放小溪前夕,政工团还在大坪圩举行过一场较大规模的文艺演出。政工团的建立,为平和的解放、接管、政权建设和支前工作,培训并提供了一大批骨干。

平和县军管会根据上级党委关于"要采取一切措施,早日解放平和"的指示,结合平和的实际情况,为避免战争的破坏,保护人民生命财产安全,决定与国民党平和县政府进行和平接管的谈判,并以县军管会主任陈天才的名义写信给国民党平和县县长张介义。在胜利大局的影响下,张介义接受我方建议派出大诚中学校长张景尧为代表,与县军管会全权代表邱铁汉,于9月8日在坂仔乡林士连家中,进行第一次谈判。由于张介义当时对共产党的政策尚存疑虑,提出保留军队和安排一切工作人员等条件,谈判未达成任何协议。

在此期间,小溪地区的情况十分复杂。因有国民党刘汝明兵团一个营部驻扎在育英小学,再加上有新拼凑的靖和纵队陈秀林部三个连的驻防,张介义对谈判发生动摇。但不久,刘兵团人马仓皇撤走,靖和纵队也撤往南胜,后又溜到诏安,情况发生急剧变化。同时,随着南下解放大军势如破竹,长驱直入,挺进闽南,以及县独立大队的发展壮大,对小溪形成包围的态势,这就促使张介义又派代表到大坪找县军管会,要求继续谈判。我方同意其要求,于9月13日再派邱铁汉、陈芸生为代表,到小溪大诚中学与张介义的代表举行第二次谈判。我方代表郑重地宣布我军管会研究确定的《约法三章》。张介义经过反复考虑,最后表示:愿意接受我方提出的条件,并决定于9月17日起义,欢迎我军入城接管。和平谈判结束后,我军管会立即召开会议,制订方案,调动和集中军队,并从一、二、四区召集部分干部,充实接管人员队伍,做好接管的各项准备工作。9

月16日，张介义又派代表到县军管会，落实我方接管方案。1949年9月17日下午，平和县军管会工作人员和县独立大队，浩浩荡荡从大坪步行出发，行至枫埔路上，受到对方谈判代表张景尧及小溪各界人士的迎候。稍事休息之后，我接管队伍又继续向小溪前进，县独立大队300多人，按计划分路定点驻防，各就各位，控制小溪城。在此之前，陈芸生已提前秘密进入国民党平和县政府驻地——小溪三井，协助张介义做好起义移交工作。当晚9时，陈天才率军管会工作人员进驻三井，清点接受武器弹药，计有轻机枪4挺、长短枪200多支、子弹数万发，并换上我方的岗哨。翌晨，县军管会全体军政人员，受到小溪镇人民群众的热烈欢迎和亲切慰问。县政工团分组到街头巷尾进行宣传，并张贴县军管会的布告《约法八章》；同时，以张介义名义印发《告全县各乡镇父老同胞书》，敦促各乡、镇、保长做好工作，静候接管。

平和县的解放，标志着平和人民在伟大的中国共产党的领导下，经过23年英勇顽强、艰苦卓绝的革命斗争，前仆后继，不屈不挠，红旗不倒，斗争不息，终于与全国人民一道，推翻了压在平和人民头上的三座大山，取得了新民主主义革命的伟大胜利，并从此进入社会主义革命和建设新时期。

第五章　基本完成社会主义改造时期

第一节　解放初期平和的形势

1949 年 9 月 17 日，平和县军管会和平解放了平和县，顺利接管了国民党政权。随后又成立了中共平和县委和平和县人民政府，着手进行人民民主政权建设，从此，平和的历史揭开了新的篇章。

一、解放初期平和的社会经济政治形势

刚解放时，国民党政权留下的平和，是一个千疮百孔、百废待兴、社会经济落后、生产力低下的农业县。据 1949 年统计，全县总户数 49101 户，总人口 200493 人。据 1953 年统计，全县总户数 51976 户，总人口 230330 人，其中农业人口 221156 人，非农业人口 9174 人。1949 年，全县耕地总面积 3782 万亩，人均 1.89 亩，粮食总产量 7090 万公斤，平均亩产 101 公斤。

在半殖民地半封建的旧中国，平和县广大人民群众深受封建主义、帝国主义和国民党反动派摧残蹂躏，农村经济十分凋敝，民生困苦。农业生产落后，几乎没有现代工业。虽然由于农产品出口的需要，当时榨糖、榨油、烟丝、茶叶初制在平和颇为兴盛，但都只是手工业作坊形式，依靠人力、畜力和简陋的设备进行加工生产。交通闭塞，陆路交通多靠步行，货物运输靠肩挑，水路以木帆船为主要交通运输工具，全县公路里程仅 12 千米。商业凋敝，由于通货膨胀，许多商户倒闭、歇业，市场冷落、萧条。全县私营、个体商业剩下 511

户，从业人员 802 人。教育规模小，只有小学 124 所，中学 4 所，教职员 400 多人，文盲充斥农村。卫生条件差，医疗设备简陋，仅有 3 所卫生院，20 名医务人员，广大农村缺医少药，各种传染病和地方病流行猖獗。

新中国成立前夕，平和兵匪猖獗，敌我斗争形势错综复杂。平和刚解放时，全县各区先后出现了 24 股政治土匪，其活动异常猖獗。平和县各个地方反动的实力集团的头目们，将希望寄托在第三次世界大战和国民党的反攻大陆上，打着“东南人民反共救国军”“中国青年反共救国军”“陆军游击纵队”的旗号，形成一股反动的武装势力。他们与人民为敌，组织应变，制订复辟计划，伺机反扑，乘我新政权尚未巩固之机，与人民政府展开殊死的搏斗。

二、中共平和县委、县人民政府的成立和基层政权建立

（一）中共平和县委、县人民政府的成立

1949 年 9 月 29 日，秦秀峰率领南下的中国人民解放军长江支队第五大队第二中队 44 名干部抵达平和小溪，与地方干部会合。根据上级指示，撤销平和县军管会。中共平和县委相应得到充实加强，增补秦秀峰为县委副书记，崔世源、萧苏为县委委员。

10 月 13 日，平和县人民政府正式成立，由县委书记陈天才兼任县长，何清飘任副县长，崔世源任公安局局长。是日，中共平和县委在中秋埔（现县体育场）召开“庆祝平和解放暨平和县人民民主政府成立大会”。小溪各界人士和人民群众数千人参加这一盛会，热烈庆祝中华人民共和国的诞生和平和县人民政府的成立，热烈欢迎南下干部到平和县工作。会上，陈天才和秦秀峰先后做了重要讲话。

平和是闽南地区最早解放的一个县。为适应工作需要，县政府下设一室四科：秘书室、民政科、财粮科、建设科、教育科。此外，还设有人民银行和税务局。县支前委员会由 9 人组成，设有办事机构“支前办事处”。

（二）基层政权的建立

1949 年 8 月，在芦溪、霞寨、坂仔分别成立第一、二、四区人民政

府。这是全县最早建立的基层人民政权。10月，县人民政府成立时，废除保甲制，建立6个区公所、16个乡人民政府。区公所对应县政府各科局，设有助理员。1950年12月，结合土改，加强基层民主政权建设，到1951年，建立县直属镇阳明镇（琯溪镇）人民政府委员会和125个乡人民委员会。委员会之下设有民政、财粮、生产、文教、优抚等5个委员会，还有治安、护村、防疫等临时委员会，各乡镇还建立农民协会、民兵、青年团和妇联会组织。1950年4月，全县建立乡农民协会130个，农民协会小组1112个，会员1.32万人。1951年，全县建立41个团支部，团员101人。1951年3月，县人武部成立后，整顿和加强民兵组织。当年，全县12个区建立民兵队部，全县计有民兵3722人。1953年，全县普及民兵组织，女青年也参加，民兵达7668人。县公安队（后称民警队）有武装力量60多人。至此，全县的人民民主政权基本自上而下地建立起来。在充分发动群众、发挥群众参政议政积极性基础上建立的基层政权，体现了人民当家做主，政治上彻底翻了身。

县、区两级新政权建立后，县委随即组织工作队深入农村，对群众进行形势教育，宣传党的方针政策，组织农民协会，开展减租减息运动。据不完全统计，从平和解放至1950年上半年，全县向地主减租的佃农有1527户，减回租谷370573斤，全县实际受益农户达5712户。

1950年1月25—28日，县委在县城小溪召开平和县第一届各界人民代表大会，平和县各界人民代表会议是人民参政议政的初期形式及县人民代表大会的过渡形式，初步体现了全县人民在政治生活中的主人翁地位。

三、平和支前工作

平和解放后，全县人民发挥拥军支前，热爱人民子弟兵的光荣传统，积极选送子女参军，做好优抚军烈属工作。为支援南下大军解放厦门和东山两海岛以及抗美援朝运动，平和人民积极筹备粮草，克服种种困难，抢修公路，参加支前工作，踊跃交纳公粮。平和县干部和群众不惧匪敌拦路和拦船抢劫，冒着生命危险，利用陆路肩挑、河道船运，全县共筹措400万斤粮食、800万斤柴草运往前线。在支前工作中，有数名干部和船工遭匪敌袭击和伏击，光荣牺牲。

第二节　接管工作的开展和社会改造

一、接管工作的全面开展

平和县政权的交接既艰巨又复杂，但由于县军管会事先已有严密的分工，又通过文件学习，思想明确，工作上有内容的计划，加上工作人员政治觉悟高，具有高度的工作热情和责任心，重视调查研究和请示汇报，严守纪律，坚守岗位，所以在人手不足和经验缺乏的情况下，仍能较为顺利地完成接管任务。

经过十天的接管，小溪镇社会秩序安定，邮政、电讯、财政、工商、税务、交通、运输等迅速恢复，中、小学校正常上课。同时，县军管会还着手改编起义投诚的两个连队，约100人枪，分别编为平和县独立大队暂编第一连和第二连。县军管会又组织人员接管其他乡镇。9月20日，陈天才以县军管会名义，向驻守在旧县城九峰镇的国民党平和县自卫总团团长朱振丰、警察局局长马祖勳发出“通令”，要他们率部向我军投诚；又于9月29日指派军管会公安科科长赖国文和独立大队副大队长沈重生，率领独立大队第一、第三连解放九峰。通过谈判，朱、马终于按县军管会的要求，把所属军警人员带到指定地点九峰杨厝坪集中，交出4挺轻机枪、30多支短枪、100多支长枪。朱、马所属军警人员170多人，除朱振丰、马祖勳到小溪平和县军管会报到外，其余人员每人发给两块银圆做路费，就地遣散。赖国文等趁势率部接管九峰、崎岭、维新三乡镇，成立第六区人民政府。与此同时，县军管会指派张郁枝、赖其生负责接管大溪、安厚、壶仙三乡镇，成立第五区人民政府；指派卢友信接管坂仔、南胜、五寨三乡镇，成立第四区人民政府；指派黄甘澍代理接管文峰乡，文峰、小溪、山格三乡镇成立第三区人民政府。至此，县军管会完成了全县各乡镇政权的接管工作，建立了6个区人民政府。

二、城乡民主改革与社会改造

新中国建立后，平和即于1949—1953年实行各界人民代表会议制度。出席县各界人民代表大会的代表，由县人民政府提名推荐、聘请，并经群众大会评选。代表们在会议上听取、讨论并通过县委的工作方针和县政府的工作报告。县第一届各界人民代表大会还选出15名驻会代表，负责处理日常工作，沟通政府同各阶层的联系。同时，在城乡积极开展各项民主改革。全县重新建立和健全工人、农民、妇女、共青团、少年先锋队等组织。又建立科学技术协会、工商联合会、归国华侨联合会、卫生工作者协会、个体劳动者协会等。

1949年12月，召开县第一届农民代表大会，成立县农民协会。之后，各乡陆续成立农民协会，基点村成立农民协会小组。至1950年4月，全县已建立乡农民协会130个，农民协会小组1112个，会员1.32万人。

1950年1月，县委成立妇女运动委员会。翌年1月，改委员会为县民主妇女联合会筹委会。8月，召开县第一届妇女代表大会，成立县民主妇女联合会。各区相继成立民主妇女联合会，乡成立妇代会。

1950年4月，成立中国新民主主义青年团县工作委员会(简称团工委)。1951年，全县建立41个团支部，团员101人。

1950年6月，成立县总工会筹备委员会；1951年12月，正式成立县总工会。县总工会属下有教育、财贸2个产业工会；此外还有琯溪海员工会、县邮电局工会、县人民政府工会等9个基层工会，全县会员1225人。

1950年6月1日，小溪小学成立中国少年儿童大队，下设3个中队，队员80人。此后，各中学、小学陆续建立少年儿童组织。

随着县各界人民代表会议制度和全县各社会群众团体的建立，

人民群众在政治上获得彻底翻身，从而使全县的民主改革运动得以顺利进行。

与此同时，平和还在社会上严厉取缔旧社会遗留的吸毒贩毒、卖淫嫖娼、聚众赌博等丑恶的社会现象。

新中国成立后至 1952 年 5 月，全县共查处贩毒案 436 件。1952 年 7 月，成立平和县禁烟禁毒委员会及其指挥部，区、乡层层成立清毒委员会，并确定一、五、六、九区和 18 个乡为清毒重点区乡，开展清毒运动。全县先后召开公审大会 9 场，至 1952 年底，清毒运动结束。全县禁绝种植鸦片，摧毁烟馆 33 个，共缴获鸦片 1361.97 两、毒具 1692 件。运动中，共清查出贩毒犯 124 人。其中，依法判处死刑 2 人、徒刑 15 人、劳役 13 人、管制 78 人，教育释放 16 人。

在肃清烟毒的同时，县公安机关还广泛宣传、明令禁止赌博和卖淫嫖娼。1950 年，查办赌博案件 5 件、赌头赌棍 11 人。1951 年后，全县赌博基本绝迹。新中国成立前存在的嫖娼卖淫活动，在新中国成立后不久即被禁绝。

平和的各级党组织为平和的城乡接管、民主改革和社会改造进行不懈的努力，做了大量的工作。他们团结和依靠平和人民，进行城乡接管、民主改革和社会改造，涤荡旧社会的污泥浊水，迅速医治战争创伤，大力发展生产，建立新的社会秩序，使平和的社会面貌和社会风尚起了极大的变化，使人民民主专政的政权更加巩固，使恢复和发展国民经济工作有了必要的社会政治条件。

第三节　巩固人民民主政权的斗争

平和解放初期，形势仍然十分严峻，新生的政权面临着严峻困难和考验。县委带领全县人民开展轰轰烈烈的剿匪镇反、土地改革、抗美援朝等一系列运动，肃清了旧社会遗留下来的各种残余反动势力，提高了全县人民的政治觉悟，巩固了人民民主政权。

一、平和剿匪和镇压反革命斗争

（一）平和剿匪斗争

新中国成立初期，平和境内土匪活动异常猖獗。平和是和平解放的。各个地方的实力集团根本没有受到触动，原来赖以和共产党做斗争的枪支，依然掌握在他们手中。基层政权的头面人物都还接受他们的秘密控制。这些反动实力集团的头目们，将希望寄托在第三次世界大战和国民党的反攻大陆上。而败退到东山、金门的胡琏、洪伟达、毛森、王盛传等人，也果然陆续派进了少量的武装匪特，搜罗溃散和潜伏的军政党特人员，加以收编，给予番号，建立游击基地，为朝思暮想中的反攻大陆建立桥头堡。在内外因素的作用下，到 1949 年 12 月中旬，全县各区先后出现了 24 股政治土匪，其数目竟达 1590 人枪。其中 3 股巨匪为：九峰曾敬承组织的"平和青年反共救国军闽粤边区司令部"，司令曾敬承；南胜陈德卿组织的"东南人民反共救国军漳州军分区指挥部平和支队"，支队长陈德卿兼指挥部副指挥；西溪乡李亚海组织的"陆军十二兵团第四纵队"，司令李亚海。此外还有较小的 21 股土匪。他们疯狂活动，到处伏击、杀害革命干部和群众。在短短几个月间，袭击白楼、高磜、东山、后塘等 7 个乡级政府，杀害、活埋区、乡干部、代表、民兵和群众积极分子 58 人，打伤 26 人。破坏重要桥梁 2 座，剪断电话线 3 处。在小溪到文峰、南靖、漳州的航道上，多次设伏抢劫支援前线的运粮船只，破坏当时平和唯一的一条水上运输线路。公然派人送信给新成立的区办事处，威胁区长或告知攻打区办事处的时间。甚至广贴标语，扬言择日攻打县城，赶走共产党。尤其狂妄的是，发动了两起颇具规模的"九峰反革命暴乱"和"南胜反革命暴乱"。还出现小股土匪的打家劫舍和拦路抢劫活动。然而，在县委的坚强领导下，仅用 5 个月的时间，就彻底镇压了两起反革命暴乱，粉碎了所有成股的土匪。逃匿的匪首，也在以后的几个月内，无一漏网地被活捉，或在追捕中被击毙，从而解决了平和的匪患问题。

全县的剿匪工作从 1949 年 12 月底开始至 1951 年 4 月底结

束，历时一年又四个月，计歼灭土匪3大股21小股，活捉匪首23名，当场击毙4名，自杀1名，逃亡1名。活捉匪徒756名，自首匪徒765名，当场击毙66名，逃亡7名，合计歼匪1587名。缴获电台2部、六〇炮2门、机枪9挺、冲锋枪10支、长枪692支、短枪573支、子弹8940发、手榴弹91枚。这一场轰轰烈烈、惊心动魄、生死搏斗的复辟与反复辟斗争胜利结束了。为剿匪斗争献出生命的干群58人，其中国家干部18名，乡干部15名，民兵17名，群众8名。干部群众在剿匪斗争中表现英勇立有功绩的计26名，其中被评为二级功臣的6名，三级功臣的10名，二级模范和三级模范的各5名。

（二）镇压反革命斗争

与大力剿匪相配合，平和城乡广泛深入地开展了镇压反革命运动。朝鲜战争爆发后，国民党遗留在大陆的一批反革命分子一时气焰嚣张，蠢蠢欲动。从1950年12月开始，全县开展镇压反革命运动（简称镇反运动）。截至1951年12月，在这一阶段，共逮捕两批反革命罪犯490人，召开6次公审大会，判处罪犯331人。

1951年12月至1952年5月，为镇反运动第二阶段。重点解决镇反空白乡、边远山区接合部和镇反不彻底的乡。这一阶段，贯彻执行“杀、关、管、放”四管齐下的方针，逮捕一批罪犯。在开展镇反运动的同时，还对全县党政机关和群众团体的工作人员普遍进行一次审查，查清干部队伍的政治面貌，并检举揭发反革命分子，以达到纯洁内部、巩固内部的目的。

1952年5月至1953年5月，为镇反运动第三阶段。开展镇反复查判定，对反动党团、特务分子进行复查登记，认真整顿管制工作，健全各乡治安保卫委员会，解决镇反中遗留的问题。县公安局组织工作组，深入镇反不彻底的8个乡及山区接合部的34个村，深入侦查，追捕外逃反革命分子。其间，还开展取缔反动会道门运动。共取缔反动会道门“同善社”的道坛5个，依法惩办首恶分子7人，教育道徒和受骗的群众退道230人，缴获一批道具和罪证。

在各级党委和人民政府的领导下，县政法部门历经三年，充分发动群众，沉重打击了土匪、恶霸、特务、反动党团骨干和反动会道门头子。剿匪反霸、镇压反革命运动的深入开展和胜利完成，使全县社会治安全面好转，人民胜利果实得到巩固，为发展生产，顺利进行社会主义建设，开展抗美援朝、土地改革铺平了道路。

二、土地改革运动

作为恢复和发展国民经济的一个基本条件，从 1950 年冬至 1952 年底，党在全国广大农村开展轰轰烈烈的废除封建土地制度的土地改革运动。

（一）土改前平和县的土地基本状况

新中国成立前夕，平和县总人口为 218978 人，总户数 49909 户，总耕地面积 378242 亩。其中地主 9043 人，占总人口的 4.12％；1466 户，占总户数的 2.93％；占有耕地面积 39435 亩，占总耕地面积的 10.42％。地主兼工商业 2557 人，占总人口的 1.17％；户数 440 户，占总户数的 0.88％；占有耕地面积 10637 亩，占总耕地的 2.8％。富农人口 6370 人，占总人口的 2.9％；户数 936 户，占总户数的 1.88％；占有耕地 15439 亩，占总耕地的 4.08％。其他阶层的农民，包括小土地出租者、中农、贫农和雇农等，共有 201008 人，占总人口的 91.81％；占有耕地面积 229524 亩，占总耕地的 60.71％。另外，还有封建公田 83207 亩，占总耕地的 21.99％。总之，当时占全县农业总人口大多数的农民，每人平均只有 1.1 亩土地，而占总人口极少数的地主、富农，每人平均却占有 3.6 亩土地。

平和县不仅土地所有制不合理，而且社会基础相当复杂。新中国成立初期，全县 9 个区有 125 乡，即有老区乡、新区乡，又有土匪暴乱乡和宗派严重乡。老区人民在长期的残酷斗争中，革命传统得到发扬，政治基础较好，且在土地革命时期建立过县、区、乡苏维埃政权，打过土豪，分过田地，享受过革命的胜利果实，因此他们迫切要求进行土地改革。新区的广大群众经过一年多的宣传教育，减租减息，剿匪反霸，抗美援朝，阶级觉悟有了提高，对土地改革也要求很迫切。所以说，土地改革是新民主主义革命的一个重要问题，也是解决农民的一个根本问题。

(二)土改运动的全面开展

1950 年 6 月 30 日,中央人民政府公布了《中华人民共和国土地改革法》。此后,平和县的土地改革运动按照上级的统一部署,分为三批进行,贯彻“依靠贫农,团结中农,孤立富农,消灭地主”的政策,工作分为 4 个步骤:1.宣传发动,组织农民协会,并澄清各阶级土地占有情况;2.评阶级成分;3.分配土地及其他成果;4.颁发土地证,建立基层政权。分配土地以乡或相当于乡的行政村为单位,在原耕地的基础上,按土地数量、质量和位置远近,用抽补调整方法,按人口统一分配,先分配给无地或少地的贫雇农每人一份土地,中农的土地一般不动,个别佃耕多的进行抽补,征收富农多余或出租的土地,地主也按人口分给同等一份土地,自己耕作,自食其力。时间从 1951 年 1 月起至 11 月止,全面完成全县的土地改革任务。

1950 年冬,平和县委派 10 多位同志到地委党校培训,学习有关土改的法规、法令和政策。他们从地委党校培训回来后,再加上县委抽调的计 40 多人,组织成为县的第一批土改工作队,分别到第一区的阳明、南溪、玉溪、白楼、隆庆等 5 个乡搞试点。

第一批 5 个乡,有 2404 户 11116 人,这 5 个乡作为培训干部和摸索经验的试点乡。5 个乡的土改队进村后,坚决执行依靠贫雇农,团结中农、孤立富农,彻底消灭地主阶级的路线和政策,召开贫下中农代表会、妇女会、民兵会,组织贫苦农民回忆对比和算账,认清地主阶级的剥削本质,启发群众的阶级觉悟,激发他们的斗争热情,使他们明确了是非,与地主阶级划清了阶级界限,5 个乡有 10600 个贫下中农斗争了 36 个地主。5 个乡有 71 户地主交出 26 支长枪、40 支短枪、2307 发子弹,有的运回了转移的财产,报出隐瞒的土地,土改队根据政策,进一步发动群众,评阶级成分,根据剥削年限、剥削程度,5 个乡评封建地主 90 户,地主兼工商业 11 户,工商业兼地主 42 户,富农 50 户,利贷生活者 3 户,资本家 43 户,中农 839 户,贫农 972 户,雇农 38 户,小土地出租者 102 户,自由职业者 5 户,小贩 139 户,商人 17 户,迷信职业者 5 户,工人 18 户,游民 3

户，其他 27 户。没收、征收地主的五大财产，从实际出发，分配给贫下中农。5 个乡没收 143 户地主的土地 3328.57 亩，征收 93 户地主的土地 2051.18 亩，池塘 6 口，耕牛 83 头，农具 520 件，房屋 352.5 间，粮食 494779 斤。经过分配果实，土地改革后，地主富农人均分地 1.31 亩，中贫农等人均分地 1.68 亩。于 1951 年 4 月底完成了第一批 5 个乡的土地改革试点工作任务。

第二批土改是在总结第一批经验的基础上进行的，这一批有 16 个乡，7570 户 29980 人。土改队的力量有军队 135 人，县区干部 46 人，加上乡干部积极分子 46 人，计 227 人，16 个工作队。于 1951 年 5 月上旬进村，是时春荒严重，工作队一面做好救济工作，一面发动群众开展生产，结合镇压反革命。第二批土改分为四个阶段进行：第一阶段，工作队进村，依靠贫雇农、团结中农，宣传抗美援朝，结合剿匪反霸，整顿基层组织，扩大农民协会队伍。第二阶段，6 月上旬到中旬，发动群众回忆对比，进行划阶级评成分，斗争不法地主。第三阶段，6 月 20 日至 7 月中旬，征收没收地主土地、财产，清丈评产。第四阶段，7 月中下旬，分配果实、土地，健全组织，开展生产。

第三批，全县全面铺开，共有 104 个乡，40045 户，同样有新区、老区、暴乱区和土匪活动区，面积宽，规模大，情况复杂，很不平衡。其中，属于镇压反革命彻底，群众发动充分，基层组织纯洁，贫下中农领导占优势的一类乡有 16 个；属于镇反不彻底，群众发动不充分，有些基层组织不纯的二类乡有 53 个；属于群众基本未发动，反革命未镇压，基层组织被敌人操纵的三类乡有 35 个。

这一批是全县土地改革运动的关键，为了顺利地开展，县委领导分区包片指挥。全县抽调 1130 人（包括部队 570 人），组成声势浩大的土改大军同时进入 104 个乡。由于有了第一、二批土改的经验，人民解放军的援助，县委领导的加强，这一批基本上按照计划的方案步骤进行。截至 11 月 20 日，完成了全县的土地改革任务。

在以上三批的土地改革运动中，全县共没收征收了封建土地 152273.60 亩，占总面积的 39%，房屋 7003 间，耕牛 1305 头，农具 32361 件，余粮 361.24 万公斤，家具 6135 件。也就是说，在中国共产党的正确领导下，平和县通过土地改革运动，彻底消灭了2000多年来的封建剥削制度，树立了贫雇农在农村中的政治优势，进一步巩固了以工农联盟为基础的人民民主政权，真正实现了历代无法实现的土地变革，平均了地权，实现了“耕者有其田”的夙愿。

三、抗美援朝运动

1950年6月，朝鲜内战爆发。美国随即打着联合国的旗号派兵进行武装干涉，发动对朝鲜的全面战争，并派遣第七舰队入侵台湾海峡。新中国的国家安全受到严重的外来威胁。

在这一危害关头，中共中央毅然做出了“抗美援朝，保家卫国”的决策，派遣中国人民志愿军赴朝作战。平和和全国各地一样，一场轰轰烈烈的抗美援朝运动迅速在全县蓬勃展开。

1950年10月，成立平和县抗美援朝分会。抗美援朝运动一开始，县委就组织开展抗美援朝思想教育，全县掀起了爱国主义和国际主义时事教育和学习热潮。从而，使平和人民充分认识到“抗美援朝，保家卫国”，是每一个公民义不容辞的真正的爱国行动。平和各地出现父母为儿子、妻子为丈夫以及兄弟争相报名参加志愿军的热潮。在校青年学生有208人报名，工人积极开展爱国增产竞赛，农民积极投入土地改革运动，踊跃交纳公粮，工商界踊跃纳税，武装、公安人员积极消灭匪特，安定社会秩序。全县人民团结一致，同仇敌忾，以实际行动为抗美援朝、保家卫国的神圣任务而斗争。

1951年4月20日，平和县第一届抗美援朝各界人民代表大会胜利闭幕。为了深入、广泛地开展抗美援朝运动，全县召开群众大会177次，小会500次，参加座谈会人数有137280人，举行示威游行规模较大的有6次。参加游行总人数110373人，占全县青壮年的90%以上，其中男性69137人，女性41236人，是平和县历史上空前规模的爱国主义运动。

1951年8月，全县掀起缔结和平公约的签名高潮，全县共有114552人参加投票反对美国武装日本和签名支持世界和平理事会决议，要求美、苏、中、英、法五大国缔结和平公约，有96%的户订立爱国公约。1951 年 5 月 20 日公布的全省总献金 25 亿元(旧币,原 1 万元折现人民币 1 元),平和县捐献 1 亿多元(旧币),占全省捐献金额的 1/25 强。到 9 月 18 日止,平和共捐献 26 亿多元(旧币),稻谷 104.3404 万斤(当时粮价每斤 500 元,折现人民币 5 分),超额完成捐献任务。为了表达对志愿军的崇敬和爱戴之情,鼓励他们英勇作战,共同向志愿军发出慰问信 320 件、慰问袋 200 件。同时,全县共组织 635 个代耕队,解决烈军属劳力缺乏问题,解除志愿军战士的后顾之忧。

平和通过轰轰烈烈的抗美援朝运动,全县人民的爱国热情空前高涨,政治面貌焕然一新,有力地推动了土改、剿匪、镇反、支前、生产等中心工作,加速了社会主义建设步伐。

第四节　恢复地方经济和基层党组织建立与发展

一、地方经济的恢复和初步发展

在新民主主义改革不断深入的同时,中共平和县委围绕恢复和发展生产这一中心工作,开展了包括经济、政治、思想、文化等多方面的新民主主义建设。

(一)稳定物价、解决人民吃饭穿衣问题

新中国成立前夕,由于国民党政府发动内战,粮价狂涨,各种物价也随之飙升。

新中国成立后,私营粮店照常经营,根据中央稳定物价的指示,县人民政府采取措施,分别设立工商行政、物价、计量等专门机构,加强对工商业和集市贸易的管理、监督,打击投机倒把,维护合法经营和市场秩序,促使市场物价稳定。1949 年底,县人民政府为了加强粮食管理工作,成立一揽子的贸易公司(后改设粮食专业公司),开始有国营粮食部门。1951 年,粮食一度紧张,县人民政府及时调拨 25 万公斤粮食,由粮食贸易公司销售,稳定了粮价。1952 年 7

月，县成立国营粮食公司，经营商品粮食，控制市场粮价，打击投机倒把，保证粮食供应。同时，陆续成立百货支公司、食糖收购组、食品收购组、花纱布公司、小溪工人消费合作社。国营商业初步控制粮食、油料、棉布、大百货的采购与批发业务。当时，通过抛售大米、油料、棉布、大百货等主要物资，打击投机倒把、平抑物价，并开始利用圩场、庙会组织举办城乡物资交流大会，疏通流通渠道，活跃城乡经济，解决人民群众的吃饭穿衣问题。在扩大城乡交流中，国营商业发挥了重要领导作用。

（二）恢复生产繁荣经济

平和是个农业大县，但因封建土地制度的束缚和长期的战乱，整个农村经济处于凋敝状态。水利设施简陋，抗灾能力低，旱涝灾害频为祸患。新中国成立后，县委和县人民政府把农业的恢复看作整个国民经济恢复的基础，强调发展农业是头等大事。通过土地制度的变革，采取组织互助组、兴修水利、发放农贷、城乡交流等一系列措施，帮助农民改善生产条件，发展农业生产。

平和县的土地改革运动，使广大农民摆脱了封建土地制度的束缚，焕发出了前所未有的生产积极性。通过土改，有 9.7 万名农民分得 16.1 万多亩土地和大量生产资料，这就为改善农民生产条件，恢复生产和繁荣经济提供了重要的物质基础。全县广大农民还兴修水利，扩大灌溉，努力垦复荒地，扩大面积。1951 年全县耕地总面积为 39.29 万亩，比 1949 年增加 1.47 万亩，增长 3.55％。

农业的恢复，是国民经济一切部门恢复的基础。县委、县人民政府支持和鼓励农业生产的政策措施之一，是发放和扩大对农业的贷款。1950 年 3 月，县人民政府财政科拨出 30 万公斤粮食，用“以实折现”的办法，首次发放农业贷款，随后改为“贷现收现”的办法，到年底共发放贷款 6.5 万元。1951—1954 年，共发放农业贷款 180.7 万元，对安定农民生活、发展农业生产、繁荣农村经济起了积极的作用。在支持和鼓励农业生产的同时，县委和县人民政府还大抓行政经营的节减，使地方财政收入大幅度增加。

从平和解放至 1952 年短短的 3 年时间的艰苦努力，平和的经济得到迅速恢复和发展。全县1952年地方生产总值2674万元，比1949年的2019万元增长32.4%，年递增9.8%。全县1952年工农业总产值3852万元，比1949年的2996万元增长28.6%，年递增8.7%。其中1952年农业总产值3697万元，比1949年的2935万元增长26%，年递增8%。畜牧业和林业生产都有较大发展。全县城乡市场活跃，购销两旺，物价稳定，人民生活明显改善。县财政状况良好，文化、教育、卫生、交通等事业得到较大发展。全县经济的恢复和发展，为全面从新民主主义向社会主义过渡准备了条件和打下了基础。

二、整党建党和"三反""五反"运动

平和县是福建省较早建立党组织的县份之一。1926年冬成立平和县第一个党支部，有党员20名，到1927年有5个党支部，党员80名。1937年发展到80个党支部，党员400余名。至1941年共有92个党支部，因部分党员随新四军北上抗日，留下的党员有396名。新中国成立前，因环境复杂，许多地下党员同组织失去联系，1949年底登记，全县仅有党员99名。

（一）基层党组织的建立与发展

平和解放后，党的基层组织重新建立。1950年，仅有11个党支部，成员主要由平和当地党员、南下干部党员和从部队转业的党员三部分组成。作为农业大县，平和农业人口占绝大多数，党的工作重点主要在农村，为了贯彻执行党的中心任务和路线、方针、政策，在农村必须有广泛而又坚强的基层党组织保证。土改后的平和农村面临的社会主义改造和社会主义建设的艰巨任务，对在农村建党提出了迫切的客观要求。

根据中共中央的指示精神，县委注意从剿匪、土改、镇反等一系列运动中，考察和培养工农积极分子，吸收入党入伍，充实党政班子。从1949年至1951年，先后提供担任区主干人选49人，吸收为区干部375人。1952年10月，举办第一期区乡干部积极分子建党训练班，学习25天，从中发展新党员48名。同时，部署县直机关开

展为期两个月的整党建党学习,从中发展新党员13名。1952年底,全县有党员176名。1953年,进行地下党员登记工作,并发展一批新党员,到年底全县共有党员413名。截至1954年,全县党支部从1950年的11个发展到113个,其中农村94个,机关企业事业19个。1954年起,县委贯彻"积极慎重"的建党方针,重点发展农业战线上的党员,至1956年底全县党员增至2997名,其中农村党员由1954年的600名增至1800名,建立农村党支部150个,党员队伍进一步壮大,党的基层组织进一步发展,党的组织建设取得很大成绩。

通过整党建党,平和党组织、党员队伍不断发展壮大,基层政权进一步巩固。平和的基层党组织成为领导农村开展社会主义革命和建设的坚强战斗堡垒,为党的中心任务和路线、方针、政策的贯彻执行提供了可靠的基层组织保证。

(二)"三反""五反"运动

1951年12月1日,中共中央做出《关于实行精兵简政,增产节约、反对贪污、反对浪费和反对官僚主义的决定》。1952年1月4日,中共中央下达限期发动"三反"运动的指示。

县委认真贯彻中共中央指示精神,按照中共福建省委的部署,1952年5月,成立专门的领导机构,在全县机关、企事业单位开展反对贪污、反对浪费、反对官僚主义的"三反"运动,采取发动群众检举揭发、教育本人坦白交代的办法,共查出有贪污行为的229人,其中贪污千元以上的12人,受处分37人,清出贪污款计3万多元。1953年1月,在私营工商业中开展反行贿、反偷税漏税、反盗骗国家财产、反偷工减料、反盗窃国家经济情报的"五反"运动。通过"三反""五反"运动,对干部群众进行爱国遵纪守法的教育,加强了党和国家的建设,树立廉洁朴实的社会风气,保护了国家和人民群众的利益,巩固了社会主义制度。至1952年,全县社会总产值、工农业总产值和人均收入分别增长17.1%、8.7%和12.2%。在"五反"运动取得胜利的基础上,县委部署对全县工商业的社会主义改造。

第五节 总路线的宣传贯彻和“一五”计划的实施

一、党在过渡时期总路线的宣传贯彻

党在过渡时期总路线是“一化三改”“一体两翼”的总路线。“一化”是逐步实现国家的社会主义工业化；“三改”是逐步实现国家对农业、手工业和资本主义工商业的社会主义改造。它的主体任务是逐步实现社会主义工业化。两翼分别是对个体农业、手工业的社会主义改造以及对资本主义工商业的社会主义改造。主体和两翼是不可分离的整体。

（一）总路线的宣传教育

1951 年开始，县委大张旗鼓地宣传过渡时期总路线和“三大改造”，采取先试点，后推广和典型示范的办法，对农业、手工业和资本主义工商业的生产资料私有制进行社会主义改造（简称“三大改造”）。在运动中，多采用回忆对比、算账教育的方法。县委多次举办骨干训练班，召开县区乡三级干部会，学习党的政策文件，检查工作，总结交流经验，指导运动顺利进展。通过创办互助组、合作社，把农业、手工业者劳动群众个体所有的私有制，基本上转变为劳动群众集体所有的公有制。通过公私合营和合作社等途径，把资本家所有的资本主义私有制基本上转变为国家所有即全民所有的公有制。到 1956 年底，全县“三大改造”基本完成。在全县经济中，全民所有制和劳动群众集体所有制这两种形式的社会主义公有制，已经居于绝对统治的地位。1956 年同 1952 年相比，在全县的工业总产值中，国营工业和供销合作社工业，由 75.4％上升到 90％，国家资本主义工业由 0 上升到 10％，私营工业由 24.6％下降到接近于 0；在商品零售总额中，国营商业和供销合作商业由 8.5％上升到 66.6％，国家资产主义商业由 0 上升到 23.8％，私营商业由 91.5％下降到 8.6％。

(二)"一五"计划的制订实施

1953年,县委根据中央和省委制定的方针,主持制订了1953—1957年第一个五年计划。

1.针对平和老区受国民党摧残破坏特别严重的情况,县委把恢复和建设老区列为工作重点。从1953年到1955年,共投放修建款24.17万元,使老区人民基本上能重建家园,发展生产。

2.为了发展平和的现代工业,县委确定"优先发展工业,围绕农业办工业"的方针,先后创办了一批国营地方工业。现代工业迅速兴起,至1957年以国营工业企业占主导地位的现代工业初步形成,全县共有全民所有制工业企业38家。38家企业的职工有1025人,产值380.76万元,占全县工业总产值486.7万元的78.2%,利润6.60万元。

3.在农业上,县委引导农民改变耕作粗放、不治虫、靠天吃饭等旧的习惯,推行精耕细作、改良土壤、更换良种、增施农家肥、及时防治病虫害等一系列新的技术措施,促进农业显著增产。

4.实行粮食统购统销政策,加强了粮食市场的管理,为有计划的经济建设创造最基本的条件。1953年,根据中共中央的决定,在全县范围内实行粮食统购统销政策。农民在完成国家征购任务后,才能到统一开发的集市出售。

5.加快发展交通运输业。1949年10—12月,对旧有的琯荆线小溪到洪濑口路基进行修复改建。1950年下半年至1955年12月,对旧有的琯城至九峰路基进行三次修复改建,形成了牛柏线公路,为平和通往漳州和广东打下基础,初步改变了平和县交通落后状况。航运业继续发展,1953年初,成立琯溪航运站。1956年成立木帆船运输社。

6.大力发展教育文化事业。县委将教育列入重要议事日程,努力恢复和发展教育事业,大力兴办学校,提高全县人民的文化水平。1957年,全县有小学362所(其中民办179所),比1949年增加238所;学生2.98万人,比1949年增加1.8884万人;教职工884人,比1949年增加503人。1950年开始放映有声电影,1953年开始架设有线广播，1953年县文化馆主办文艺刊物《平和文艺》。到1958年"全县有15.85万个业余诗歌作者，实现'文化诗歌县'"。1953年有农村业余剧团23个，1958年增至86个。

7.广泛开展群众性体育活动。1953年，县举办首届体育运动会。积极开展职工体育活动，至1957年，全县建立37个基层体育协会，拥有职工会员2000余人。农村体育日益活跃，传统项目获得扶植发展。

8.重视发展医药卫生事业。1950年2月，建立县人民医院，并在城乡全面开展预防接种和计划免疫工作。1951年，推广新法接生。1952年设立区级公立卫生所，1953年创办妇幼保健站，1956年建立专业防疫机构，乡村缺医少药的状况有了较大改变。

总之，在第一个五年计划期间，全县创办了一批现代工业，兴修了一批农田水利工程，普及农村商业网点，发展文教卫生事业，经济蒸蒸日上。工农业总产值平均每年递增7.7%，粮食总产量平均每年递增5%，1956年每个农业人口平均占有粮食465.5公斤。城乡市场物资丰富，社会稳定，人民群众安居乐业。到1957年全县第一个五年计划的各项指标都已提前超额完成，为平和县的经济建设打下良好的基础。

二、中共平和县第一次代表大会的召开

平和县通过土地改革，抗美援朝、"三反""五反"运动和在基本完成"三大改造"的基础上，开始全面建设和发展社会主义，在经济、政治、文化等方面进行新的探索。在这一重要的历史时期，召开了中共平和县第一次代表大会。

1956年5月18—22日，中共平和县第一次代表大会在县城召开。出席会议的有正式代表196名(其中男185名、女11名)，列席代表32名，计228名，代表全县1769名党员。会议听取、审议和批准了县委第二书记杜庆荣代表中共平和县委向大会所做的《平和县委六年来工作报告》，讨论和通过了县委副书记程兆喜代表中共平和县委所做的《为提前和超额完成第一个五年计划而斗争》的报告，

讨论和通过了县委监委会副书记汪熙晋代表中共平和县委监委会所做的《党的监察工作报告》。

大会一致认为,县委六年来,在党中央和上级党委的直接领导下,贯彻执行党的各项方针政策,团结全县人民,发扬光荣的革命传统,继续完成民主革命,恢复和发展了生产,在社会主义革命的道路上已取得了决定性的胜利。

大会在充分讨论的基础上,选举产生了中共平和县第一届委员会委员 23 名,候补委员 2 名;选举汪熙晋等 9 位同志为县委监察委员会委员,汪熙晋兼任县监委书记;选举县监委候补委员 3 名;选举陈源、杜庆荣、何柚(女)、林清福、葛全德、杨焕火、秦秀峰为出席中共福建省第一次代表大会代表。大会通过了《中国共产党平和县第一次代表大会决议》,随后召开中共平和县第一届委员会第一次会议,选举产生书记 1 名,第二书记 1 名、副书记 1 名、常委 6 名。书记刘尚贤,第二书记杜庆荣,副书记程兆喜,常委张全成、陈源、叶文簇、汪熙晋、沈亚发、魏寿礼。

第六节　社会主义改造的基本完成

随着党在向社会主义过渡时期总路线的提出以及发展国民经济第一个五年计划的制订和逐步实施,中共平和县委按照中央的一系列指示和部署,在党的社会主义改造方针的指导下,有系统地全力推进对农业、手工业和资本主义工商业的社会主义改造。到 1956 年,全县基本上完成对农业、手工业和资本主义工商业的社会主义三大改造,实现把生产资料转变为社会主义公有制的任务,标志着社会主义经济制度在平和大地上基本建立起来。

一、农业合作化运动

农业合作化运动,是 1949 年 3 月 15 日召开的中共七届二中全会依据马列主义、毛泽东思想关于改造小农经济的原理和党多年来领导农民在经济领域实行互助合作的经验所制定的一项重大决策，所做出的一项重大举措。

（一）土改后农业互助合作的形成

土地改革后，平和县广大农民群众真正实现了“耕者有其田”的愿望。但大部分个体农民的经济条件十分脆弱，还配不起一套生产工具，生产资金相当短缺，在发展生产上面临着许多困难，仍然无法改变恶劣的耕作环境、条件和改进落后的生产技术，仍然无法使农民通过积极的劳动、自身的努力走上丰衣足食的道路。在当时，发动个体农民组织起来，不仅是有必要性，而且具有可能性。

1951 年 9 月 9 日，中共中央召开了第一次农业互助合作会议，通过了毛泽东主持制订的《中共中央关于农业生产互助合作的决议（草案）》，并于 12 月发给各级党委试行。中共平和县委贯彻执行中共中央该决议精神，引导农民发展生产，走共同富裕的道路，按照“自愿、民主、互利”的三大原则，发动和组织不同形式的互助组。农民为了解决劳力和畜力困难，自愿组织季节性的临时换工、变工的互助组，截至 1951 年底，全县已有临时互助组 262 个，参加农户 1835 户。到 1954 年春，全县有互助组 4158 个，参加农户 3.14 万户，占总户数的 62.76%。其中，常年互助组 1635 个，参加农户 1.32 万户，占总户数的 26.45%。春耕春播及夏收夏种的农忙季节，因为有了互助组，农户缺劳动力、缺畜力的问题也就迎刃而解了，水稻收成得到保障。

1953 年春，中共中央《关于农业生产互助合作的决议》公开发表，使平和县干部群众更加全面、深刻领会和掌握互助合作的政策，因此全县生产互助合作运动更加注意质量，发展的步伐更加扎实。年内，中共平和县委针对互助合作运动存在的问题，对互助组实行整改、巩固和提高。通过春耕前和夏收前的两次整顿，互助组得到进一步巩固和发展。

1953 年，中共中央制定了党在过渡时期的总路线；12 月，中共中央又下达了《关于发展农业生产合作社的决议》。1954 年，中共平和县委大张旗鼓宣传贯彻党的过渡时期总路线，以党的两个关于农业合作化的决议为指导，在农村开展以生产互助合作为中心的农业增产运动。县委把农业合作化运动的重点由继续组织、巩固互助组逐渐转向兴办初级农业生产合作社。截至年底，全县共有互助组4101个，其中常年互助组1551个，临时互助组2550个；初级社由1953年的1个发展到229个。在这一年里，由于平和县十分重视发挥办社的典型示范作用和大力宣传农业社的模范事迹，因此，全县互助合作运动的步伐是稳健的。

1955年7月31日，毛泽东在省、市、自治区党委书记会议做《关于农业合作化问题》的报告，实质上是针对邓子恢关于合作化运动发展不宜过快，要求不能过急的正确意见的错误批判，其结果是把全国合作化运动导向急进。平和县合作化运动虽然是急进的，但是运动的发展还是比较平稳、健康，农业生产力还是继续正常发展的。8月后，平和县农业合作化运动迅猛发展，初级社、高级社大量涌现。到1956年3月，全县共有556个农业生产合作社，44928户，占总农户的87.87%，其中高级社103个，2794户，占总农户数的54.6%。在农业合作化进程中，县委高度重视并切实加强对农业社发展多种副业生产的领导，因此，全县农业合作社绝大部分达到了中央提出的力争90%的社员增加收入的要求。

至1956年底，全县有236个高级社和79个初级社，共有49719户，占总农户的97.55%，基本实现了全县农业互助高级化，标志着平和县农业社会主义改造任务的完成。

（二）供销合作社和信用合作社的建立

1.县供销合作社的建立

在平和县农业合作化发展的同时，供销合作也相应发展。平和县合作总社于1952年4月着手筹建，6月12日正式成立。1955年2月，召开第一届第二次社员代表会，通过《平和县供销合作社章程》，并把平和县合作社联合社改称为平和县供销合作社（简称县供销社）。

1952年建立平和县合作总社时，业务经营分别由推销科和供销科承担，行政与企业经营合在一起，统一核算，经营方式上只限于系统内调拨，对外概不批发和零售。1954 年，县供销社推销、供应两科分别改为经理部，各自独立核算。推销经理部经营农副产品及废旧物资的收购与推销，供应经理部负责农业生产资料、副食品、日用杂货的采购与批发。增设医药经理部，既经营中西药和医疗器材的批发及零售业务，又聘请中医为社员免费诊病。1956 年，供应经理部分成生产资料和生活资料两个独立核算的经理部，医药经理部移交国营医药公司接办，从此大体上奠定了县供销社业务经营分工的雏形。

(1)基层供销合作社

在县供销合作社筹建前，平和县二区的群英、七区的双峰、八区的长乐和秀峰等乡，便出现一批自发社。这些社的参与者，自动凑集股金，或者从没收地主浮财中留下一部分，办起了合作社。1952 年 6 月县供销合作总社成立后，根据供销社组织原则，在全县掀起办社热潮，当年兴办 13 个基层供销合作社。

(2)合作商店、代购代销店

1955 年下半年，平和县以山格和九峰为试点，对农村小商贩进行社会主义改造，组织为合作商店或小组。1956 年，属于供销社归口改造的农村小商贩共组织合作商店 23 个，人员 218 人；合作小组 30 个，人员 286 人。这些合作商店(小组)实行独立经营，自负盈亏，归供销社管理。

1956 年下半年，平和全县始设 55 个代销店。其中，36 个由合作商店派人设立，19 个由供销社出资金，当地农业社推荐农民当代销员，为供销社代销商品，赚取手续费。后来，允许其就地代购小宗产品及废旧物资。

2.信用合作社的建立

1952 年秋，人民银行平和县支行在四区和一区试办信用组。1953 年，平和县各区重点试办一二个信用社或信用组。到 1954 年下半年，全县农村信用社出现大发展高潮，至年底有 144 个信用社，入股社员 5.35 万人，收集股金 8.68 万元。农村信用社在国家银行的领导下，开展农村储蓄，发放低利贷款，帮助贫困农民解决生产、生活的资金困难，打击高利贷的剥削，办理农副产品非现金结算，发挥了稳定金融、活跃农村经济的积极作用。在开展农村储蓄时，有的信用社还采取实物存款的方式。1954 年底，全县农村信用社存款余额 13.2 万元。1956 年末，达 35.8 万元(其中集体存款 11.6 万元，社员存款 24.2 万元)，比 1954 年增长 171.2%。平和县农村信用社在开展储蓄存款的同时，还发放信用合作贷款，主要帮助农民解决购买口粮、肥料、农具和治病的资金困难。在此后的相当长时期内，农业生产合作社、供销合作社和农村信用合作社三种形式的经济组织共同走着互相促进、效益共享的路子，使平和农村的经济逐渐活跃、日益繁荣。

(三)农村水利设施的建设高潮

民国及其以前，平和县历代农民靠开渠挖塘引水灌溉。新中国成立后，平和县重视农村水利设施的建设，又新开挖一批池塘、山塘。到 1956 年，全县有池塘 417 口，山塘 173 口。同时，大力兴建一批引水工程，扩大农田受益面积。其中，受益万亩以上的引水工程有南溪渠道。该渠道从坂仔乡仁山村军营起，至山格乡宝丰村宫仔前，总长 28 千米。受益有小溪镇和山格乡共 11 个村，农田面积 13500 亩。受益千亩以上的引水工程有：(1)民兴渠道；(2)东固陂渠道；(3)双港陂渠道；(4)东鼓陂渠道；(5)新沟渠道；(6)新陂渠道；(7)庵浦渠道。池塘、山塘、圳陂、渠道等水利灌溉设施系统的初步形成，扩大了农田的受益面积，提高了农业生产防洪抗旱能力。

二、对手工业、资本主义工商业的社会主义改造

(一)对手工业的改造

手工业是国民经济的重要组成部分。平和县的工业历来以个体手工业为主。民国及其以前，平和的工业、手工业由私人独资或合资经营。1949 年，全县有私营工业企业 5 家，产值 4.10 万元。1955 年，有私营工业企业 7 家，职工 36 人(其中工人 19 人)，产值 26.30 万元；个体手工业 634 家(包括农民兼营)，其主要产品有棕制

品、土纸、布鞋、皮鞋、毛巾、牙刷等。当时的手工业大多是一家一户分散生产经营,生产的改进和发展受到很大的限制。1950年起,中共平和县委对手工业采取保护、发展、提高的方针,积极扶持手工业生产。1953年,党在过渡时期总路线提出后,中共平和县委加强了对手工业生产的领导,对手工业者进行普遍的总路线宣传教育,使广大手工业者明确党对手工业改造的方针和政策,提高其思想觉悟,有计划有领导地引导其走合作化道路。1954年2月后,县委按照地委的部署抽调得力干部,组建手工业社会主义改造工作队,分行业进入开展组建生产合作社的工作。1955年下半年起,随着农业合作化运动步伐的加快,手工业社会主义改造也逐步掀起高潮。11月,平和县召开手工业生产合作社(组)员代表大会,并成立手工业管理机构——县手工业管理科。1956年10月,平和县成立供销合作总社,加强对手工业生产的指导,并积极引导手工业者组织起来,走合作化的道路。

1956年,在全国社会主义改造高潮的推动下,中共平和县委领导和推动全县手工业进行全面的社会主义改造工作,掀起对私营企业、手工业的社会主义改造的高潮,促使个体手工业逐步过渡为集体所有制企业。至1957年,全县手工业合作工厂、社、组等集体所有制企业有63家,共创产值105.97万元,占全县工业总产值的21.7%。平和县参照创办高级农业合作社的做法,把全县的手工业合作社都办成主要生产资料归集体所有、实行按劳分配的集体所有制企业,基本全面完成手工业的社会主义改造任务。

(二)对资本主义工商业的公私合营改造

对资本主义工商业的社会主义改造,是过渡时期总路线总体布局中的重要一翼。平和私营工业企业的公私合营起步较早。1949年11月,即在县城小溪建起全县第一家公私合营企业——平和碾米厂,1950年下半年又转为地方国营,为全县第一个全民所有制工业。1955年,平和县新光电厂实行公私合营。1956年初,中共平和县委着手开展全面对私营工业企业进行社会主义改造工作,并迅速进入高潮。私营的山格电厂、坂仔双宝碾米厂、九峰铁锅厂、大溪铁厂、小溪酒厂、小溪力新酱油厂、小溪建新糕饼厂都转为公私合营企业。是年，全县有公私合营企业20家，职工240人，总产值59万元，占全县工业总产值的2.2%。1956年下半年，私营的小溪南记印刷厂与县印刷厂合并，直接过渡为地方国营企业，其他公私合营企业也于1958年前后分别过渡为国营或集体企业。公私合营后的工业企业，社会主义的经济成分开始由企业的外部进入企业内部，从而使企业中的生产关系逐步发生重大变化。企业由私有变为公私共有，公方和工人结合掌握企业的领导，资方（企业老板）不再处于支配地位，企业进一步改造成为高级国家资本主义形式的公私合营企业。

平和县的私营商业。民国时期，平和商业以私营的小商小贩为主，夫妻店、父子店多，劳资店（雇用店员、职工）少。1948年，全县有私营、个体商业2068户，从业人员2468人。商户以九峰、小溪二镇居多，南胜、山格、大溪、芦溪等镇次之。1948—1949年，由于货币急剧贬值，农村经济凋敝，许多商户倒闭、歇业。到新中国成立前夕，全县私营、个体商业剩下511户，从业人员仅802人。新中国成立后，私营商业受到政府的保护，全县重新登记、核实发证，有私营商业680户，从业人员1038人，还有农村副业性质的小商贩1621户。当年，私营商业商品零售额427.3万元，占全县商品零售总额的53.4%。

平和对私营商业的社会主义改造采取多种形式。1953年，平和县对私营工商业者实行“利用、限制、改造”的方针，对行业固定、有资金和固定资产，且货源已被国营商业控制的劳资店都实行公私合营。到1956年，全县公私合营107户306人。此外，平和县还建立集体所有制性质的商业组织——合作商店和合作小组。从1955年下半年开始，由小商小贩组织成立合作商店和合作小组，在县城的合作商店、合作小组归国营专业公司管理，在农村的合作商店、合作小组归基层供销社管理。截至1956年，平和县通过改造的各种形式，在全县范围基本完成了对私营商业的社会主义改造。

综上所述，平和县农业、手工业和资本主义工商业社会主义改造基本完成,实现生产资料所有制的深刻变革,社会主义改造取得决定性的胜利。全民所有制和劳动群众集体所有制这两种社会主义公有制形式,已在整个平和的经济中占据绝对优势地位,基本上消灭剥削制度和剥削阶级,完成从新民主主义向社会主义的过渡,顺利地建立社会主义制度。平和与全国一样进入社会主义初级阶段,并从此揭开探索建设社会主义道路的新篇章。

第六章 开始全面建设社会主义时期

第一节 从党内整风到反右派斗争

党的八大提出全党整风，其主题是正确处理人民内部的矛盾。在整风过程中，随着运动的迅猛展开，发生了极少数右派乘机向党进攻的复杂局面。这引起了党中央和毛泽东的高度警觉，立即组织力量对右派分子的进攻进行必要的反击。但由于党对阶级斗争的形势做了过于严重的估计和判断，导致反右派斗争严重扩大化，造成了不幸的后果。

1956年3月，成立中共平和县肃反领导小组，下设办公室，在全县干部中开展历时3年的审干肃反运动。有329个单位分3批进行，共有1.21万人参加审干肃反学习。运动中，有198人被定为反革命分子或坏分子，其中受刑事处分67人，留用改造70人。在开展审干肃反的过程中，县委于1957年2月3—10日，召开县、区、乡、社四级干部1391人参加的整党整风会议，着重解决干部存在的官僚主义、主观主义和强迫命令等不良作风问题。随后县委成立整风领导小组。5月，全县开展以反对官僚主义、主观主义和宗派主义为内容的整党整风运动，重点是县级机关，农村则开展整党整社。在整风中，学习毛泽东《关于正确处理人民内部矛盾的问题》一文和中央有关整风文件，并号召党外人士和人民群众帮助党内整风。6月中旬，发动群众大鸣大放，帮助党内整风。到7月上旬，运动由党内整风转为反右派斗争。机关、企事业单位的干部职工集中学习，召开大会小会，开展批判斗争。在农村中则开展社会主义大辩论。经过大鸣大放，回忆对比，摆事实讲道理，批判错误言论，辩明许多是非问题，提高广大农民和农村干部的社会主义思想觉悟。运动持续到 1958 年夏季。这次活动，目的是批判反社会主义的思潮，回击右派的进攻，在党内外进行坚持社会主义道路的教育。但是，在运动中，把一些人向党的工作和党的干部提出的批评意见错认为是反党反社会主义，有 87 人被错划为“右派分子”，错误地受到开除、降职降薪、留用察看、监督劳动、劳动教养等处理（1979—1985 年，全部给予平反）。

第二节　“大跃进”、人民公社化运动和“反右倾”斗争

1957 年反右派斗争之后，由于党内外民主的缺失和“左倾”情绪的影响，逐步形成了急躁冒进的经济建设指导方针。1958 年，平和县同全国一样开展了轰轰烈烈的“大跃进”运动和人民公社化运动；1959 年又在全县范围内开展鼓干劲“反右倾”运动。

一、农业生产的“大跃进”

1957 年 9—10 月间召开的党的八届三中全会通过了《一九五六年到一九六七年全国农业发展纲要（修正草案）》（简称“四十条纲要”）。11 月 13 日《人民日报》发表经过毛泽东亲自审定的题为《发动全民讨论四十条纲要掀起农业生产的新高潮》的社论，第一次提出“大跃进”的口号。此后，批判“右倾保守思想”，提倡“大跃进”，便成为一股强大的社会舆论。平和县正是从讨论和贯彻四十条纲要开始农业生产“大跃进”的。12 月 20 日，中共平和县委印发《平和县 1956 年至 1967 年农业发展规划（修正草案）》（简称《农业发展规划》），提交全县人民讨论。《农业发展规划》贯彻和体现党的八大精神，坚持实事求是的思想路线，是一个符合平和县实际的、科学的、积极的、全面的农业发展规划。它的制定和公布，说明中共平和县

委致力于尽快改变贫穷落后的面貌,使全县人民早日富裕起来的决心。《农业发展规划》从本县实际出发,提出了农业发展的各项指标和具体的发展生产措施。《农业发展规划》印发后,引起很大反响,全县农民十分关切,展开热烈的讨论。就在讨论过程中,县委又根据中央的指示精神,不切合实际地提出提前3年,甚至提前5年的时间实现四十条纲要,实现平和12年农业发展规划,发出发动农业生产"大跃进"的口号,结果使平和农业生产逐渐偏离正常正确的发展轨道。

1958年3月,平和县一届二次党代会后,全县立即掀起农业"大跃进"的高潮。5月,党的八大二次会议通过毛泽东倡议的"鼓足干劲、力争上游、多快好省地建设社会主义"的总路线。中共平和县委贯彻这条总路线,领导广大干部和群众鼓足干劲、同心协力、扎扎实实发展农业生产,因此,早季粮食获得好收成,有的水稻亩产达到500多斤。

1958年7月开始,在全国"大跃进"形势的推动下,平和的"大跃进"运动由上半年"既有劲,也很踏实"的以农业为中心的工农业生产"大跃进"转变为严重脱离实际、脱离群众的主观主义的空想和盲目蛮干,由高指标引发的"浮夸风"和"瞎指挥风",以及由公社化运动产生的"共产风"相继席卷平和大地,给平和经济的发展及人民的生活造成灾难性的后果。

6月27日至7月2日,中共平和县委召开1509人参加的县、区、乡、社四级干部扩大会议。历时5天的四级扩干会,实际上是一个抛弃实事求是原则、讲违心话、吹牛皮的大会。对于北方小麦亩产几千斤所谓"高产纪录"和县委提出的新的高产指标,与会干部绝大多数是不相信或者半信半疑。会议通过组织大会发言,在一片"高指标"的氛围中互相推动、互相启发,促使各农业社竞放高产"卫星"。如有的乡表示水稻亩产要达到2500斤,地瓜亩产5万斤等。整个扩干会营造一种不良的风气,这就是"跟形势",头脑发热,说大话,吹牛皮。敢吹大话就是有干劲,敢吹牛皮就是先进光荣,否则就是"落后保守",就是"白旗"可耻。这次四级扩干会的召开,标志着中共平和县委在指导思想上背离实事求是的思想路线，在指导农业生产方面，放弃长期积累的成功经验，盲目地实行外地子虚乌有的“创高产，放卫星”的错误做法。

县四级扩干会结束之时，正是夏收夏种之际。县委强制推行晚稻“大株密植”。实际上是不顾水稻生产的通风、采光、气候、土壤等条件，根本违背水稻生长的自然规律。正是把“合理密植”改为“高度密植”，注定了全县晚稻的严重减产。

为了下半年粮食生产更“大跃进”，县委在全县大力进行“创高产，放卫星”的宣传发动，提出“少种高产多收”，大力宣扬“人有多大胆，地有多大产”，“只怕想不到，不怕办不到”，“右倾保守思想无底，解放思想无边”，“胆大可以包天，心红就是先进”。与此同时，在全县开展“处处插红旗，拔白旗”。一些敢于讲真话、敢于公开提出不同意见的干部、群众便被认为是“保守”“右倾”“没干劲”，是“白旗”，并把他们拔掉。有些干部、党团员因对密植思想不通，而被撤职、被开除党团籍。一些老农对密植思想不通，被采取以对待地主的办法对待他们。“插红旗，拔白旗”，强迫命令，搞得人人自危，没人敢说真话实话。晚稻插秧，因为突然改变原定的6寸×7寸的规格，实行2寸×4寸的大株密植，所以造成秧苗大量欠缺。为此，便采取直播倒种春的办法补救，认为这是既省工又解决秧苗不足问题的一举两得的好办法。全县晚季一共推行了1.9万亩的直播倒种春，就是不经过育秧而用早稻种子直接点播在水田里。晚稻插秧结束后，接着在全县范围内搞移苗并丘。8月16—19日，县委召开乡、社、队三级扩干会。在这次扩干会上，县委提出的口号是“亩产达五千斤，山区超平原，决放大卫星，争取上北京”和“超龙溪、越晋江、跨长江、赛孝感，力争全国第一”。这次会议，全县45个乡中有43个乡提出要实现亩产万斤、2万斤、3万斤乡；在“创卫星”方面，计要培养12886亩高额丰产试验田，平均亩产达6.66万多斤，其中亩产20万斤以上836亩。有的乡、社干部还计划培养亩产50万斤、80万斤水稻和亩产100多万斤的地瓜。在生产措施方面，提出“少种、高产、多收”，大搞移苗并丘。据33个乡中的215个社统计，并丘由16215亩并为3433亩，平均4.7亩并为1亩，其中有的为创卫星，把10多亩并为1亩，最多的50亩并为1亩。

秋收季节，虚报产量，“丰收”的喜讯频传，一个个“卫星”上天。1959年1月《伟大的1958年(平和县工作总结)》中就这样说：“粮食产量：1958年达2.8066亿斤，比1957年增长34%，平均亩产达1034.5斤，比1957年亩产623斤将近翻一番。此外，还有1万多亩开荒地收成的地瓜、杂粮和社员自留地所收成的粮食没有计算，就这样我们平和县已经实现了每人平均粮食1000多斤”；“全县出现了579亩晚稻亩产1000斤以上，最高的玉溪大队亩产达3581斤，还有2000斤以上的28.1亩，3000斤以上的3.52亩”；“在经济作物方面，九峰三社烟叶出现亩产1496斤，东溪黄麻亩产2386斤，这两项获得全省最高丰产纪录”。

1958年下半年平和县以粮食为纲的农业生产“大跃进”，概括起来就是思想跃进，“胆大包天”；指标跃进，亩产1000斤、5000斤；措施跃进，“打破陈规”、高度密植、移苗并丘，收成时“卫星”上天，弄虚作假、自欺欺人、虚报产量，“丰收”喜讯频传。这样的“大跃进”不可避免地造成严重恶果。从经济上讲，导致严重的减产。1958年全县“少种7万亩，减少了2800万斤粮食”。从政治上讲，浮夸风、瞎指挥、强迫命令、弄虚作假，败坏党风、民风，造成干群关系紧张，严重损害党和政府的威信。

二、工业生产“大跃进”

1958年1月下旬，平和县农业生产“大跃进”的局面已初步形成。党中央提出“在优先发展重工业的基础上，工农业并举”的方针，同时提出：“在10年至15年内在钢铁和其他主要产品的产量方面赶上或者超过英国；地方工业总产值在第二个五年计划赶上或超过农业总产值；农业生产三五年内赶上或超过当地富裕中农水平的经济发展目标。”县委号召全县人民“以革命的干劲来实现这个伟大的奋斗目标”，提出：“为了支援农业大生产，工业为农业服务也必须大跃进。”

3月27日,县委召开工业会议,会议的中心议题是解决工业如何为农业服务,促进农业生产持久跃进的问题。会上,县委提出要求,在一年多的时间内工业总产值要赶上或超过农业总产值,全县五年实现电气化,争取三年内完成,一百天内解放肩膀,二年内实现乡乡有工厂,社社有加工。县委提出的这个奋斗目标显然是不切合实际的,要求过高过急。但是县委把发展地方工业立足于本县县情,从本县的资源条件和需求出发,提出发展地方工业的方向、道路和办法是正确的,也是符合民心民意的。县工业会议后,广大干部和群众积极响应县委的号召,根据不同地区各自条件,有计划、有步骤地兴办地方工业。县政府主要是抓紧重点工厂的建设,各乡、社主要是搞小型水利站,有计划地修筑乡村板车路,搞车子化、解放肩膀。

1958年上半年,平和工业"大跃进"的重点是发展水电、加工、机械等工业。6月省委扩大会议后,根据省委指示,平和县转向以钢为"纲",在全县开展以钢铁为中心的工业全面"大跃进"。

在6月27日召开的贯彻省委扩大会议精神的县四级扩干会上,县委对开展全民大炼钢铁运动做了深入的思想动员和周密的部署。县委提出,1958年要炼出2万吨铁,其中1000吨钢,到1959年要炼出10万～15万吨铁,其中1万～2万吨钢的任务。

在大炼钢铁中,平和县贯彻执行"全民建炉,全民搞运输"的方针,全县建成大高炉、小高炉、喇叭炉、双胎炉共2000多支,实际投入生产的700多支。全民炼钢铁运动,各种物资运输是个极大的问题。因此,开展全民办交通,组织万人装运。1958年,全县一共发动14万人直接投入大炼钢铁生产运动,用土办法、土设备炼出4800多吨铁,这不能不说是前所未有的奇迹。

1958年,平和县的大炼钢铁运动,是在急于求成"左倾"思想指导下的狂热运动,虽然取得实际成果,超额完成省市委下达的炼铁任务,但总体上是得不偿失的。一方面耗费大量劳力,严重影响农业生产;另一方面耗费大量的森林资源,破坏生态环境,给平和经济发展造成长期的不利影响。

下半年，县委强调继续批判“爱大不爱小”“重洋轻土”“只抓重点不发动群众”的思想，认真贯彻“小土群”的方针。因此土法上马，全民办厂又推向新高潮。全县“遍地开花”，除了大量建铁厂外，还建了明矾厂、硫黄厂、纤维厂、土炸药厂、小农具厂、副食品加工厂等400多个。全县开展群众性自筹自建水力水电站运动，共建成水力水电站113处，其中有7处发电，其他用于碾米、切薯、饲料粉碎等农产品加工。为了适应工农业“大跃进”的需要，大搞道路交通建设，修通南胜至漳浦、大坪至芦溪的公路，着手动工修建国强至大溪、九峰至乐南、山格至三坪的公路，各乡都修建许多板车路。工业“大跃进”中，土法上马，办了许多为了上报的有名无实的工厂，也建了许多没有投入生产的闲置工厂，劳民伤财，造成很大浪费。但是在1958年“大跃进”中，兴修水利、修筑公路、搞水力水电站、建农产品加工厂、农具厂、肥料厂、糖厂等，是深受群众欢迎和拥护的。这些成果为平和工业发展奠定基础和开辟新路子，对平和的经济发展起了不小的促进作用。

三、人民公社化运动

1958年8月，中央政治局在北戴河举行扩大会议，会议做出《关于在农村建立人民公社问题的决议》。8月23日，中共平和县委在山格、芦溪试办人民公社。9月7日，县委提出《关于转办人民公社工作方案(初稿)》，开始在全县范围内开展人民公社化运动。取消区、乡设置，实行政社合一，工农商学兵一体，生产资料和社员自留地一律归公社所有。公社直辖大队、社办企业。国家在农村的银行、粮食、商业、教育、卫生、农林水等部门的单位下放给公社管辖，实行双重领导。生产大队辖生产队和队办企业。“全党动员、全民办社、书记动手”，仅仅经过1个月时间，实现了人民公社化，全县351个高级社，合并成为山格、霞寨、芦溪、崎岭、长乐、九峰、大溪、安厚、国强、坂仔、南胜、五寨等12个人民公社。参加公社的农户52753户，占总户数的99.9%，剩下31户单干农民。人民公社的最大特点，也就是被错误地当成无比优越性的“一大二公”，即社的规模大，公有化程度高。原来的高级社，平均每社148户683人，占有耕地1102亩，而转办成人民公社后平均每社4396户。

人民公社成立后，实行“组织军事化、行动战斗化、生活集体化、劳动社会化”；全县一盘棋，劳力、物资在全公社范围内，甚至在全县范围内统一调配，开展共产主义大协作。在分配方面，实行全公社范围内统一核算、统一分配，采取“伙食供给制加补贴制”的办法进行分配。在供给制方面，实行11包，即衣、食、住、行、生、老、病、死、乐、育、福利（理发、洗衣、缝纫），提倡有条件的公社可把看病、教育、结婚等包下来。具体供给的标准：(1)衣，每人一年一套6元，鞋一双2.5元，计8.5元；(2)食，一年平均每人700斤谷、油8斤、盐12斤（菜自种，柴火自己打），合计伙食费44.6元；(3)住，私有房屋一般不动，按需个别调整；(4)行，目前若因公出差由公社报销，其他暂由个人负责，以后将实行坐车不要钱；(5)生育，产妇假期30～40天，工资照发；(6)老，老人失去劳动力者，如本人愿意，可进幸福院；(7)死，老人死亡，发给若干收殓费；(8)福利，理发不要钱……社员劳动补贴，“按劳分级”，一级一年补30元，二级24元，三级18元，四级12元，五级8元。人民公社实行“组织军事化、行动战斗化、生活集体化”，在全社甚至全县范围内统一调度，采取大兵团作战的方式，实质上就是采取军事共产主义的做法。人民公社在全社范围内统一核算，统一分配，实行供给制，实质上就是搞平均主义，刮“共产风”。人民公社最大的特点“一大二公”，实质上就是“一平二调”。

人民公社化，“一平二调三收款”，刮“共产风”，引起平和农村农民的恐慌和思想混乱，严重地影响农民的生产积极性，造成社会经济生活的混乱与经济损失。全县所有公共食堂初期伙食办得很好，男女老少欢聚一堂，大吃大喝，结果是先吃干饭，后来不得不喝照得出人影的稀饭汤，真是人骗地皮（产量“放卫星”），地皮骗肚皮（无米下锅）。在公社化运动中，一小部分作风恶劣的干部浑水摸鱼，趁机贪污挪用公款，甚至有个别干部侮辱强奸妇女，为非作歹；个别公社还私设劳动队，私设公堂，滥用私刑，违法乱纪。

四、反“右倾”斗争及其扩大化

1959年7月，党中央在庐山召开中央政治局扩大会议，在会议中因彭德怀对“大跃进”、人民公社化持批评态度的一封信，引发一场反“右倾”的斗争。

按照中央和省委指示精神，平和县开展了为期5个多月的反“右倾”整风运动。第一阶段是发动阶段。召开县委扩大会和党员生产大队长以上的三级干部会，历时15天。主要是传达中央、省委会议决议和精神，安排正常生产工作，紧接着在县、公社、大队三级领导核心中开展反“右倾”整风，重点对象为县、公社两级领导干部。会后再召开包括生产小队长在内的四级干部大会，历时7天。会议主要是以反“右倾”、鼓干劲的精神，进行社会主义教育，同时布置秋收冬种、粮食征购等工作，要求确保提前完成1959年各项工作任务。

第二阶段是斗争阶段。县委组织县直属机关、工厂企业全面开展反“右倾”整风，并吸收党外机关干部参加。运动通过普遍向党交心，开展重点斗争、批判和大是大非的辩论，历时两个半月。同时在广大农村开展规模巨大的社会主义思想教育运动。

第三阶段是建设阶段。县直机关、工厂企业在重点斗争的基础上转入思想建设，学习中央批转人民解放军总政治部关于“保卫党的总路线、反对右倾机会主义而斗争”的《学习提纲》。组织专门力量结合各系统处理运动中揭发出来的重点分子。

这次反“右倾”运动，错误地将在“大跃进”、人民公社化运动中敢于讲真话、坚持真理的一批党员、干部定成“右倾机会主义分子”。

这场反“右倾”斗争，使党内的民主生活遭到损害，实事求是精神受到破坏，严重地伤害了广大党员干部的积极性，搞得人人自危、战战兢兢，在经济上打断了纠“左”的进程，以致越来越“左”，使党的事业和人民利益受到不应有的巨大损失。

第三节　纠正"左"倾错误的努力和国民经济困难局面的出现

一、纠正"左"倾错误的努力

（一）人民公社的整顿

1958年11月，毛泽东提议和主持了第一次郑州会议。此后，党中央开始纠正人民公社"一平二调三收款""刮共产风"的"左倾"错误。中共平和县委也从此时开始澄清人民群众中关于人民公社的一些错误认识，停止和纠正一些"左"的错误做法，恢复农村正常的生产和生活秩序。11月18日，县委下达《关于25号前后工作安排意见》，遏制了供给制的蔓延。接着县委又贯彻中共中央八届六中全会以及第二次郑州会议、上海会议等中央会议精神，开展整顿人民公社的工作。到1959年3月底，平和县已刹住了急急忙忙向全民所有制过渡、向共产主义过渡的势头，基本纠正"一平二调三收款"和过分集中的错误。由于贯彻执行毛主席提出的整顿和建设人民公社的十四句话方针，实行三级核算，权力下放，全县建立237个新的核算单位及1700多个生产队包产单位。因此，扭转了平和广大农村混乱的局面。

（二）整风算账大会的召开

"大跃进"、人民公社化出现了许多新问题，引起党中央、毛主席的注意和重视。从第一次郑州会议开始，中共平和县委根据党中央一系列关于人民公社问题的决议精神，纠正在"大跃进"和人民公社化运动中所犯的错误。1959年5月，县委召开整风算账大会，即县五级干部会议，标志着在实际工作中初步纠正"大跃进"和人民公社化运动"左"的错误。这次整风算账大会，在平和社会主义建设中是一次具有重大影响和意义的会议。

中共平和县委召开的整风算账大会，从5月13日开始到5月26日结束，历时14天，参加人数5019人。会议的主题是：算清旧账，整顿干部作风。在整风算账大会上，县委书记鲁光代表县委两次做检查，深刻地检查了主观、空想、脱离实际、脱离群众的主观主义、官僚主义的思想作风和工作作风，彻底检查了1958—1959年春犯"一平二调三收款"和刮"共产风"的错误；1958年下半年推行高度密植、直播倒种春、移苗并丘和所谓"少种、高产、多收"的错误；大炼钢铁中喜欢大和多，造成严重浪费的错误；因县委脱离实际的行政命令，导致下级干部产生强迫命令与虚报浮夸的两个坏作风。在整风算账大会中，与会干部确实打破一切顾虑，有啥说啥，有气出气，围绕1958年县委的领导作风上的错误开展热烈、诚恳、善意的，但又是尖锐、深刻的揭发与批评。县委虚心地听取与会干部的意见，接受大家的批评。这次整风算账大会，充分发扬社会主义民主，端正县委的领导作风，切实解决干部中存在的贪污挪用、腐化、强迫命令以及对群众用抓、打、劳改、关禁闭等违法乱纪问题，算清旧账，兑现或分期兑现退赔，彻底解决"一平二调三收款"的遗留问题，从而大大改善和密切党群关系、干群关系，进一步调动农民的生产积极性。

在全国农村实现人民公社化，是一个严重的失误。平和县人民公社化运动的实践说明：试图通过拔高生产关系以促进生产力的发展，只能是适得其反，违背生产关系一定要适合生产力发展的客观规律，必然要遭受这一客观规律的无情惩罚。

（三）开展"三反"整风

1960年5月27日至6月18日，中共平和县委开展以"反贪污、反浪费、反官僚主义"为中心的"三反"整风运动。县委召开四级干部会议做动员并向全县广播，收听群众达7万人左右。出席会议的代表先后共有4740人，其中公社干部624人，大队干部1368人，生产队干部2146人，县直机关下乡干部145人，社员代表457人。会议全体成员中，党、团员占53.5%，贫农、下中农占83.3%。

21天的会议，全体代表和干部听取县委3次的动员报告，经过讨论和大、小会的检举揭发斗争，政治觉悟大大提高。共同的结论是"三害"(指贪污、浪费、官僚主义)非反不可,"三反"反得及时有力,使代表们认识到"三害"存在的危害性和严重性。据统计,参加会议4138人中有贪污行为的2776人,占67.6%,其中百元以上500人,千元以上35人,贪污金额402534元,粮食1193.403斤,米证59983斤。据12个公社统计,共浪费223383元,占1959年公共积累的14.4%。官僚主义方面,据12个公社统计,犯有不同程度的强迫命令、违法乱纪的干部312人。这些违法乱纪的干部虽为数不多,但情节却十分严重,手段极端残酷毒辣,严重侵犯人权,群众深恶痛绝,使党的形象深受损害,威信大打折扣。

通过开展"三反"整风,教育了一大批干部,挽救了犯错误的干部,清除了党的队伍和国家干部中的腐化分子和不纯分子,有力地抵制了旧社会恶习和资产阶级的腐蚀。干部的思想作风好转,有效地遏制贪污、浪费现象和官僚主义作风,良好的社会风尚逐步形成。干部的工作热情、工作干劲、工作作风和紧张的干群关系得到改善,调动社员生产积极性,有力地推动了当时的生产及各项工作,为经济建设打下良好的思想基础。

二、国民经济困难局面的出现

(一)经济困难局面的出现及其应急措施的出台

由于"大跃进"和人民公社化运动,特别是反"右倾"以后继续"大跃进"的错误,平和县工农业生产急剧下降,再加上1959—1961年连续发生历史罕见的洪旱灾害,更是使平和雪上加霜。全县的经济和人民生活陷入极度困难状态,广大人民缺吃、少穿、欠用,尤其是在1960年,粮食严重短缺,吃野菜、瓜菜代,全县出现严重的浮肿病和非正常死亡现象。

1.粮食生产出现严重减产

在龙溪地区各县、市中,平和县粮食生产的问题尤其突出,特别严重。平和全县粮食生产大幅减产,群众口粮急剧降低。1960年,全县农村人口,平均每人每月留粮16.7斤,这样的数字也未能完全落实,留粮最低的食堂,每人每月只剩11斤,连日常生活都难以维持。

2.主要经济作物和家畜家禽严重减产

平和县除粮食大减产外，其他一些主要经济作物和家畜家禽也都出现严重减产。1960年与1959年比较，黄麻减产73.62%，甘蔗减产57.26%，花生减产63.4%，烟叶减产12.9%，生猪减少43.4%，耕牛减少9%。

3.物资缺乏，市场供应紧张

随着“大跃进”运动的开展，市场上的物资越来越少，有的人手中有现金却买不到东西。一些日常生活用品，如猪肉、鸡、鸭、蛋、鱼、蔬菜、白糖、干鲜果、食油、肥皂、棉布、火柴、煤油等十分紧张。一些投机商趁机哄抬物价，严重地扰乱市场供应。抢购风潮也时常出现，造成市场管理的严重混乱。人民币大幅贬值，在黑市场中，每斤大米高达2元，每斤猪肉高达7元，每斤烟叶高达30多元；而当时普通国家干部和中小学教师每月的工资仅30～50多元。

4.严重的疾病与人口减少

由于粮食紧张，物资供应十分匮乏，平和许多地方群众因粮食不足营养不良而发生浮肿病、妇科病，出生率下降，死亡率明显升高。1960年，全县患浮肿病多达6946人，占全县人口的2.65%，其中霞寨公社最严重时达3280人，占该社总人口的12.4%。全县1960年死亡率达16.7‰，比1958年增长1倍，1961年的出生率由1958年的28.4‰下降为15.7‰。最严重的是霞寨公社和长乐公社，死亡率约占该社总人口的3%以上。令人震惊的数字和痛心的事实，是平和“大跃进”和人民公社化运动失误造成的严重后果与惨痛教训。

（二）1960年“六九”抗洪

1960年6月9—10日，平和县全境遭受6001号强台风袭击，风力7级以上，阵风9级，全县普降暴雨和大暴雨，13个公社降雨量都在200毫米以上，霞寨公社多达451.8毫米。9日这一天，霞寨公社降雨量205毫米，坂仔公社235.5毫米，个别地区超500毫米，雨量又集中在中午和晚上，导致山洪暴发，河水猛涨，花山溪水位超警戒线3.3米，县城小溪镇最高水位超过警戒线2.8米，洪峰持续14个小时。这次台风暴雨，范围广，持续时间长，灾害严重。全县受淹村庄238个，1万余户，水稻受灾13万多亩，经济作物受灾1.7万亩，水利、公路、桥梁、电讯、广播网等基础设施遭到严重破坏。

6月6日，接到台风暴雨的气象预报后，县委、县政府立即研究部署，向全县人民反复广播通知，县领导分赴各公社，县防汛指挥部日夜值班，加强上下联系。县、社、队以民兵为主体，组织1418支抢救队、263支巡逻队、139支救护队。8—10日，全县共转移2927户15274人到安全地带，从洪水包围中抢救2337户10697人脱险，还抢救大批粮食、木材、牲畜等。

6月11日，洪水开始退落。为战胜严重的困难和灾害，县委、县政府立即研究灾后群众生活、生产问题，部署救灾工作，派出工作组和医疗队深入灾区，拨出3万多斤大米和2万多元安置受灾群众，组织群众迅速恢复生产。

是年，全县粮食生产在大灾之年仍获得较好的收成。

三、中央《紧急指示信》的贯彻执行

1960年11月，中央发出《关于农村人民公社当前政策问题的紧急指示信》(简称《紧急指示信》)，开始纠正农村工作的"左倾"错误，集中力量解决"五风"("共产风"、浮夸风、命令风、瞎指挥风、干部特殊化风)问题。《紧急指示信》规定农村工作的12条政策，重申"三级所有"、队为基础是现阶段人民公社的根本制度；彻底治理"一平二调"，坚决退赔；加强生产队的集体所有制，允许社员少量自留地和小规模家庭副业；坚持按劳分配原则，恢复农村集市等。

(一)纠正农村工作中的"五风"

面对农村中严重存在的"五风"问题，特别是"一平二调"的"共产风"酿成的严重危机，党中央感到非采取紧急措施加以纠正不可。于是又领导全党和全国人民从1960年春开始，持续前一个时期的纠"左"，再一次开展反"五风"运动。

根据中央的指示精神，中共龙溪地委于1960年4月3日发出《关于当前农村人民公社若干问题的意见》。中共平和县委通过对该意见的执行，对于重新出现的急于过渡和“一平二调”起到一定的遏制作用，但并没有从根本上解决“五风”问题。中共龙溪地委办公室深入“五风”泛滥并造成严重后果的平和县霞寨公社进行检查，发现该公社存在4个方面的严重问题：一是粮食减产减收严重；二是生活问题突出；三是水肿病问题严重；四是干部作风问题恶劣；并形成调查报告上报地委。地委迅速批转了地委办公室关于平和县霞寨公社若干问题的调查报告，文件发至各县（市）委及有关部门并上报省委。

由于平和县“五风”问题严重，被省委列为“整风”重点县（也有叫“整死官僚”）进行整顿。省委候补书记杨文慰和龙溪行署专员秦秀峰到平和坐镇指挥。县委书记杜庆荣、副书记汪熙晋被停职检查，省、地委先是委派秦秀峰任县委书记，后又改派刘尚贤任县委书记，王虎、巩鸣鹏、马千俊任县委副书记。新的县委领导班子贯彻省、地委的指示精神，通过自上而下充分发扬民主，认真总结经验，深刻吸取教训，深入进行整风，开展批评和自我批评，分清是非，划清界限，终于使错误得到改正，“五风”得到遏制，干部思想作风有很大转变，工作方法有很大进步，党的实事求是思想路线和密切联系群众的传统作风得到很大的恢复，中共平和县委的工作又恢复到正常轨道。

（二）努力解决群众生产生活问题

为了克服经济的严重困难，安排好群众的生活问题，中共平和县委采取若干应急措施，开展生产自救，渡过粮食饥荒。首先是1960年秋天，县委号召全县广大群众在大灾之年生产自救，开荒扩种瓜菜和杂粮，弥补口粮不足，战胜困难，共渡难关；并采取特殊政策，实行冬种“自由一季”，不计产，不统购，谁种谁收，从而充分地调动群众的生产积极性。其次是1960年12月，县委根据中央指示的“低标准，瓜菜代”相结合的方针，制定出台《关于开展大规模采集和制造代食品的十条决定》的文件，发至各大队党支部及有关部门。再次是县政府采取措施克服征购过头粮现象。1959年和1960年盲目追求“高速度、高指标、高产量、高征购”，全县征购入库分别占年总产量的41.04%和40.76%，从1961年开始，逐年减少粮食征购任务，到1964年减少为占年总量的28.92%。同时，县委为了解决水肿病人的疾苦，专门拨出作为治病的粮食、黄豆、黑豆、红糖和米糠等食物，并要求各级党委不许从中克扣，必须真正用在水肿病人身上。县政府还派出巡回医疗队下乡治疗水肿、闭经、子宫脱垂和小儿营养不良等疾病，除为他们减免医疗费外，还免费提供葡萄糖、维生素等营养药品。

（三）压缩城镇人口及精简机构

新中国成立初期，各项建设事业迅速恢复和发展，城镇人口逐渐增加，特别是“大跃进”期间，工矿企业盲目上马，从农村招收大量劳动力，城镇非农业人口急剧增加，不仅增加国家粮食销售量，加重国家和农民的负担，而且直接减少农村劳动力，影响了农业生产，特别是粮食生产的发展，粮食的供求矛盾突出。1957年底全县城镇人口12913人，到1961年6月底，全县城镇人口增加到17473人。非农业人口粮食供应量，1957年全县每月供应60万斤左右，至1961年6月，增加到82万斤，最高时为1960年每月供应100万斤，比1957年增加66.6%。为了克服粮食供应困难，贯彻执行中央提出的精减城镇人口和“调整、巩固、充实、提高”八字方针，县委成立压缩城镇人口领导小组及办公室，并于1961年8月制定出台《关于压缩城镇人口的工作方案（草案）》，提出全县计划精减城镇人口3079人，主要充实到农业第一线；精减粮食销量人口4000人，主要为家住农村而由国家供应粮食的中学生，此后改为口粮自带，差额由国家补助。

通过上述计划的落实，减少城镇人口，精减干部职工。这样，既减少干部职工的工资支出，又减少商品粮食的供应量，同时也扩大农村劳动力，加强农业第一线。调整后全县劳动力分布为：农业占91.46%，工业交通占2.13%，财政贸易占2.12%，文教卫生占1.42%，其他各条战线占2.87%。农村劳动力的增加与扩大，对于恢复和发展农业生产，争取粮食增产丰收，促使经济好转，起到重要的作用。

第四节 国民经济的全面调整

1958年开始的连续三年“大跃进”和人民公社化运动的失误，加上苏联逼债，全国人民生活发生严重困难。平和县农业经济连年下滑，人民群众缺吃、少穿、欠用，尤其是在1960年，粮食短缺，吃野菜、树叶、瓜菜代，营养严重不足，不少人患水肿病，甚至饿死人的现象也时有发生。从1960年底开始，中共平和县委坚决贯彻执行党中央以调整为中心的八字方针，与广大干部群众同心同德，艰苦奋斗，共渡难关。农村经济从1961年开始回升，生产力逐步得到恢复，国民经济和社会各领域逐步发展，市场供给紧张状况趋于缓解，人民生产水平逐步改善，社会政治生活趋于正常。

一、对农业的调整

（一）加强农业第一线

1961年是我国国民经济调整的第一年。是年，中共平和县委及时贯彻党中央的指示精神和方针政策，调整工农业比例关系和农村经济体制，停止和纠正“大跃进”和公社化运动的失误，从而扭转“大跃进”以来农业生产连年下滑的局面，战胜1959年以来的三年经济困境。

1961年，中共平和县委贯彻执行党中央以调整为中心的八字方针，适当缩短基本建设战线，精减人员，压缩城镇人口，加强农业第一线。停止大炼钢铁，并把全县工厂缩减为100个，工人1100人。至1961年底，从各方面紧缩劳动力25284人到农业战线，并从城镇动员1456人到农业第一线。停止大炼钢铁，实际上是纠正“大跃进”的一大失误，既避免人力、物力、财力和森林资源的白白浪费，又避免对农业生产的严重影响。由于压缩基本建设战线，增加农业生产的劳动力，因此有力地促进农业生产的发展。

（二）贯彻“农业六十条”

1960年11月，中央发出《紧急指示信》。之后，中央又于1961年3月29日发出《农村人民公社工作条例（草案）》（简称“农业六十条”）。1961年5月21日至6月12日，中央在北京召开工作会议，制定《农村人民公社工作条例（修正草案）》，取消农村公共食堂和供给制的规定。中共平和县委贯彻执行中央的《紧急指示信》和“农业六十条”，反复向农民宣讲，把政策交给群众。同时，在全县范围内开展整风整社运动，发动群众帮助干部改进工作方法和作风，坚决纠正“一平二调”，进行退赔，从而迅速地纠正“共产风”、浮夸风、瞎指挥风、强迫命令和干部特殊化，密切党群关系和干群关系，保证农村工作的正常开展。《紧急指示信》和“农村六十条”很受平和农民的欢迎，对农村经济的恢复和发展起到有力的推动作用。取消公共食堂和供给制，这就从制度的根本上阻止刮“共产风”、搞“一平二调”，使农民人心安定。关于自留地、开荒、家庭副业和“三包一奖四固定”的规定，解放了生产力，激发集体和个人的生产积极性，增强生产者的责任心。正因如此，生产队集体和社员个人都普遍获得好收成。在全县，集体与社员个人还开荒扩种1万多亩，种稻谷、地瓜、杂粮等。开荒多收成的谷子、地瓜、杂粮，对处在困难时期的农民渡过生活难关具有特别的意义。

1961年，平和县农业生产出现转机，产量开始回升。全县粮食生产达16500多万斤，比1960年增产，接近于1958年的水平；除烟叶因种植面积没有完成计划，比1960年减产外，其他经济作物都在不同程度上比1960年有所增长。粮食生产的发展，也促进了家禽家畜养殖的发展。

（三）农村政策的进一步调整

1962年、1963年平和县继续深入贯彻“调整、巩固、充实、提高”的八字方针，进一步调整经济体制，使生产关系更加适应生产力的发展。同时，把工作重点从调整生产关系逐渐转向以生产措施推动农业生产的发展，农村经济从单一的粮食生产逐渐走向农、林、牧、副全面发展的进程。1962年农村形势进一步好转，基本渡过了生活困难时期，1963年农民的生活比1962年又有明显的改善。

1962年2月13日，中央发出《关于改变人民公社基本核算单位问题的指示》。1962年6、7月间对“农业六十条”再做修改，9月29日党的八届十中全会通过《农村人民公社工作条例（修正草案）》[简称“农业六十条（修正草案）”]。据此，平和县农村实行体制下放，把以大队为核算单位下放为以生产队为核算单位，确定人民公社体制以生产队为基础三级所有，三十年不变。同时，实行农副业产品大包干，因此极大地调动平和农民的生产积极性，农村经济立即活起来。1963年初，平和县对广大农村从检查生产入手，进一步深入贯彻“农业六十条（修正草案）”和农副产品大包干政策。兼顾国家、集体、个人三者利益，把农副产品各项包干任务和政策一起贯彻落实下去。做到生产、任务、政策一年早知道，使集体单位和广大社员心中有数，从而大大地提高社员的集体生产积极性，达到生产鼓足干劲，分配留有余地的目的。农村集体制的下放和实行大包干，使1963年农副业生产发展迈开大步。

中共平和县委重视农业在国民经济中的基础地位，组织工交、财贸等部门积极为农业服务，为农业发展提供必要的物质条件。县委从实际出发，领导群众，成功地开辟农业经济发展的新途径。一方面挖掘现有耕地的潜力，增产增收；另一方面，大办专业耕山队，向荒山进军，开发山地资源，取得很大成效。1963年，全县共发展384个专业耕山队，他们在山上安营扎寨，改造低产田，使粮食单产成倍增长。由于中央调整政策的进一步贯彻落实，充分发挥人民群众的生产积极性和创造性，1962年、1963年平和农村经济出现了新局面。

（四）中央“七千人大会”精神的贯彻

1962年1月11日至2月7日，党中央在北京召开扩大的中央工作会议，共有代表7000多人到会，史称“七千人大会”。为了统一全党的思想，刘少奇为会议主持起草一个书面报告，比较系统地总结“大跃进”以来经济建设工作中的经验教训。大会对刘少奇报告进行讨论，周恩来参加福建组的讨论。龙溪地区有23位代表参加会议。在“出气会”上，诏安县代表、中共云霄县委书记分别向叶飞和中央一个部提出批评意见，周恩来边听边记，先是主动替中共福建省委承担责任，对云霄县提出的意见，立即交代秘书落实，第二天便做出回复。叶飞也积极向周恩来学习，承担失误的责任。当平和县代表向省委提出意见时，地委书记马兴元立即出来表示承担责任，说这件事的责任在于地委而非省委。整个大会充分发扬民主，开展批评和自我批评，层层承担责任，体现了党内的团结和进步。

（五）甄别平反

1958年以来相继开展的反“右倾”、反“五风”、改造三类等运动，虽然也使干部受到一定的教育，但由于混淆两类矛盾，平和县上至县委书记下至生产队长，全县受批评、处分的各级干部达1855人，其中有不少错案，出现“下台不服气，上台提心吊胆，怕被斗挨整，工作束手束脚”的现象。1961年6月，县委领导班子做了调整，新上任的县委书记刘尚贤和县委“一班人”通过调查研究，针对干部队伍中存在的消极情绪，做好干部的团结教育工作，调动他们的工作积极性；并于12月中旬，召开县委常委会，讨论制定《关于甄别工作意见》。12月26日召开3000多人参加的四级干部会，进行革命传统教育和阶级教育，引导干部以党和人民事业为重，正确对待工作，正确对待错误，正确对待自己。县委在会上对过去的工作失误主动承担责任，当场宣布给200多个受处分的干部平反，并向他们表示歉意。中央“七千人大会”后，县委又于1962年5月召开有公社党委书记参加的县委全委扩大会，根据对46个后进大队的调查材料，逐个复审被处分的干部，提出甄别、教育、团结的5条办法。秋收前后，县委又总结推广安厚公社召开有土改老干部、1958年以后下台的干部和新上任的干部参加的“新老干部团结大会”的经验，以点带面，把团结大会开到各公社和县直机关。通过团结大会，当场宣布恢复一批大队、生产队干部的职务，使44个大队恢复到土改和合作化时的老基础，600多个生产队重新健全队委会，500多个生产队充实和加强队委会。由于做好基层干部的团结、教育和保护工作，广大干部消除怨气，恢复元气，积极带领群众战胜困难，发展生产,1963 年全县的工农业生产创历史最高水平。

1961—1965 年,县监察委员会根据中央有关甄别工作的指示精神,对 20 世纪 50 年代末期的乱批乱斗、错误处理的案件进行甄别平反,共甄别平反案件 252 件,其中恢复原职的有 65 人,重新安排工作的有 59 人。

二、对工业、手工业的调整与继续压缩城镇人口

(一)贯彻“工业七十条”进行工业调整

平和是地处山区的农业县,工业基础较为薄弱。“大跃进”时,按照中央“以钢为纲,全面跃进”的方针,大办工业企业。1958 年 7 月,创办平和钢铁厂等 4 家国营炼铁企业。9 月,各公社、机关、学校纷纷办起小型炼铁厂。当年全县共有大小炼铁厂 85 家、铁矿厂 86 家、小高炉 1437 座、木炭窑 5546 个,全县形成了全党全民“大炼钢铁”的高潮,投入劳动力高达 14 万多人。全县全民所有制工业企业增至 70 家,职工增至 2984 人(其中固定职工 2457 人),产值 564.80 万元。其中,多数企业由于缺乏资源、技术落后、效益低下、管理不善,造成亏损。次年,各钢铁厂均因生产严重困难而相继下马。1961 年 8—9 月,党中央在庐山举行工作会议,制定出台《国营工业企业工作条例(草案)》(即“工业七十条”)。10 月,县委成立贯彻“工业七十条”领导小组,加强对工业调整具体工作的领导,对部分企业实行关、并、停,大量精简职工。到 1962 年,全民所有制工业企业减至 35 家,职工减至 1004 人(其中固定职工 605 人)。

(二)贯彻“手工业三十五条”进行手工业调整

合作化时期,平和全县有个体手工业 634 家(包括农民兼营),其主要产品有棕制品、土纸、布鞋、皮鞋、毛巾、牙刷等。1955 年,这些个体手工业逐步过渡为集体所有制工业。至 1957 年,全县手工业合作工厂、社、组等集体所有制企业有 63 家,共创产值 105.97 万元,占全县工业总产值的 21.7%。1961 年 6 月,中共中央制定出台《关于城乡手工业若干政策问题(试行草案)》(简称“手工业三十五

条”)。中共平和县委根据中央文件精神,大抓恢复城乡手工业生产工作,成立县手工业管理局,加强对手工业的领导和管理。至1962年,全县集体所有制工业企业有76家,创产值157.68万元,占全县工业总产值的32.45%。其中,农村乡办企业19家,产值21.72万元。1964年,经过调整后集体所有制工业企业有60家,职工875人,固定资产原值25.68万元,共创产值121.20万元,占全县工业总产值的18.18%。主要行业有27家金属加工业、11家木材加工业、12家缝纫加工业等。主要产品有木竹器、锅、铁制工具和陶瓷等。

(三)继续压缩城镇人口

中央七千人大会后,中共平和县委认真贯彻会议精神,进一步缩短工业生产建设战线,压缩基建规模,大量减少职工和城镇人口,加强农业生产第一线。1962—1963年,平和连续两年继续精简职工、压缩城镇人口。1962年,全县精简职工1563人,其中1364人回到农业战线。1963年,通过做细致的思想工作,按照政策规定,精简职工776人,其中转为集体所有制的9人;动员组织城镇居民上山下乡323人。

三、国民经济调整的基本完成

(一)国民经济调整的成就

到1963年底,平和县国民经济调整的任务已经基本完成,农村经济体制及党的农村政策基本稳定。从1964年开始,中共平和县委主要是集中精力抓生产,大兴科学种田之风,改革耕作制度,采取先进的农业技术措施,把农业推向高产、稳产。1964年、1965年,平和县继续贯彻“以粮为纲,多种经营,全面发展”的方针。两年来在抓农业方面,以品种为中心,改低产为重点,闯高产为目的,以试验田、样板田、种子田为基地,大力推广新品种、新措施、新制度,从而打开农业生产发展的新局面。在这两年中采取几项重大的农业技术改革和发展农业经济措施,十分成功,获得很大效益。

1964年,平和县农村经济全面发展,粮食作物、经济作物及家禽家畜大幅度增长。1965年,农业经济在1964年的基础上继续平稳上升。

总之,从1961年至1965年,平和县农业经济在调整中得到迅速恢复和顺利发展,取得辉煌的成就。

1961年1月后,县委贯彻党的八届九中全会对国民经济实行"调整、巩固、充实、提高"的八字方针,至1963年调整工作基本结束。此后,平和县轻、重工业和手工业的比例更加合理,工业、手工业和农业一样,走上比较正常的发展轨道。平和县的工业和手工业,通过贯彻"工业七十条"和"手工业三十五条",加强经济核算,改进经营管理,生产效率不断增长,产品质量逐渐提高,产品品种有很大增加,产品成本逐渐下降,经营管理的制度逐步完善,防止分散和本位主义的发展。同时,锻炼和培养一批善于管理企业的干部和一支能熟练掌握先进机器的技术队伍。这是一支支援农业的强有力的生力军。1963年后,关闭的县农具厂、平和糖厂、山格糖厂相继恢复生产。由于农业生产特别是甘蔗生产的发展,全民所有制工业企业进入全新的发展时期。

(二)中共平和县第二次代表大会的召开

中共平和县第二次代表大会于1963年2月2—5日在县城召开。正式代表327名,列席代表41名。会议听取、审议和批准了县委书记刘尚贤代表县委所做的《关于五年来工作总结和今后的任务》的工作报告;通过县委关于《以全面恢复和发展社会主义经济为中心,开展社会主义教育运动》的决议。

大会一致认为,县委五年来,在党中央、毛主席、省委、地委的正确领导下,和全国各地一样,高高地举起总路线、"大跃进"、人民公社三面红旗,充分调动全县广大群众的革命干劲,平和县取得一系列的胜利。县委依靠三面红旗,坚持战斗,执行党中央以调整为中心的八字方针和一系列政策,只用两年时间,到1962年,就基本恢复全县的经济,而且取得很大的发展。

大会选举产生中共平和县第二届委员会委员19名,候补委员4名。选举刘尚贤等7人为出席省党代会代表,另一人为省党代会候补代表。

大会最后号召，全体共产党员、共青团员、革命干部和全县26万人民，紧密地团结起来，在党的领导下，高举三面红旗，鼓足最大的干劲，战胜一切困难，用大家的双手，移风易俗，征服自然，改造社会，为争取工农业生产的全面跃进，为提前实现第三个五年计划，为建设在政治上、经济上、文化上进步、繁荣、幸福的社会主义新平和而奋斗！

四、“左倾”错误的再度抬头

在国民经济调整工作向好的方面发展的时候，党在政治思想领域中阶级斗争扩大化的“左倾”错误却重新抬头并得到发展。1962年9月，在中共八届十中全会上，毛泽东提出阶级斗争必须年年讲、月月讲、天天讲的观点。会后，党中央决定在城乡发动一次普遍的社会主义教育运动。在1963年2月的中央全会上，毛泽东总结湖南、河北等地的经验，提出“阶级斗争，一抓就灵”，决定在农村进行以清账目、清仓库、清财物、清工分（也称“小四清”）为主要内容的社会主义教育运动，在城市开展“五反”（反对贪污盗窃、反对投机倒把、反对铺张浪费、反对分散主义、反对官僚主义）运动。

（一）农村社会主义教育运动

中共平和县委于1964年春成立社会主义教育办公室，开始在全县开展社会主义教育，也称“四清”（清政治、清经济、清组织、清思想）运动。5月，县委举办社教工作队培训班。6月，开始在山格、文峰等公社进行试点，9月在全县全面铺开。县委在对群众进行普遍教育的同时，重点抓对干部的教育，采取“集中学习，重点帮扶，群众帮促”的办法，先后于1964年8月22日至9月5日召开县委扩大会议，10月3—23日召开1000多人参加的三级扩干会，1965年1月同时召开6000多人参加的县贫下中农代表会议和四级干部会。在干部中着手解决蜕化变质、多吃多占、脱离群众、脱离贫下中农的“和平演变”问题，让干部在大小会议上公开检查自己的错误，“洗手洗脚”，接受贫下中农的再教育。社教运动持续到“文化大革命”开始。由于在社教运动中，县委坚持以正面教育为主，结合学习毛泽东著作，学雷锋，强调干部参加集体生产劳动，密切联系群众、联系贫下中农等，对教育干部群众坚持社会主义道路，特别是促进干部的思想、作风革命化，起了一定作用。但在“以阶级斗争为纲”的“左倾”思想指导下，将许多不同性质的问题都当作阶级斗争或阶级斗争在党内的反映，混淆两类不同性质的矛盾，使不少的干部和群众受到不应有的打击。

（二）“五反”运动的开展

在开展农村社会主义教育运动的同时，根据中央“五反”指示精神，中共平和县委于1963年7月成立“五反”（反对贪污盗窃、反对投机倒把、反对铺张浪费、反对分散主义、反对官僚主义）运动领导小组及办公室，抽调人员组织工作队，加强对“五反”运动的领导，在全县开展“五反”运动。

平和的“五反”运动开展后，各单位认识到几年来官僚主义有所滋长，分散主义、本位主义和铺张浪费比较严重。平和县在开展“五反”时把查处贪污、盗窃和投机倒把案件列为重点工作。1963年，为配合农村社会主义教育活动和“五反”运动，县检察机关于当年批准逮捕投机倒把犯12人，盗窃耕牛等集体财产犯33人。1963年4月，县成立打击投机倒把、整顿市场办公室，从各公社抽调47人组织5个专案组、8个工作组，调查处理一批投机倒把案件。其中，逮捕14人，拘留24人，大会斗争25人，没收暴利1.33万元，追回贪污款125元、盗窃物款8200元，补税罚款10.8万元。

平和的“五反”运动通过自我教育，自觉革命，提高思想认识，放下思想上和经济上的包袱，达到教育95%以上大多数人的目的。同时，整个“五反”运动自始至终强调要抓生产，在一定程度上起到改变作风、清理经济的作用。但由于整个运动贯彻的是“左”的指导思想，是以阶级斗争为纲，并且随着运动的深入，中央对“五反”运动的调子越提越高，把它同“四清”一样视为国内反修防修、挖修正主义根子的一个重大战略措施，因而对一些干部和群众造成一定的伤害。特别是在运动后期，把运动的重点转为整党内走资本主义道路当权派，客观上成为“文化大革命”爆发的肇端之一。

第七章 “文化大革命”时期

1966年，平和全县社会主义教育运动尚未结束，毛泽东发动和领导的“文化大革命”发生了。从县委接到5月16日通过的《中国共产党中央委员会通知》（“五一六通知”）和《中共中央关于无产阶级文化大革命的决定》（简称十六条）两个文件后贯彻起，标志着平和县的“文化大革命”开始全面发动，“文革”的风暴席卷整个城镇与乡村，直到1976年10月上旬，党中央粉碎“四人帮”反革命集团。10月23日，县委召开庆祝粉碎“四人帮”大会，尔后在全县掀起揭发批判“四人帮”罪行运动，肃清其流毒和影响，从此宣告平和县地方的“文化大革命”运动结束。

第一节 红卫兵的兴起到平和县革委会的成立

1966年5月，县委接到“五一六通知”。根据这个文件精神，先在文教宣传系统贯彻执行，集中文化、教育、卫生、潮剧团等单位的干部学习，开展上挂下联的批判运动，揪所谓“三家村”人物。6月1日，人民日报发表《横扫一切牛鬼蛇神》的社论，号召群众起来进行“文化大革命”。2日，人民日报发表由毛泽东批示在全国广播的北京大学聂元梓等人攻击北京大学党委和中共北京市委的大字报，还发表欢呼这张大字报的评论员文章。全县受到影响，许多学校的学生响应号召，掀起以学校校长、教师为对象的所谓“揪斗黑帮”浪潮，各种乱揪斗混乱现象不断发生，学校党组织开始陷于被动。6月，县委成立“文化革命领导小组”，并根据中共中央政治局常委会的决定精神,向平和一中、平和二中等学校派工作组,进驻学校协助领导运动。

8月,全县掀起学习十六条,宣传十六条,贯彻十六条热潮。8月底,县“文革领导小组”接上级通知,决定撤销工作组。各中小学校纷纷组织红卫兵、红小兵,他们冲向文化界、机关、社会开展所谓“破四旧”(即所谓旧思想、旧文化、旧风俗、旧习惯)与“立四新”(即所谓新思想、新文化、新风俗、新习惯)运动。红卫兵所到之处,对他们认定的所谓“封、资、修”(即所谓封建主义、资本主义、修正主义)的事物进行大破坏,对他们认为是“四旧”的东西就会被砸碎或焚烧。如九峰城隍神像,在新中国成立初期,因破除迷信,被群众秘密藏起来,在“破四旧”运动中,红卫兵搜出城隍神像,用斧头劈开纵火焚烧。当时,许多名胜古迹受破坏,许多民间文化遭废除。文化教育界、党政机关的许多人,被当作“牛鬼蛇神”“黑帮分子”“走资本主义道路当权派”“反动学术权威”“反革命修正主义分子”受到批斗、抄家,受到侮辱、殴打和迫害。此时,游村游街风盛行,全县出现混乱局面。

9月5日,中共中央、国务院发出《关于组织外地高等学校革命学生、中等学校革命学生代表和革命职工代表来北京参观文化大革命运动的通知》。9—10月,在县“文革领导小组”组织下,各中学选派学生代表、教职工代表,分三批免费赴京参观“文化大革命”,同全国各地代表一起,得到毛泽东在北京天安门的接见。尔后,各中学的师生自主组合串联队,以各自确定的行程路线、目的地,到各地串联。外地的大中专学校的学生也来平和串联,互相交流开展“文化大革命”的所谓“经验”,批判县委执行的所谓“资产阶级反动路线”,指责县委派工作组进驻学校是镇压学生运动,是犯路线错误。11月后,“文化大革命”扩展到工厂农村,工厂农村的干部也受到冲击,生产秩序陷于混乱。1967年元旦庆祝会在智生剧场召开,出席会议的有县委、县人委、县武装干部和小溪地区其他机关的干部职工,会议即将开始时,平和一中的红卫兵闯进会场,台上随即被红卫兵首领占据,并宣布召开批判会,红卫兵一边责令县委书记杜庆荣做检查，一边高呼“炮轰平和县委！”“火烧杜庆荣！”等口号。有些干部看不惯，当即退出会场。此后，全县各地的红卫兵以各自认定的目标，揪斗“走资派”，“革命无罪，造反有理”“踢开党委闹革命”成为流行的口号，无政府主义浪潮泛滥，混乱局面进一步加深。党政领导干部受到批斗，机关工作陷于半瘫痪状态。党的基层组织的活动和党员的组织生活都陷于停顿。

1967 年初，为争夺县委、县人委、党政财文领导权，相继发生 1 月 24 日和 2 月 10 日由平和两大不同派别的造反派轮番夺取党和政府各级领导权的狂暴行动，“文化大革命”由此进入所谓“全面夺权”的新阶段，出现严重的混乱局面。在支持原来的党政领导，具有不同倾向、观点的群众之间，这一派夺权者与那一派夺权者之间，展开了激烈斗争。县委、县人委处于瘫痪状态。广大干部和群众对这种种现状感到怀疑与不满。2 月，中国人民解放军 6647 部队奉命派出支左部队进驻平和，执行“三支两军”（支左、支工、支农和军管、军训）的任务。3 月 1 日，中国人民解放军平和县人民武装部生产指挥部成立，领导班子以县人武部为核心，同时吸收“2·10”行动指挥部（后称“人革会”）、新平和公社（4 月自动宣布解散）两个群众组织讨论通过的成员组成，实行武装拉总，指挥全县的工农业生产，在当时起了一定的作用。但生产指挥部的成员缺乏全面性，留下了弊端。

5 月 1 日，“反复辟联络站”在县体育场召开成立大会，会后在县城举行游行，高呼“支持赖国文（县长）站出来闹革命！”的口号。从此，“人革会”“反复辟联络站”两大造反派组织成了全县两大对立的造反派组织。

7 月 11 日，“反复辟联络站”造反派组织出动人马，围攻县委机关，扬言要揪斗杜庆荣、刘琪，同县委机关“人革会”造反派组织冲突，发生了动用木棍、石头等做武器的武斗事件。8 月 30 日，在“文攻武卫”的口号煽动下，两大派在县城郊外发生大规模的战斗，使用真枪实弹，制造了流血事件。从此，两大派的对立情绪越来越严重。广大干部群众的生命遭到威胁，人民群众对武斗不满。是年底，中国人民解放军驻平和支左部队和县人民武装部联合组成“中国人民解放军平和县军事管制委员会”，对全县实行军管。这对稳定当时局势起了积极作用，但由于执行“文化大革命”的总的错误方针，从而也带来了消极后果。

由于资产阶级派性发作，两派在局部地区摩擦事件接连发生。到 1968 年 8 月 1 日，“人革会”出动大队人马，真枪实弹进攻县城，攻击县人委机关等地，发生大型武斗，又制造了一起流血事件。两派在北京学习的代表获悉后，联合署名发回电报，严词责令双方立即停止武斗，但在局部地区到 9 月还在发生武斗事件。

1968 年 10 月 13 日，在驻平和支左部队主持下，撤销两大派群众组织，实行大联合，并成立大联合委员会。接着，开始强制拆除武斗工事，清查收缴武器弹药。6 日、14 日、15 日，中国人民解放军平和县人民武装部生产指挥部连续接管县委、县人委所属各科、部、室和妇联、共青团、工会，这些单位的“所有人员，就地组织学习，听候调用”。

根据毛泽东有关“革命委员会”的指示，在驻平和支左部队和龙溪地区工人毛泽东思想宣传队的主持下，经陆军第 91 师党委批准，从 10 月 15 日到 11 月 11 日，先后成立县汽车站、县邮电局、县农械厂、县铜矿、中国人民银行平和支行、县供销社、县糖厂和全县各公社(镇)、农场“革命委员会”。

10 月 31 日，经陆军 31 军党委批准，成立平和县革命委员会，主任肖一勇、副主任李永和、杜庆荣、陈清泉、江洪锦。县革委会取代县委、县人委机关，行使县人代会、县人委会的职能。在“左”的方针影响下，县委的原书记、副书记、常委合计 17 人，只有 1 人参加三结合，其他 16 人，有的靠边站，接受审查，有的被当作“叛徒”“走资派”批斗。

县革委会人员在构成上虽是实行“军、干、群”三结合，但实际上是军队干部主持工作。军队干部在当时极其复杂的情况下，执行“三支两军”任务，做了大量工作，对缓和紧张局势，维护社会秩序，减少动乱造成的损失起了积极作用。但是，在总的“左倾”方针影响下，在工作中也不可能不产生缺点错误，带来一些消极后果。革委会集党、政大权于一身，形成党政合一的一元化领导体制，实行高度集权，是政治体制和行政工作上的一大倒退。

第二节 “斗、批、改”运动

一、成立“斗批改办公室”

县革命委员会成立标志着整个运动已在全县范围内进入了斗、批、改的阶段。1968 年 11 月 7—17 日，县革委会召开第一次全体委员（扩大）会议，出席会议的还有已成立革委会或领导小组的公社、厂矿、企事业单位的主任和一名常委，共 125 人。中国人民解放军 6645 部队领导陈天仁、龙溪专区革委会工人毛泽东思想宣传队负责人娄火贵出席会议。会议通过《关于进一步开展活学活用毛泽东思想群众运动，促进人的思想革命化，迅速掀起斗批改新高潮的决议》。决议提出要认真搞好斗批改，搞好革命大批判，清理阶级队伍，组织工人纠察队、贫下中农纠察队，实行群众专政，打一场清理阶级队伍的人民战争，把叛徒、特务、死不悔改的走资派、没有改造好的地富反坏右分子和一切浮在面上埋在地下的阶级敌人挖出来。11 月 13 日，县革命委员会斗批改办公室成立。截至 11 月 24 日，全县有 122 个机关、工厂、农林场、学校、企事业单位和 197 个生产大队建立工人、贫下中农纠察队，人数有 6216 人。此后，“斗、批、改”运动在全县全面展开。

二、斗“走资派”，清理阶级队伍

1968 年 10 月 19 日至 1969 年 7 月 8 日，有县直机关干部 444 人，进入第一期县直机关毛泽东思想学习班学习，开展所谓“清理阶级队伍”。全县的所谓清理阶级队伍工作，在 1968 年 11 月起全面展开。11 月 14 日至 12 月 16 日，陈天才、赖国文、沈亚发、卢友信等被强加上“叛徒”“走资派”等罪名，揪到县扩干会和各公社批斗。公社、大队的一大批干部也被强加上“走资派”的罪名，遭到批斗。全县上下揪斗“坏人”“走资派”之风四起，人心惶惶。1969年1月26日，县斗批改办公室统计，全县揪斗“坏人”3094人（其中原造反派组织中“反复辟联络站”1927人，“人革会”98人，中间派1069人），揪斗“走资派”公社级以上110人、大队级39人。到3月23日，全县揪斗总人数已达3198人。

在“清队”中，由于受“左”的影响和资产阶级派性的干扰，属“反复辟”观点的干部、群众深受迫害，精神上受了极大的创伤。有的地区和单位严重地混淆两类不同性质的矛盾，逼供信、吊、打、关等现象十分严重。据3月23日不完全统计，全县在揪斗中被打的686人，伤457人，造成死亡49人。

所谓“清理阶级队伍”运动展开不久，就不断出现违反政策的现象。县革委会从1968年11月中旬开始贯彻省革委会龙海清理阶级队伍现场会精神，12月中旬，召开各级革委会成员会议，开展政策教育，组织医疗队、检查组会同公社革委会的领导一起深入基层检查，发现问题及时处理，拨出专款给在清队中被打伤的人员做医疗费，对有伤人员给予治疗，对在清队中被关押的人员进行认真检查，对无辜的给予释放，对工资、口粮被扣压的，分别情况给予补发。初步纠正“左”的倾向，制止乱捕、乱斗、乱打的现状。1969年9月8日统计，全县重点审查对象2738人，已审查清楚的2349人，占85.8%，尚未查清楚的389人，占14.2%。全县公社副社长（含相当副社长）以上的干部应解放的282人，已解放233人，被关押的已释放409人。初步落实人的政策，纠正在清队中出现的“左”的错误。

三、精简机构，下放科室人员

1969年1月5日，县革委会做出关于干部下放劳动、知识青年、城镇居民插队落户的规划。1965年，全县干部总数3103人，其中行政干部562人，企事业干部2396人，工交系统干部125人，在公私合营单位工作的干部20人。经过所谓“清队”运动，全县行政干部下放250人，占总数44%；企事业干部下放957人，占39%；工交系统干部下放57人,占44%。合计干部下放1264人,占干部总数3103人的40%。此外,公私合营人员142人、县红艺潮剧团41人(其中正式干部4人)大部分下乡参加劳动。在下放的干部中有一半是上山下乡,另外的是充实基层,或进“五七”干校。

四、知识青年、城镇居民上山下乡

1969年1月,县革委会开始规划动员知识青年、城镇居民上山下乡。1966—1968年三届高初中毕业生,全县总数4736人,家住农村的4250人,全部回农村;家居城镇的486人,除参军和有病的外,其余404人全部动员上山下乡。城镇居民(包括社会青年)动员上山下乡3080人。接收安置由东山县内迁来的人员6159人。

1969—1973年,全县共安置上山下乡3612户11512人,其中知识青年1206户1206人(本县525人,外县681人),城镇居民2406户10306人(本县1637户6551人,外县769户3755人)。在这5年中,知识青年:参军30人,招工118人,招生7人,倒流280人,正常死亡4人,非正常死亡2人,在队765人。城镇居民:正常死亡83人,非正常死亡8人,户粮已迁出来尚未落户25人,落户后户粮迁出在本人手中的88人,收回城镇136人,倒流1718人,在队8021人。

1973年5—8月,县委派出2个医疗队下乡巡回,对上山下乡有病人员400人进行医治,对4名重病号分别送到专区、县医院医治。县委下拨救济款26198元,救济上山下乡的知识青年、居民,下拨粮食30000斤,补助给下乡缺粮的知识青年,对上山下乡人员住房问题做了全面规划,拨出专款16万元,建新房2462间、维修15间,解决1700户5722人居住问题。经调查发现有1121人不应动员下乡的居民,也准备统筹解决。

1976年2月12日,毛泽东做出关于“知识青年问题,似宜专题研究,先作准备,然后开一次会,给予解决”的批示。县委抽调县知青办等有关部门、带队干部、知识青年代表50人,组成检查团,分成4个组,分别到6个公社23个大队传达贯彻。经检查团检查,发现广大知识青年到农村中做出一定的积极贡献,有 31 人加入共产党组织,有 448 人加入共青团组织,有 96 人被选进社队领导班子,有 223 人分别担任民办教师、赤脚医生、拖拉机手、农机修理员、会计、出纳等,有 41 人参加中国人民解放军。九峰大芹知青点垦殖 3000 亩茶,崎岭民兵场知青点垦殖 3000 亩林,坂仔橡胶场知青点种植 2000 亩橡胶。还有在霞寨公社团结大队插队的女知识青年、赤脚医生彭素碧被选为出席第二次全国农业学大寨会议、全国各地下乡知青代表会议的代表。

五、开展“整党建党”运动

“文化大革命”开始后,县委及其所属的基层党组织都在不同程度上受到造反派、红卫兵冲击,党的组织处于瘫痪、半瘫痪的状态,但党的各级组织依然存在。1969 年 4 月,县革委会根据毛泽东的“党组织应是无产阶级先进分子所组成,应能领导无产阶级和革命群众对于阶级敌人进行战斗的朝气蓬勃的先锋队组织”,“每个支部都要重新在群众里头进行整顿,要经过群众,不仅是几个党员,要有党外群众参加会议,参加评议”的整党建党方针,开展整党建党运动。在整党建党中,要求党组织按照这种方针进行整顿和吸收新党员,当时称“吐故纳新”。

1969 年 4 月,县革委会开始搞整党建党的试点,5 月,县城机关毛泽东思想学习班(第一期)转入所谓整党建党运动,7 月 11 日结束。1970 年 2 月全面铺开,对全县原有 376 个党支部有计划、有步骤地开展所谓整党建党运动。

方法是采取发动群众,实行开门整党。首先是开展革命大批判,批判所谓刘少奇的修正主义建党路线,开展所谓两条路线斗争史教育,开展阶级教育,开展忆苦思甜活动(开忆苦会、唱忆苦歌、演忆苦戏、吃忆苦饭,请老贫农、老工人讲血泪史,参观阶级教育展览馆),使党员在思想上先得到“吐故纳新”,提高觉悟。在这个基础上进行组织上的“吐故纳新”。由于贯彻“左”的方针,当时说的“阶级敌人”,主要是指所谓刘少奇为代表的“资产阶级司令部”在各地的

“代理人”。错误地处分一些党员，突击发展一批所谓路线斗争、阶级斗争觉悟高的“造反派”入党。其结果是一部分合乎条件的党员不能恢复组织生活或被错误地开除党籍，而接纳的新党员则有一部分不合乎党员条件。全县1966年党员总数5235人，1971年增加到5800人。在全县重新建立各级党组织，恢复大多数党员的组织生活，这对稳定局势，促进工农业生产，还是起了一定作用。

1970年10月31日至11月4日，中共平和县委第三次代表大会在县城召开，出席大会的代表949人。这次代表大会主题是贯彻党的九大路线，有些老干部还在受审查、关押，未能出席大会。大会学习中共九大的政治报告和新党章，讨论并通过肖一勇代表中共平和县核心小组所做的《关于文化大革命以来，特别是党的九大以来党的工作总结报告》，总结所谓两个阶级、两条路线斗争经验，提出要继续完成斗批改的任务。会议通过选举产生中共平和县第三届委员会，肖一勇任书记，崔万金、李允和任副书记。

六、开展“一打三反”运动

1970年，毛泽东批示照办的中共中央“1·31”“2·5”的文件和福州军区、省革委会关于“三反”的决定等文件下达后，县革委会从2月12—14日，向全县生产队长以上的党员干部4200多人传达，在全县开展“一打三反”（打击现行反革命活动，反贪污盗窃、反投机倒把、反铺张浪费）运动，组织民兵，设立固定或流动关卡，加强运输线管理，加强户口清查，加强财务账目仓库的清查，加强对“五类”分子的管教。在全县掀起“四大”（大检举、大揭发、大清查、大批判）浪潮。到3月5日统计，全县检举揭发各种犯罪的人员有2910人。3月1—9日，县革委会召开第6次全体委员扩大会议，贯彻专区召开的各县（市）革委会主任会议精神，部署深入开展“一打三反”运动，抽调主要力量到当时认为反革命案件和问题较多的九峰、大溪、城关、国强等公社去破案。小溪地区，采取打破系统和单位的界限，联合作战，由县革委会领导和城关、工交、财贸革委会主要负责人组成“小溪地区打击现行反革命破坏活动领导小组”，统一指挥这一地区的战斗。到3月18日，全县举办各种类型的学习班1044期，参加人数61588人，开批斗会197场，批斗252人，参加群众40041人。4月12日，县革委会召开各公社、工厂、企事业单位革委会办公室二号办负责人和保卫组长会议，强调运动的重点是“六种表现”“十种对象”，要狠抓打击现行反革命破坏活动、重大的贪污盗窃、投机倒把案件。从12日22时开始至16日，在全县进行4次户口大清查。县革委会决定成立平和县“4·13”行动指挥小组，组长赵年宏，副组长马廷俭，办公机构设在安厚公社，抽调一批武装人员，配发了武器，在大溪、安厚2个公社共设12个点，行动指挥小组于21日到安厚召集各点宣传队正副组长会议，下达任务，配合闽南几个县统一行动，围剿所谓“张、蓝、赖武装集团”，配合处理所谓“乌山问题”，一批干部、社员受到抄家、批斗。

5月13—15日，龙溪专区革委会在平和召开打击反革命活动，反贪污盗窃、反投机倒把、反铺张浪费运动经验交流会。会上有平和等7个县(市)11个单位负责人介绍开展大批判、抓大案要案的侦破、抓定案处理、落实政策等方面的工作情况。会后，平和县继续开展抓大案要案侦破和政策落实。截至7月2日，全县需要上报处理的案件252件，已落实上报86件，占35%。贯彻韩先楚“5·24”讲话后，农村社员送归集体的开荒七边地2052亩，果树96930株，蜜蜂791箱，厕所15356所，全县隔离审查对象由187人减到72人。经济退赔截至6月底，全县已退人民币145676元、粮食(包括粮票)已退58057斤，交出银圆837元、黄金4钱、布票36295尺、棉布468尺、手表83只、自行车31架、收音机10台、缝纫机26架等。

在“一打三反”运动中，出现违反政策的现象，乱抓乱关，搞逼供信，使用各种刑罚，如长乐公社用木笼子关人，文峰公社各大队办重点人学习班达130人，搞“一锅煮”……龙溪地区革委会1970年7月15日对上述问题做出通报，令其纠正。也出现冤假错案，如曾经立案审查的所谓“中国反共长乐联合总部”(又称“黄军”“黄旗党”)反革命集团案，一批干部、群众惨遭迫害。后经县委组织力量反复调查核实，证实此案确属假案，而给予彻底平反。

七、开展“批陈整风”运动

1971年2月5日，县委根据中共中央〔1971〕3号文件和省革委会党的核心小组1月23日的决定精神，开展一场反对骄傲自满，提倡谦虚谨慎的自我教育运动。首先集中县委常委学习，互相交心，开展积极的思想斗争，主动在机关干部大会上做自我检查，把自己身上的骄傲自满、不正之风痛整一番；然后放手发动群众，实行开门整风，请群众帮助县委领导整风，为县委领导更好联系实际进行自我教育。

5月23日，县委召开常委会，决定“批陈整风”运动由县委主要领导亲自抓，并成立“批陈整风”领导小组，由肖一勇、崔万金、李允和、叶明辨、王者忱、张鸿斋等组成，下设办公室，主任王者忱。

5月25日，县委为贯彻中共中央《关于把批陈整风运动推向纵深发展的通知》做出部署，决定分批召开党员干部会议，学习毛泽东《我的一点意见》、九届二中全会以来毛泽东的指示和中央的有关文件，按照毛泽东“开展批陈整风运动时，重点是批陈，其次才是整风”的指示，开展批陈整风，揭批陈伯达，在政治、思想、理论上肃清其影响，认真读马列的书、毛主席的著作，联系实际，进行自我教育，改造世界观，提高识别真假马列主义的能力。

5月27日到6月22日，县委召开第一批党员干部会议，到会137人，其中部队干部36人，地方干部101人。会议历时27天，用3天时间传达贯彻中共中央关于清查“5·16”集团的通知，做了安排；用24天时间集中地开展“批陈整风”运动。8月3—24日，县委召开第二批党员干部会议，到会的有基层领导干部93人，历时22天，先用3天时间认真传达学习《毛主席会见美国友好人士斯诺谈话纪要》，接着正式开展“批陈整风”运动。9月15—30日，县委召开第三批党员干部会议，到会的党员干部417人，历时16天，学习毛泽东《我的一点意见》、九届二中以来毛泽东的重要批示和中央文件，在此基础上开展揭批陈伯达，最后以毛泽东“1·8”批示为武器，进行自我教育的整风运动。

八、“批林整风”运动

1971年“9·13”林彪事件发生后，毛泽东在周恩来的协助下，采取一系列措施，解决与这一事件有关的重要问题。中共平和县委根据上级指示，将林彪事件自上而下在各级干部和党员中进行传达，使广大干部受到教育。从12月起，党中央陆续下达粉碎林彪集团反革命阴谋的斗争的三批材料，在全国开展“批林整风”。次年2月，县委根据党中央的指示，在全县开展“批林整风”运动，揭批林彪集团的罪行，清查与林彪集团阴谋活动有关的人和事。

林彪事件后，毛泽东亲自抓落实干部政策的工作。周恩来紧密配合，使这一工作很有进展。1972年1月，县委开始贯彻中共中央〔1971〕82号文件、中共福建省委〔1971〕16号文件《关于贯彻党的农村经济政策若干问题的规定》，抓紧落实人的政策和农村经济政策的工作。

在落实人的政策方面，县委根据省、地委的要求，召开常委会议，专题研究有关审干定案解放干部的工作，抽调干部充实专案队伍和社队定案队伍，加紧落实人的政策。5月下旬至6月上旬，县委、县革委会又召开全体委员扩大会，到会的有519人，集中半个月时间，学习中共中央有关文件和中共福建省委〔1971〕16号文件、人民日报《以粮为纲，全面发展》《惩前毖后，治病救人》两篇社论，用整风精神，对照检查落实政策的情况。6月下旬，在各社队、各机关企事业单位分别召开干部会、群众会，把会议精神传达到干部、群众，在全县掀起一个宣传政策、学习政策、落实政策的热潮。在7月上旬，县委针对各地在传达贯彻落实政策中提出的问题，提出具体落实人的政策和夏季分配问题的意见。

县委贯彻执行“惩前毖后，治病救人”方针，抓紧落实人的政策。到7月12日，全县属省、地管的干部236人，已解放222人。对重点审查对象已定案处理和基本查清369人，占总数93.38%。内中定为人民内部矛盾的345人，定为敌我矛盾的24人。查清395个干部的一般问题。在“整党建党”运动中挂起来305人，已恢复组织生活的110人。上报要给予党纪处分的509人,已审查结束215人,“吐故”(指劝退不合格党员)45人。对已解放和审查清楚的干部给予安排工作。

在“斗、批、改”运动中,全县下放职工中有农林场的职工296人,属过渡人员216人,属临时工合同工142人,属集体所有制的职工170人,县委根据政策做出决定,分别处理。

从“文化大革命”开始以来,全县非正常死亡的,县委做出决定原则上都要调查清楚,分别处理,先抓紧调查处理在“清理阶级队伍”“一打三反”运动中非正常死亡的32人。

在“清理阶级队伍”“一打三反”运动中,集中在公社、大队参加学习班的人,定为“九种人”的补给学习期间的伙食费,属人民内部矛盾的原则上都补给工分,口粮问题视其实际困难,适当补给一部分。

到1973年12月,对“清理阶级队伍”“整党建党”“一打三反”运动中的遗留问题,非正常死亡人的问题,基本上都做了调查落实、复查核实,解决了一些长期挂着的悬案。在“斗、批、改”中精简职工的遗留问题,属全民所有制职工573人,县委根据不同情况,全部给予落实政策。对“文化大革命”初期清洗和红卫兵勒令回乡的职工107人,部署调查摸底。

在落实农村经济政策方面,自从中共中央〔1971〕82号文件和中共福建省委〔1971〕16号文件下达后,全县各社队普遍组织广大干部群众学习,逐项检查落实,各公社都坚持“三级所有,队为基础”的制度,基本上符合省委〔1971〕16号文件的规定。贯彻按劳分配政策的生产队占79.5%,资金分配好的生产队占74.5%,从1971年1月到7月以来,共收回超支款52万多元,全县粮食征购任务百分百完成,还组织加价粮入库220万斤。1971年,粮食亩产达886斤。

1973年1月1日,《人民日报》、《红旗》杂志、《解放军报》联合发表《新年献词》,强调指出林彪的路线是“一条反革命的修正主义路线”,“要把批林整风这头等大事继续抓紧抓好”。5月9—18日,县委举办“批林整风”学习班,参加学习的有县委委员、县革委委员以及各公社、大队、厂矿企事业单位、学校的书记，县和社直机关脱产干部和下放干部共963人。学习班贯彻“首先是批林，其次才是整风”的方针，强调要认清林彪的极右实质，并研究了在农村抓好“批林整风”的办法，确定以大队为单位，开展“批林整风”运动，开展群众性的革命大批判，到6月中旬结束。由于强调林彪是极右，结果一度出现了只准批林彪的极右，不许批极左的问题，使纠“左”的错误被中断。

九、开展“批林批孔”运动

1973年8月24—28日，中国共产党第十次代表大会在北京举行。在此前后，毛泽东在多次谈话中提出要把批判林彪同批判中国历史上的孔子和儒家、推崇法家联系起来。

1974年2月12日，县委在小溪召开“批林批孔”万人大会，参加大会的有县“批林批孔”骨干训练班全体学员等，共13000多人。大会号召全县人民立即行动起来，迅速掀起“批林批孔”新高潮。大会指出“批林批孔”是贯彻十大路线，只有批判林彪宣扬的孔孟之道，才能批深批透林彪的极右实质；要联系林彪的极右实质，批判林彪妄图改变党的基本路线和政策，颠覆无产阶级专政，复辟资本主义，向党夺权等问题。通过批判林彪宣扬的孔孟之道“克己复礼”，教育干部、群众反对复辟、反对倒退；批判林彪的“中庸之道”，教育干部群众反对折中主义，反对老好人，强调各级领导对广大群众的积极性要热情支持，要热情支持各种新生事物。

4月2—4日，县委召开全体常委会议，组织学习中共中央〔1974〕9号文件王洪文关于浙江问题的四条指示，江礼银在省革委会机关正副组、局长和核心小组成员以上干部会议上的讲话。会上摆开揭发韩先楚的阵势，有的说韩先楚指责批评过在平和支左人员的领导；有的说1973年何梦先带着韩先楚的手令来平和，搞翻案，搞以韩划线；有的说韩先楚在批林整风中说不能怀疑一切、打倒一切，不能层层揪小林彪，不提批林整风，只讲批极右思潮，批无政府主义……这样，当时社会上又出现了拉山头、打派仗的问题，有些干部又重新被揪斗，或被迫离开岗位，或卷入支一派压一派，稳定的局面又遭到破坏。

十、“批邓、反击右倾翻案风”

1976 年 2 月 10—16 日，县委分别召开县直机关干部、职工大会和以公社为单位召开群众大会，宣读“批邓、反击右倾翻案风”的文件。14—17 日，县委召开扩大会议，有县委常委、县直机关各口的负责人 17 人参加。18—19 日，会议扩大到公社党委书记、县直机关的局长等 82 人参加。20 日，会议扩大到县委委员、公社党委常委、大队党支部书记、分管教育的大队党支部委员、驻大队的工作队长、中小学校党员负责人以及县直机关、工厂、农林场和社直机关党支部书记，共约 1000 人，统一各级领导的思想，为在全县开展所谓“教育革命大辩论”培训领导骨干。

2 月 22 日，县委在县城小溪召开全县所谓“反击右倾翻案风”大会，在各公社、农场分设 26 个会场，全县有 15 万人参加。会议指出 1975 年 7 月、8 月、9 月，清华大学刘冰等人反对教育革命，篡改教育革命方向，否定“无产阶级文化大革命”，翻“文化大革命”的案，算“文化大革命”的账，刮起一股“右倾翻案风”，说这股“右倾翻案”的风源是在党内不肯改悔的最大“走资派”，其纲领就是邓小平的“三项指示为纲”。这次大会之后，在全县开展所谓“批邓、反击右倾翻案风”运动。

4 月 27 日至 5 月 12 日，县宣教口党组召开政治夜校工作会议，组织 7 个调查组到全县 14 个公社、52 个大队及农建工地、3 个工厂的 188 所政治夜校，总结开展所谓“反击右倾翻案风”的经验。到 5 月，全县共办起 3200 多所政治夜校，写出大批判文章 414478 篇，开批判会 2294 场，上台发言批判 8202 人次，参加会议的达 787000 多人次。从工厂到农村，从农建田头到战斗工地，处处摆开“批邓的战场”，大批判的浪潮席卷全县。5 月 21 日，县委批转县宣教口党的领导小组《关于继续认真办好政治夜校，深入批邓反击右倾翻案风的报告》。

这个批判运动，带来“左”的错误重新泛滥，又有一批干部群众重新遭受到打击。

十一、庆祝粉碎“四人帮”历史性胜利

毛泽东逝世前后，“四人帮”加紧阴谋活动，迫不及待地要篡夺党和国家的最高领导权。1976 年 10 月 6 日，以华国锋、叶剑英、李先念等为核心的中央政治局，执行党和人民的意志，采取果断措施，对江青、张春桥、姚文元、王洪文实行隔离审查，江青反革命集团被粉碎。23 日，全县 40 万军民怀着万分激动和喜悦的心情，隆重举行庆祝大会，热烈庆祝华国锋同志任中共中央主席、中央军委主席，热烈庆祝粉碎“四人帮”的历史性胜利。“文化大革命”的十年内乱至此结束。

第八章　伟大历史转折和中国特色社会主义的开创时期

第一节　拨乱反正的展开

一、开展“一批二打三整顿”工作

（一）全面揭批查“四人帮”的帮派体系

粉碎“四人帮”的胜利，虽然结束了“文化大革命”的内乱，但是持续十年的“文化大革命”对整个社会的影响很深很广，积累下许多严重的政治问题和社会问题，给人们的思想造成极大的混乱，给党和国家造成的严重后果及影响依然存在。遵照中央和省委的部署，中共平和县委及时将活动转入学习中央文件和揭批查“四人帮”的斗争。

一是深入学习中央和省委、地委关于揭批查“四人帮”会议精神和有关材料。10月18日，中共龙溪地委召开学习《中央打招呼会议的精神》会议。县委首先向县直机关组局长和参加县工人、贫下中农学习毛主席著作代表大会的公社常委做了传达，并于21日、22日、23日、24日连续四天利用多种渠道、不同方式迅速向全县党员干部和群众传达中央打招呼会议的精神。连日来，全县无论是城镇、农村还是山区，到处红旗招展，锣鼓喧天，鞭炮震天，到处张贴、悬挂庆祝胜利的巨幅标语，夜夜有火炬游行，层层召开庆祝会、声讨会。到11月4日统计，全县参加庆祝游行活动的人数达到869960

人次，县、社召开了452场声讨、批判大会。这是历史上空前的。同时，各公社党委还开展补课和举办理论骨干学习班的方式，传达中央深入揭批查“四人帮”的精神，注意广度深度的结合，努力做到家喻户晓，人人明白。县直机关集中两天培训党支部委员以上骨干，并从10月27日开始，实行半天工作，半天学习，深入揭发批判“四人帮”滔天罪行。

通过深入揭批查“四人帮”运动，掀起学习马列著作和毛主席著作新高潮。1976年10月中旬，召开工人、贫下中农学习毛主席著作代表大会和工农业余教育先进单位、积极分子代表大会。县委做出关于认真学习毛主席著作，永远高举和坚决捍卫毛主席伟大旗帜的决定，号召全县人民在1977年9月9日前，通读《毛泽东选集》4卷，整顿巩固3230所的政治夜校，学习人数达19万人，各级领导带头，健全学习制度，不断把学习运动推向深入。一个群众性学习马列著作和毛主席著作的运动在全县蓬勃兴起。自1976年10月下旬至1977年4月，全县发行马列著作和毛主席著作4330多册，还购买毛主席光辉画像19000多张，有关悼念毛主席的小册子49000多册。基本上做到社员户户、干部人人有一套《毛泽东选集》。

二是放手发动群众，大打揭批查“四人帮”的人民战争。全县大张旗鼓地宣传贯彻中央关于揭露“四人帮”罪行的〔1976〕16号、24号文件和〔1977〕10号文件，联系农村斗争实际深揭狠批“四人帮”大搞“三搞一篡”“三反一砍”的阴谋和反革命的罪恶历史，清查与“四人帮”有关的人和事，把揭批查“四人帮”的斗争步步引向深入。开展群众性的“三回顾三查”活动，回顾在“四人帮”横行的时候，当时的思想认识和看法，查路线感情；回顾当时的立场、态度和言论，查思想体系；回顾当时的工作斗争的表现，查革命斗志。在“三回顾三查”的基础上，进行“三大治”：治“四人帮”的流毒、治“四人帮”的帮派体系、治“四人帮”的社会基础。先后搞了15个试点，带动面上的工作；举办骨干训练班432期，培训骨干1900多名；还组织240支宣讲队、336支漫画队，深入偏僻山村，挨家挨户登门宣讲，巡回展出画展《“四人帮”丑相》，做到家喻户晓，人人明白，动员全县人民，人人口诛笔伐。据不完全统计，到 1977 年 4 月底，全县共召开批判、声讨大会 14430 场，参加人数达 160 万人次，上台发言的有 27727 人次，办了 7444 个专栏，写出大字报 259000 多篇，还有 26 万多篇的批判文章，122000 多幅的漫画，有力地揭发批判“四人帮”篡党夺权的阴谋、反革命面目和罪恶历史及其祸国殃民的极右路线，有力地揭发批判“四人帮”在福建亲信一伙的罪行。

1978 年 9 月间和 10 月上旬，县委召开县委常委扩大会、公社书记会、县直机关干部职工大会、三级扩干会等，传达贯彻中央 37 号、42 号文件和省委工作会议精神，分析林彪“四人帮”假左真右路线在平和县的流毒和影响，抓住流毒广、危害大、影响深的问题，开展整风，大揭大批，进一步肃清流毒，清除余孽，拨乱反正，提高干部的政策思想水平，促进干部转变作风，更好地带领群众继续大干快上。

继三级扩大会后，于 1978 年 10 月 28 日，县委在县、社同时召开有 3000 多人参加的工人、贫下中农代表会议，依靠阶级力量，大揭盖子，掀起“一批二打”运动的新高潮，帮助县、社党委整风，进一步放手发动揭批林彪、“四人帮”的第三战役，并开始拨乱反正，落实政策。

1978 年 11 月 10 日，中央工作会议在北京召开，会议提出结束揭批查“四人帮”的群众运动，把党的工作重点转移到社会主义现代化建设上来。此后，平和县揭批查“四人帮”运动基本结束。

(二)开展“双打”群众运动

1.“双打”运动的开展

通过揭批查“四人帮”，狠狠地打击阶级敌人的破坏活动，打击资本主义势力，全县以点带面地开展“双打”(即打击阶级敌人的破坏活动，打击投机倒把贪污盗窃活动)的斗争。根据中央、省委、地委的文件会议精神，从 1977 年 8 月开始，县委成立专门的领导小组和办公室，部署全县开展“一批二打”运动。运动先在机关、农场、企事业单位展开，继而深入全县 15 个社、场。在这场斗争中，做到书记亲自抓，分管常委具体抓，有关部门配合抓，内外结合，上下一起揭，大造革命舆论，使贪污盗窃投机倒把分子像老鼠过街人人喊打。

全县抽调876人,建立256个清财领导小组,组织1226人的清财专案人员,全县14个公社共抓了41个重点单位,做到经验点上来,会议点上开,问题点上摆,作风点上带。到年底,共查出贪污盗窃1105人,贪污款项204600多元,贪污粮食16750多斤,其中粮钱千字号的有73人,5000元以上的人查出投机倒把分子173人,暴利54300多元。贩卖粮票64万多斤,其中千字号10人,万字号的1人,镇压了投机倒把首犯江海涌,12人判刑,退赔695人,退回赃款84194元,粮食21000多斤,与此同时收回私人占地2446亩,处理包产到户222个小队,收回耕牛28头,处理了副业单干63项1224人,外流劳力归队824人。1978年,县委又抽调县、社干部1304人,组成229个工作队,深入农村继续开展"一批二打"的运动。建立256个清财小组、325个专案组,具体负责对经济案件的查证、落实和定案工作。运动于1979年底结束,全县共查出犯有贪污盗窃、投机倒把等经济问题1046人,金额45万元,粮食10万公斤,追回退赔款33万多元、粮食8万多公斤,有力地打击资产阶级的猖狂进攻,批判了资本主义倾向,进一步端正社会主义方向道路,巩固了社会主义经济制度,巩固和发展了集体经济,推动"农业学大寨,建设大寨县"运动的发展。

2.运用典型,打开"双打"的新局面

南胜公社党委1977年8月上旬召开万人批斗大会,批斗贪污盗窃分子粮站仓管员林荣三等犯罪分子,广大干群义愤填膺地揭发批判他们破坏社会主义经济制度,破坏"农业学大寨",破坏无产阶级专政的罪行,通过大揭发、大批判,掀起了"一批二打"运动的新高潮。公社党委运用批斗大会大造革命声势,发动群众大揭大批"四人帮"复辟资本主义罪行的同时,各单位紧密联系斗争的实际,谈认识,摆疑点,找线索,开展"三查三看"活动,即查经营作风,看是否端正;查生活作风,看是否艰苦朴素;查企业管理,看执行规章制度情况。通过"三查三看",又查获贪污盗窃分子供销社综合批发部仓管员朱鲁生。安厚公社党委选择社直机关作为重点,用不长的时间突破了2个贪污盗窃集团:一是安厚供销社采购组张才华、张寿山、林亚生等3人为首的贪污盗窃集团27人,他们利用虚报冒领空头凭证,以少报多,内外勾结、盗窃物资等手段,贪污公款、盗窃烟叶、化肥、黄麻;另一个是南门大队代销员曹建光,几年来贪污公款、挪用公款、投机倒把,同时还拐卖妇女、敲诈勒索等。九峰公社党委在营业所开展“清经济”运动,突破下北、东富、汀溪等大队信用社干部,清查出贪污挪用、内外勾结、投机倒把12人。坂仔公社党委抓住五三大队为重点发动群众,检举揭发榅江头生产队社员赖朝奎利用鱼苗搞投机牟取暴利,突破赖朝奎的问题,推动全大队清经济工作,全队共查出贪污盗窃、投机倒把248起,119人。大溪公社党委在林坑大队查出叶文彬等4人勾结广东省饶平县果菜公司采购员林达成,串通大溪供销社负责人,签订所谓“合同”非法收购菜头籽进行投机倒把活动。长乐公社党委在秀峰大队揭发出社员游锡三长期贩卖耕牛和棺木,投机倒把,牟取暴利。

(三)“三整”运动的开展

为认真解决由于“四人帮”破坏而造成的思想不纯、组织不纯和作风不纯的问题,根据中央和省地委指示精神,平和县于5月全面展开整党、整风、整顿经营管理的“三整”运动。

通过“三整”运动,全县党员干部的面貌起了很大的变化。其一是领导作风的变化,据初步调查:从1976年12月1日至1977年11月30日为止,县委常委平均劳动84天,有2人达到100天的要求;公社党委112人中,平均劳动达158天,有21人达到200天的要求;大队支委1325人中,平均劳动达227天,有384人达到300天的要求;工作队1076人,平均劳动达153天,有187人达到200天。其二,整顿、调整、充实、提高基层党组织,在226个农村党支部中,一类支部由原来71个增加到111个,占49%;二类支部由原来119个下降至107个,占47%;三类支部由原来36个下降到8个,占4%。其三,在全县15个社、场中,学大寨先进社有10个,占66%;在227个大队中,学大寨先进队有153个,占67.4%。其四,全县集体分配年人均收入在40元以下的大队,已由1975年的127个大队,下降到68个大队。同时,县财贸系统树立了县食品公司、坂仔供销社、山格税务所、五寨粮站、大溪信用社、九峰市管会、双田购销店和文峰财政等 8 个先进典型，利用一切宣传阵地，大力宣传学大庆、学大寨和开展社会主义劳动竞赛的伟大意义。经年终总评，1977 年县财贸系统涌现出先进单位 62 个，先进集体 128 个，先进工作者 520 人。

（四）中共平和县第四次代表大会召开

为了贯彻落实党的十一大路线和五届人大精神，1978 年 3 月 4—7 日，中共平和县第四次代表大会在县城召开，出席代表 573 人。会议选举产生中共平和县第四届委员会和县纪律检查委员会；选举出席省党代会代表 11 人。3 月 8—10 日，县第八届人民代表大会在县城召开，453 位代表出席会议，县直机关领导和公社、大队干部列席会议。会议选举县革委会主任、副主任和委员。

县第四次党代会，是贯彻落实党的十一大路线和五届人大精神的一次大会，并已经开始着手整顿党的作风，加强党的建设，做出《关于发扬党的优良传统和作风的决定》的六项规定，对接下来平和县的各项工作起了一定的指导性作用。但是，这次大会还深受“左”的思潮的影响，因而大会还在继续开展深入揭批查“四人帮”的活动，前一阶段一些错误的做法和决定，非但没有得到纠正，反而得到进一步的深化。例如，继续对陈天才进行错误批判，并无端地把他同“四人帮”及其在福建省亲信陈佳忠、郑重、庄志鹏、李庆霖一伙阴谋篡党夺权的滔天罪行混为一谈，从而使平和县的整风运动没有得到实质性的开展。

二、平反冤假错案和落实政策

1978 年 4 月 6—7 日，县委在芦溪公社召开常委扩大会，会议就落实政策，特别是落实人的政策的问题做了专题的研究，突出两种情况：一种是，几年来在林彪“四人帮”的庇护下，重罪轻判，民愤极大的要重新定性；另一种是，在林彪“四人帮”流毒影响下，结论不当、定性不准的，特别是被“四人帮”及其帮派体系诬陷不实之词，要一律推翻，迅速落实。

（一）“文化大革命”中的冤、假、错案和解决历史遗留问题

党的十一届三中全会以后，县委虽然抓了冤假错案的平反工作，但是因种种原因，进展缓慢。1979年底，中共平和县委调整后，认真贯彻中共十一届三中、六中全会精神，开展实践是检验真理的唯一标准问题的讨论，拨乱反正，全面清理“左”的思潮影响。县委调整和充实办案队伍，加快落实关于人的各项政策，到1985年基本完成“文化大革命”、反右派、“反右倾”、“四清”等运动中受批斗和立案审查的1961人的复查、平反、纠正工作。先后召开36场平反大会，颁发3332份平反书，有1020名干部职工被安排工作或恢复公职，另有389人办理退休退职，并做好非正常死亡人员的善后工作。发给被打伤致残的人员生活补助款15.7万元，给被错误处理的干部职工离队期间补发工资55.9万元，退还被查抄的物资7805件。完成“文化大革命”期间受到党纪处分的355名党员复查纠正工作。在“文化大革命”中被加上罪名的老区和老区人民也得到平反昭雪，恢复名誉。同时，解决了一批历史遗留问题。对第二次国内革命战争、抗日战争和解放战争时期，在“肃反”中被错杀的267人进行平反昭雪，给其亲属发补助款5.3万元，给20名直系亲属定期补助。对新中国成立前入伍，新中国成立后离队的人员45人分别收回安排工作，或办理离休、退休退职，有16人恢复党籍。复查275人的历史老案，收回安排工作55人，办理退休退职166人。还落实知识分子政策、工商业者政策、华侨政策、台胞台属政策、宗教政策、国民党起义投诚人员政策，以及给“地、富、反、坏分子”摘帽和改变成分等。政策的落实，促进了全县安定团结。

（二）全面落实党的政策

在落实党的政策过程中，县委深入调查研究，根据平和的具体情况，从实际出发，狠抓重点的突出问题：为平和老区平反，落实农村干部政策，解决地下党历史遗留问题。

1.认真落实党的政策，恢复革命老根据地名誉

平和县是福建省4个重点老区县之一，是原中央苏区县。1926

年成立了中共平和支部，1927 年成立中共平和县委，1928 年 3 月 8 日，以朱积垒为首的中共平和县委，举行了震撼八闽大地的平和暴动。在长期革命斗争中，红色区域不断扩大。老区的人口占全县总人口 80%，全县有 200 多个老革命基点村、400 多个老区村、200 多个游击村，使闽西、闽南、粤东革命根据地连成一片，党组织和革命武装不断增大，斗争历史连续不断，直到解放，红旗不倒。但在“文化大革命”中，老区被诬陷为“反动的、落后的、低下的”，有相当多的老区干部群众被加上“叛徒”“土匪”等罪名，遭到了迫害。

1981 年夏收夏种后，县委开始着手抓老区问题的平反工作。县委经一个半月时间的调查研究后，及时召开老区代表座谈会，倾听他们的意见。在这个基础上，县委在 10 月 14 日晚上，召开了老区问题平反大会。出席大会的有县 4 套班子成员，县直机关单位干部职工共有 1000 多人，37 位老区代表同县委领导一起在主席台上就座。会上，中共龙溪地委副书记兼中共平和县委书记苏海成，地委常委、行署副专员陈天才分别讲了话，老区代表也发了言。大会实况用有线广播转播全县。会后给在“文化大革命”中被强加上“莫须有”罪名的老区干部群众发了平反书。

这次给平和老区人民平反昭雪，主要解决以下四方面的问题。

一是恢复老区光荣的革命历史。明确平和地方党组织的历史是从 1926 年开始，指出 1970 年在上报召开县党代会的报告中，提出平和农村自 1953 年才开始建立党的组织，是不符合历史事实的。给在“文化大革命”中被打成“叛徒”“土匪”“老反革命”的革命有功的“五老”(老赤卫队员、老游击队员、老交通员、老地下党员、老接头户)人员平反，加在他们头上的不实之词都给予推倒，恢复其名誉。

二是公开为陈天才、沈亚发平反。在“文化大革命”中，因受到“以陈天才为首的地下黑司令部”“以沈亚发为首的闽西南地下分指挥部”的罪名株连的大批干部、群众、党员等，给予公开平反，并做了妥善处理。

三是为 1970 年在平和围剿所谓“张蓝赖武装集团”而遭到批斗抄家的大批干部、群众平反，对当时强加在老区干部、群众头上的一切不实之词给予推倒。

四是为 1970 年搞的所谓“乌山事件”平反。

2.清除“左”的影响，把基层干部的政策落到实处

平和县是在“文化大革命”中受害较为严重的地方。全县 227 个生产大队，原有正副大队长、支部书记 682 人，在“文化大革命”中都受到不同程度的打击和迫害。由于“左”的影响，大批基层干部被强加上种种罪名，长期靠边站。截至 1979 年底，全县保留原任职务的仅 36 个大队支部书记、10 个大队的大队长，有 4 个公社的书记被撤换。十一届三中全会后，县委虽召开了大会为农村基层干部平反，但由于“左”的思想影响未彻底清除，问题没有得到彻底解决，还留有尾巴，有的在政治上平反了，但对其工作和生活问题没有给予合理妥善安排。

1979 年底，县委的领导班子调整后，县委抓紧落实农村基层干部的政策。县委书记和各公社党委书记都亲自抓这项工作，发动全党上下一齐抓，扫除障碍，为在“文化大革命”中受到打击和迫害的农村基层干部彻底平反，搞好团结，做好善后的安排工作。1980 年 5 月后，县委和各公社党委先后召开了平反大会，为在“文化大革命”中受到审查迫害的干部进行平反昭雪，恢复名誉。经过一年多的努力，基本解决农村基层干部受迫害而靠边站的问题，在“文化大革命”前担任过正副大队长、党支部书记职务的 682 人，除死亡 51 人，犯严重错误 21 人，年老体弱长期患病不能工作的 41 人外，到 1981 年 7 月止，已给安排任大队以上职务的有 379 人，任社办企业负责人的 88 人，队办企业负责人 9 人，大队管委会委员 7 人，调解主任 5 人，生产队长 5 人，国家集体单位临时工 27 人，招工招干 37 人。余下 22 人尚未安排的，大部分是抽调去参加贯彻中央〔1980〕75 号文件的工作队。对一些体弱多病、家庭困难多的同志，根据各公社的经济实力，采取不同形式给予必要的生活照顾和经济补助。

3.解决好地下党历史遗留问题，进一步促进安定团结

平和地下党是伟大光荣正确的中国共产党的一个组成部分。它所领导的革命武装力量是中国人民革命武装的一个组成部分。

但平和地下党有不少历史遗留问题，拖了好长时间，得不到彻底解决，原因首要是由于“左”的思想影响，其次是工作耽误，造成失误。所以，在历次政治运动中，地下党同志遭到许多委屈，有的同志革命历史功绩没有得到承认，有的同志党籍没有得到及时恢复，有的受到错误处理，有的含冤离开人世……

为了公正地处理平和地下党的历史遗留问题，拨乱反正，县委遵照中共中央领导同志关于“地下党历史遗留问题要很好抓一下，公公正正地解决”的批示和中共福建省委〔1982〕34 号文件精神，于 1982 年 9 月成立处理地下党历史遗留问题领导小组及其办公室。办公室分设“党籍、冤假错案、非正常离队、五老”4 个组，各乡、镇、场及县直各有关单位，相应成立领导班子，立即开展工作。

县委通过深入调查研究，扎扎实实地开展工作，经三年多的努力，实事求是地解决以下问题:(1)关于党籍问题，审理结果，报上级批准，恢复党籍 16 人。(2)关于刑事冤假错案问题，复查结果，在原判死刑 36 人中，改判无罪 25 人，不予追究刑事责任 3 人。(3)关于非正常离队，失去公职的问题，受理结果，收回安置 1 人，办理离休 7 人，办理退休 10 人，办理退职 27 人，按在职死亡发给丧葬费、抚恤金的 2 人，补办退职手续发给一次性退职金 5 人，给予定补的 114 人。由县人武部受理复查原在县大队、区中队离队人员，复查结果，给予定补 26 人。(4)错杀问题，经复查平反昭雪 269 人(一战 228 人，抗战 28 人，解放战争 13 人)。(5)案外案问题，由公安系统复查平反 66 人，由乡镇复查平反 410 人。(6)关于地下党干部调资及抢救使用问题，调升一级的 56 人，调升两级的 20 人，调升三级的 2 人，抢救使用地下党干部 9 人。(7)关于认定“五老”问题，第一批认定 1829 人，第二批认定 4081 人。(8)关于追认烈士问题，查清经上级批准追认为革命烈士 137 人。处理地下党的历史遗留问题，到 1985 年 12 月基本结束。

通过上述这些政策的落实，有效地调动社会各阶层人员的积极性，对促进社会安定团结，巩固和发展爱国统一战线，推动现代化建设事业的发展起了重大作用。

第二节　开展真理标准问题的讨论和党的工作重点转移

一、开展真理标准问题的讨论

1978年11月5—11日，中共平和县委召开了“真理标准问题”的讨论会，参加会议的有各公社、场宣传委员或宣传干部，各中学政治教师，县直机关县人武部以及部分工厂企事业单位的理论骨干和宣传系统所属单位的负责人，共57人。会议期间，大家学习毛泽东的《实践论》《在扩大的中央工作会议上的讲话》《邓小平在全军政治工作会议上的讲话》等文章。会议以毛泽东一向倡导的实事求是的观点和民主集中制的基本原则作为指导思想，大家发扬理论联系实际的优良学风，解放思想，畅所欲言，联系实际，大摆林彪、“四人帮”歪曲、反对马列主义、毛泽东思想的表现，大批他们的罪行，逐步认识到实践是检验真理的唯一标准是马克思主义认识论的基本观点。会议围绕“实践是认识的唯一来源”“实践是检验真理的唯一标准”“马克思列宁主义、毛泽东思想也是一分为二的”等问题展开讨论。到会同志逐步弄清主观和客观、意识与存在、理论与实践的辩证关系，认识到世界上的一切事物都是一分为二的，不同事物可以从不同的角度去一分为二，真理既是相对的，又是绝对的。大家认识到理论与实践相结合的重要性，认识到必须坚持实践第一这个马克思主义的基本观点来指导革命运动。

1979年，县委深入开展宣传贯彻党的十一届三中全会、四中全会、全国五届人大二次会议精神，认真组织广大党员、干部、群众学习《叶剑英同志在庆祝中华人民共和国成立30周年大会上的讲话》，开展群众性的关于真理标准问题的大讨论，又举办3期理论骨干学习班，培训骨干820人。从这年年初开始，还组织县直机关各单位和农村基层单位、学校普遍开展这一问题的讨论。10月中旬，县委召开真理标准问题讨论会，会后又在全县开展一个真理标准问题的讨论月活动，印发12000多册关于真理标准问题的学习材料，分发给各机关单位和基层党支部，供广大干部、群众学习使用。在学习中，县委领导到干部、职工中去，共同讨论，共同提高认识，进一步打开广大干部、群众思想解放的大门，坚持实事求是这个马克思主义的基本观点，进一步清理林彪、"四人帮"的"左"的影响，把广大干部、群众的思想统一到三中全会的路线上来。广大干部、群众认识到党的十一届三中全会的历史功绩，明了"两个凡是"的观点是错误的，明了要准确地完整地掌握毛泽东思想体系，要坚持实事求是的马克思主义基本观点。县委一班人，吸取过去受"左倾"错误影响的教训，深入社队做调查研究，看到人民公社经营管理过于集中，分配上存在着严重的平均主义的倾向，从实际出发，提出多种形式农业生产责任制，调动农民生产积极性。芦溪公社的干部群众，联系前几年公社某些领导人推行极左的路线造成的恶果，提高了认识，分清社会主义与资本主义的界限，清理了林彪、"四人帮"的流毒和影响，端正思想路线，干部群众的精神面貌发生根本的变化，农民的积极性调动起来了。平和农机修造厂干部职工深入开展真理标准问题的讨论，利用经济规律，实事求是地总结本厂走过的历程，深刻地体会到：管理就是生产力，社会主义企业如果不发展生产力就从根本上背离了社会主义道路。他们开始进行企业整顿，抓好企业管理，使这个厂的面貌发生深刻变化。1979年1—10月，产值达125.75万元，比1978年同期增长5%，利润完成22600元，比1978年同期增长47.6%，10月创生产的历史最高水平。

二、迈开改革开放的步伐

农业合作化以后，在农村集体经济的基础上，农业生产力有了相当的提高。但是"政社合一"的人民公社，经营管理过于集中，分配上存在着严重的平均主义倾向，这种体制不利于调动农民的积极性，在很大程度上抵销国家对农业的巨大投入，致使农业生产的发展和农民生活的改善都比较缓慢。十一届三中全会以后，县委按照中央的指示，把工作重点转移到经济建设上来，实行一系列的改革，首先进行农村改革。

1979年春，在全县大张旗鼓地宣传贯彻党的十一届三中全会精神，在农村实行经济体制改革，广大的农村基层干部和农民群众，解放思想，因地制宜，开始建立不同形式的农业生产责任制，试行包产到组的农业生产责任制。当年全县包产到组的有1517个生产队，占总队数的34.7%；队长派工的有275个生产队，占总队数的10.01%。1979年9月，十一届四中全会通过的《关于加快农业发展若干问题的决定》中强调"除有法律规定者外，不得用行政命令的方法强制社队执行，应该允许他们在国家统一计划的指导下因地制宜，保障他们在这方面的自主权，发挥他们的主动性"。这就为鼓舞农民在实践中创造新的经验，并据以进行农村的体制改革敞开大门。在党的十一届三中全会精神指引下，县委坚决贯彻落实党的路线、方针和政策，全县上下进一步解放思想，联系实际，深入批判极左思潮，肃清其流毒和影响。通过学习和总结历史经验，广大干部群众提高认识，真正把工作重点转移到现代化建设上来，从而调动各方面的积极性，团结一致，同心协力，为加快全县改革开放和社会主义建设事业起了重要作用。从此，平和人民在党的领导下，迈开改革开放的步伐，在新的历史条件下，开始新的历史发展时期。

第三节　沿着党的十三大路线团结奋进

从1984年至1987年，县委认真落实中央和省市委的各项战略部署，紧紧抓住经济建设这个中心，坚持四项基本原则，坚持改革、开放、搞活，坚持社会主义物质文明和精神文明一起抓，全县人民团结奋斗，艰苦创业，在胜利完成了"六五"计划之后，又实施"七五"计划和脱贫致富规划。政治上安定团结，经济上持续发展，扶贫工作初见成效，人民生活逐步改善。

一、从思想、作风、组织、纪律等方面，加强了党的自身建设

全面完成整党任务。按照中央关于整党的决定和省市委的部署，从1985年4月开始，用2年又4个月的时间，分3批自上而下地进行了整党。共有17个党委会，10个党组，19个总支，554个支部，11888名党员参加。在整党工作中，县委多次进行了专题研究和部署，制订了实施方案，成立县委和各大口、各乡镇整党工作指导小组，抽调693名干部抓整党工作。先后举办了3期培训班，培训整党骨干443名，派出530名联络员和宣传员深入农村和基层整党单位。在统一思想、整顿作风、加强纪律、纯洁组织等4个方面都取得比较明显的效果。组织62名专职办案人员，认真、严肃、慎重地查处了77起经济和各类违纪案件，查清了平和县在“文革”中发生的4起严重和比较严重的武斗事件，以及非正常死亡人员的死因。立案核查对象已基本做出结论，并分别做了处理。做好组织处理和党员登记工作，开除党籍16人，留党察看17人，撤销职务4人，严重警告20人，警告26人，不予登记54人，延长预备期5人，取消预备党员资格10人，进一步纯洁了组织。村级整党中清出贪、占、挪等各种款物计300多万元，并边清边退，建立和健全财务制度。各级党委重视加强基层党组织的建设，调整充实领导班子，增强了战斗力。全县涌现出一批党性强、威信高、能带领群众坚决执行党的方针、政策，出色完成各项任务的好支部。

县委坚持不懈地抓党风建设。县乡都健全了纪检机构，充实了纪检干部，加强了党的纪律监督。清理了党政机关和党政干部经商办企业问题，整顿了行政性公司，制止和查处了违反政策的有奖销售，制造和销售假冒伪劣商品，乱涨物价，偷漏税收，滥发奖金实物，招工招干、农转非“走后门”，以及贩卖淫秽物品等问题。有力地打击了借改革之名，行以权谋私、违法乱纪之实的行为，整肃了党风。1986年全市精神文明大检查时，荣获了“正党风，带民风，加快脱贫致富步伐”单项奖。

巩固和发展整党成果，搞好党的经常性建设。一是坚持正面教

育，提高党员的素质。采取多层次、多渠道、多样化的办法，对党员进行党性、党风、党纪教育，开展十一届三中全会路线的再学习、再教育活动。领导带头学，县委成立了中心学习组，多次召开有五套班子成员参加的专题学习会、讨论会。县五套班子成员和副科级以上领导干部，分批参加市、县党校学习。还举办"坚持四项基本原则，反对资产阶级自由化"等6场专题讲座。县和14个乡镇党校共举办61期培训班，受训党员达1万多人次。采取电化教育手段，扩大教育面。自制《五寨乡在脱贫致富中前进》《霞寨乡大湖村党支部带领群众脱贫致富》等4部录像片，到乡村巡回播放。组织优秀党员演讲团到基层演讲，介绍他们自己的经历和事迹。开展"新时期怎样发挥党员先锋模范作用"问题的大讨论，此外还开展党的知识竞赛、党员联系户、谈心、"创优争先"等活动。三年来，涌现出55个先进党支部、25个先进党小组、331名优秀党员，分别受到省市县的表彰。二是坚持民主集中制，健全党内民主生活和"三会一课"制度。县委坚持民主集中制原则，实行集体领导和分工负责相结合。县乡党员领导干部自觉过好双重组织生活会，定期进行民主考评，接受党员和群众监督。三是加强党的组织建设。根据干部"四化"要求，大胆把德才兼备的优秀中青年干部提拔到各级领导岗位上。三年来，共提拔了105名担任科级以上的领导职务，其中大中专文化程度占76.1%。各级党组织重视培养、考察和发展优秀青年和优秀知识分子入党，共发展1579名新党员，其中有33.9%是大中专毕业生，有80%是优秀青年。

重视机关建设，增强机关活力。县委十分重视和多次抓了机关作风整顿，重点抓完善岗位责任制，逐步实行了领导干部考评、乡镇工作目标考核、干部工作日记等制度。各级领导和党员干部，树立"领导就是服务"的观念，改进领导作风和工作方法。五套班子领导挂点乡镇，72个县直科级单位与32个山区贫困村挂钩。98名县直机关干部常驻乡村协助基层工作，为贫困村办实事。从县五套班子成员到部门领导，普遍重视面向基层、深入实际、现场办公，为基层排忧解难，提高办事效率。县委重视抓信访工作，倾听群众意见，关心群众疾苦，热情接待来访，及时处理来信。三年来共受理人民来信来访4872件，已处理的占94.7%。

二、改革继续深入，开放加快步伐

三年来，县委和各级党组织认真贯彻执行了中央关于深化农村改革和城市经济体制改革以及省委《关于加快开放、改革步伐，大力发展外向型经济的决议》等一系列重要文件的精神，领导全县人民深化改革，加快开放步伐，取得了一些开拓性的进展。

农村改革进一步深化。一是延长了土地承包期，基本稳定了农业承包关系，使农民对政策产生稳定感，消除了怕变的疑虑，发挥了积极性，更加珍惜土地，增加投资，培养地力，并在国家计划的指导和市场机制的影响下，合理安排，灵活经营。二是农村产业结构已逐步由单一的农业经济走向农林牧副渔多种经营同时蓬勃发展的路子。尤其是水果业的发展迅猛，仅1987年新种水果面积达59635亩，接近前37年来果树面积的总和，使水果面积达到12万多亩，户均1.4亩以上，比1984年增长3倍多；总产达25万担，比1984年增长1.8倍。乡镇企业的发展趋势更为喜人，1987年总收入突破亿元关，比1984年翻了一番多。乡镇企业的总收入由1984年占农村经济总收入的19.48%上升到34.17%。有19%的劳动力转移到乡镇企业上来。有部分乡镇已初步形成种养加成龙配套、农工商综合发展的雏形。三是农村已由单一的集体所有制和经营管理形式向多种经济成分、多种经营方式转变。四是农副产品的商品率显著提高；自给半自给的自然经济开始向社会化的商品生产转变。农村中涌现一批有较大规模、商品率较高的专业村、专业户、重点户，成为农村商品生产的生力军。

经济体制改革有了新的突破。三年来，县委按照中央的部署和一系列政策规定，进行了工业、商业、财政税收、工资、价格、物资等涉及经济体制各个方面的改革，出现了由单方位的农村改革汇入城乡交叉融合的改革的新阶段。本着放权于企业、服务于基层的原则，抓好简政放权，把中央和省市已经明确的企业扩权和搞活经济的政策措施落到实处。引导企业继续搞好内部的改革,厂长(经理)负责制由试点推广到全县。根据所有权和经营权分离的原则,16家预算内工业企业和6家中型国营商业企业,实行了一定三年的承包经营责任制。酒厂实行了租赁经营。26家小型商业企业采取了以租赁为主的放开经营。供销系统的14个基层社全部实行主任目标管理责任制。其他761个小型企业建立了不同形式的责任制,实现责、权、利的统一。

科技体制改革逐步展开,教育体制改革扎实进行。平和县改革了科技费用的使用办法,由无偿变有偿。进一步贯彻放宽放活科技人员政策,支持科技人员从事业余兼职或留职停薪搞科技承包,创办企业和民办科研机构。教育方面重点抓了基础教育、中等教育结构的改革,普及九年制义务教育,大力发展职业技术教育、成人文化技术教育和多种实用技术培训班。文化、体育、卫生等方面的体制也进行了一定的改革。

加快开放步伐,发展外向型经济。平和县积极鼓励企业与先进地区开展联合,注意运用扶贫政策和优惠措施,促进横向联合全面发展。农用车厂先后与省内外6个科研单位、108家企业进行了技术合作,从产品开发,原辅材料、零部件加工和销售等多方面协作和联合,使龙溪牌农用车成为拳头产品,生产1万多辆投放市场。该厂被国家机械委列为农用车规划定点厂,成为本县举足轻重的重点企业。九峰镇办瓷厂,通过与广东饶平锡康瓷厂联合,改进了工艺,提高了产品质量,以茶具为主的瓷器畅销国内外。南胜罐头厂、国强石料厂、山格农械厂、文峰矿业公司、长乐丝纱厂等企业也都通过横向联合,创办和发展起来。百货公司、纺织品公司、副食品公司、五交化公司等单位都与外地厂家开展经济联合。烟草、土产公司与北京、石家庄等卷烟厂建立了产销联营关系。县社贸易公司、日杂公司等单位分别与上海、重庆等外地198个厂家建立产销联营。建成创产值100万元的长毛兔、茶叶、柑橘、玫瑰茄、脱水蔬菜、土纸等6个产品生产基地,有创产值50万元的鳗鱼、石料、钩针抽纱、良种猪、羽毛等5个产品基地,由这些基地提供的出口产品占外贸收购总值的56%。外贸收购总值保持持续增长的好势头。从1985年以来,平均年递增54.5%,1987年达到1100万元,相当于1984年的3.69倍。布胶鞋、精制茶等厂建成投产,“三来一补”有了突破。加强旅游区的建设和管理,改善了交通条件,提高了综合服务的接待能力,海外游客增加,扩大了开放的渠道。

三、经济持续稳定发展,扶贫工作初见成效

县委带领全县人民大搞经济建设,广泛开展双增双节运动,大打脱贫致富翻身仗,社会经济持续稳定发展。1987年社会总产值26166万元,比1984年增长27.6%,年平均递增8.5%。人均国民收入272元,增长9.1%,年平均递增3.1%。工业产值由1984年的6245万元增加到10700万元,增长71.3%。机械工业遥遥领先,食品工业不断发展,化工工业生机勃勃,新兴工业迅速崛起,能源交通打牢基础。硬脂酸厂、布胶鞋厂和合成氨厂1.5万吨技改、精制茶厂、打火机生产线等项目,陆续投产。农业产值由1984年的11667万元增加到1987年的12449万元,增长6.7%。多种经营全面展开。甘蔗单产、茶叶总产单产、长毛兔饲养量和兔毛交售量等均居全市首位。琯溪蜜柚、芦溪晒烟等名优产品恢复扩大生产。3年共新造林49万多亩,封山育林70万亩。上峰水库续建工程上马,新荣水库的配套,以及乡、村办的各种水利设施的兴建、修复,不仅扩大了保灌面积,而且增强了抗灾的能力。城乡市场繁荣,购销两旺。1987年全县社会商品零售额达14703万元,比1984年增长45.1%,年平均递增13.2%;集市贸易成交额3691万元,比1984年增长68.6%,年平均递增19%。财政收入1216.55万元,增长37.19%;农民人均纯收入310元,比1984年增长27%,年平均递增8.3%。两年的扶贫,使22006户117713人基本上脱贫,分别占全县贫困面的72.6%和75.15%。城乡居民生活有了普遍提高。

四、精神文明建设有了明显的进展

1984—1987年,从县委到基层各级党组织都认真地执行十二

届六中全会和省委四届四次会议《关于加强社会主义精神文明建设的决议》,从指导思想上到具体行动上,都切实地加强了对精神文明建设的领导。坚持做到两个文明一起抓,两项任务一起下,两副重担一起挑,两个成果一起要,使精神文明建设有了新的进展。

重视精神投入,加强思想政治工作。县委成立了思想政治工作研究会,各大口和乡镇也相应成立,从理论和实践的结合上,探讨新时期思想政治工作的方法。建立思想政治工作制度,配备宣传员、报告员,充实政工队伍。努力改进工作方法,把政治工作和经济工作、改革、开放结合起来,渗透到一切工作中去。1986 年,县委重点抓了扶贫扶志、自力更生、奋发自强的教育,开展学习焦裕禄革命精神活动,克服干部群众中存在的安于贫困、无所作为和“等靠要”的依赖思想,树立脱贫致富信心和决心,使脱贫工作沿着正确的方向前进。

加强理想纪律和职业道德教育。在党员干部队伍中有的人,共产主义理想淡薄了,追求实惠;有的人说什么“讲大道理还不如讲‘大团结’”;有的甚至公开宣扬什么“理想理想,有利就想;前途前途,有钱就图”。针对这种状况,县委除了从正面宣传树立共产主义信念,宣传加强铁的纪律的极端重要性之外,还寓教育于各种活动中,组织关于理想纪律的读书、演讲活动。在党员和干部中,加强理想教育,组织十大行业青年开展“理想达标,争当业务能手,做文明青年”的竞赛活动。

开展创建文明单位的活动。三年来,县乡都把这项工作列入文明建设的总体规划,制定标准,以点带面抓实施,使先进面逐步扩大。文明单位不断涌现,有县合成氨厂、智生影剧院、琯城饭店等省级文明单位,5 个县命名的文明单位,16 个文明村镇,476 个文明户,67 个双文明户。同时,在广大城乡积极开展以“五提倡、五反对”为主要内容的移风易俗活动,还帮助农民建立“红白理事会”“文明理事会”等群众性的自我管理、自我服务、自我教育的民间组织,逐步形成婚事新办、丧事简办、乔迁省办、神事不办,破除愚昧落后的陈规陋习,形成讲文明、讲科学的新风尚。

进一步普及和提高教育科学文化水平。通过科技机构和科技网络,引进人才、引进技术,大力推广应用科技成果、普及科技知识、培训实用技术、落实“星火计划”项目等措施,使科学知识和技术得到进一步的普及和提高。讲科技,学文化,已蔚然成风,有文化、有技术、懂经营、善营理的新人不断涌现。教育方面,大力实施普及九年制义务教育法,增加智力投资。三年来从各方面筹集资金766万多元,其中群众集资共447万多元,新建校舍7万多平方米、修缮6万多平方米,办学条件有所改善。全县的教育工作者兢兢业业、辛勤工作。文化、体育、卫生也有了新的发展。

加强了社会主义民主和法制的建设,社会治安趋于稳定好转。县委坚持一手抓建设、一手抓法制的方针。三年来,连续打了三个战役十个仗,依法从重从快严惩了一批犯罪分子、犯罪团伙,沉重地打击了严重刑事犯罪和破坏改革开放的严重经济犯罪活动,扫除了社会丑恶现象,推进了社会治安的综合治理。政法队伍经受了锻炼和考验,发挥了人民民主专政保护人民、打击敌人、保卫四化的强大威力。同时,开展了普法教育。全县所有党政机关和95%的工厂、学校、企事业单位以及一些乡村都进行了普法教育,有4万多人学了法,扫除了一批法盲,普遍增强了法制观念,涌现了一批以法治厂、治校、治村、治街、治店的好典型,初步形成了学法、懂法、用法、守法的新风气。

第四节　加快改革开放和建设的步伐

从1987年至1990年,县委带领全县各级党组织、全体党员和群众,认真贯彻执行党的十一届三中全会以来的路线、方针、政策,坚持一个中心、两个基本点,实施“正党风、念山经、上工业、抓外向、靠科技、促民富”的发展战略,在改革开放和建设的道路上,迈出坚实的步伐,取得可喜的成就。

一、狠抓党的建设，全县初步形成抓党建的大气候

三年来，特别是党的十三届四中全会以来，县委把党建工作摆上了重要议程。在指导思想上，坚持一手抓党的建设，一手抓改革开放，消除淡化党的建设、削弱党的领导等错误观念的影响，在工作中切实做到"党要管党"，加强了党的自身的建设。

党员政治思想素质不断提高。县委围绕着马列主义基本理论、党的基本路线和党的基本知识，开展"新时期共产党员先锋模范作用大讨论"，组织"为民办实事、为党争先辉"和争先创优等活动，并通过县乡党校的培训、报告会、座谈会、研讨会、公告会、电化教育、党员活动室等多种形式，进行社会主义教育以及党的性质、理想、宗旨、廉政和勤政、党风和党纪等教育，使全体共产党员较好地发挥了先锋模范作用。在脱贫致富、山地开发和抢险救灾等方面，广大党员知难而上，带头响应号召，带头行动，提高了党在人民群众中的威望，涌现出一大批优秀党员和优秀党务工作者。

基层党组织战斗堡垒作用进一步发挥。县委坚持严实并举的原则，分期分批开展民主评议党员工作。在全县 12973 名党员中，妥善处置基本不合格党员 306 名，不合格党员 309 名，出党面为 2.38％，从组织上提高党员队伍的纯洁性和先进性。评处工作在省市会议上做了典型介绍。全县普遍开展一类支部达标活动，整顿后进支部，推行党建工作目标责任制和党员目标管理责任制，把各项任务和要求化为量性的目标，定期进行评比考核，从多方面加强了基层的组织建设，涌现出一批先进基层党组织。在发展党员工作中，遵循"坚持标准、保证质量、改善结构、慎重发展"的原则，三年来，吸收了 312 名优秀分子入党。选拔任用干部坚持德才兼备和五湖四海的原则，适时把德才兼备的优秀干部选拔到领导岗位上来，对提拔为副科级干部实行见习制的改革，有效地提高了干部队伍的素质。

党风建设和廉政建设扎实推进。县委坚持从严治党的方针，抓住查处党员违纪案件这个重要环节，从群众反映最强烈的问题入

手，坚决查处以权谋私、贪污受贿、违法违纪的案件。认真清理党政干部违法违纪建私房和有了私房又占公房，认真纠正行业不正之风等问题。三年来，共查处党员违法违纪案件99起，处理党员96名。多次运用行之有效的公告大会形式，公开典型大要案查处结果，对广大党员进行深刻而又生动的党风党纪教育。积极推进“两公开、一监督”为主要内容的廉政制度建设，在拥有人、财、物支配权和分配权的行政机关和企事业单位，确定30多个项目作为试点，以点带面，逐步深化。县委还以聘请廉政监督员、设立举报箱和“两公开一监督”专栏，建立监督部门联席会等做法，初步形成了一套党内党外结合、上下结合的监督机制。平和县查处大要案、召开廉政公告大会、实行“两公开一监督”的做法和经验，先后两次在全省党建会上做了典型介绍，并被省委列为政务公开试点县之一。

党群关系进一步密切。县委认真贯彻十三届四中、六中全会精神，先后做出了关于近期办几件群众关心的事、加强党同人民群众联系和组织干部深入基层办实事等决定。县委一班人率先垂范，务实真干。常委、副县长和人大、政协、纪检会的部分领导成员分管一线（系统）、挂钩一点（乡镇），强化责任，对中心工作和重点建设项目，主要领导亲自挂帅，协调督促落实。三年来，县委县政府确定要办的十件实事已基本完成。对各种突发性事件，领导身先士卒，带领有关人员深入现场，妥善处理，及时解决。几年来坚持了县直机关单位常年挂钩贫困乡村，组织党政干部分期分批下基层办实事，为群众排忧解难，深受广大干部群众的欢迎。各级党组织还通过工会、共青团、妇联、台侨联、工商联、科协、文联等群众团体的工作，充分发挥他们联系群众的桥梁纽带作用。坚持和完善领导接访群众制度，健全信访机构和网络，县乡领导轮流定期接待群众，做到事事有人办，件件有着落。通过各种组织形式，建立多种渠道和制度，恢复和发扬党的优良作风。

二、治理整顿成效明显，城乡改革逐步深化

县委坚决贯彻中央《关于进一步治理整顿和深化改革的决定》，

从实际出发，做出了相应的决定，采取一系列措施，切实解决改革和经济工作中的主要问题。

积极推进治理整顿。对1986年以来新开办的公司逐个进行清查，采取撤销、降格、合并等办法，予以整顿，认真清理固定资产投资，严格控制新上项目，确保上级批准的在建重点工程的实施。加强审计工作，开展财税和物价大检查，有效地制止财务活动中的违纪行为。消费基金过快增长的势头得到控制，物价明显回落，1989年下降了13.6个百分点，1990年控制在2%左右，市场趋于平稳。认真治理金融秩序，坚决依法收回到逾期贷款和不合理贷款，加速资金周转，积极开展储蓄，多方筹措资金，基本保证粮食和大宗农副产品的生产和收购、骨干企业的正常生产以及外贸出口对资金的需求。

继续深化城乡的改革。围绕稳定和完善家庭联产承包责任制，进一步完善双层经营体制。建立了村级经济合作组织，积极稳妥地试行"双田制"，加强农业承包合同的管理。积极试行农村投资体制的改革，增加对农业的投入，县、乡初步建立农业发展基金，部分村建立了农村合作基金会，多方动员和鼓励农民增加劳力投入，发挥了农民在农业收入上的主体作用。以上方面的改革，有效地促进了农村经济稳定协调发展。工贸企业的改革也逐步完善。坚持和完善厂长(经理)负责制，围绕着搞活企业、提高经济效益这个中心环节，逐步完善企业承包经营，积极推行企业共保合同制，明确企业与职工的关系，使企业形成外包与内保相结合的合理机制。同时，计划、劳动、财政、金融、税收、价格等方面的改革，也进一步得到巩固和发展。

三、经济建设稳定发展

三年来，地方经济持续增长。1990年与1987年相比，地方生产总值增长51.7%，三年平均增长14.9%；居民收入增长46.6%，年均增长13.6%；工农业总产值增长28.8%，年均增长8.8%；财政收入增长86.47%，年均增长23.1%。

粮食生产创历史最高水平。县委坚持把粮食生产作为稳定农村、稳定经济和综合开发的基础工作来抓，围绕着粮食的增产再增产，认真落实各项增产措施，做到面积与单产、水田与旱地、主粮与杂粮、建设吨粮高产田与改造中低产田四个一起抓，特别是把冬种小麦作为重要一季来打，实现“三熟”“三高产”，粮食总产比前三年增加6600万公斤，增长13%。其中1989年粮食总产达到19453万公斤，比历史最高纪录的1983年增产854万公斤，先后受到国务院和省市的表彰。

山地开发、绿化荒山成效显著。县委正视荒山面积大的现实，坚持不懈地带领全县人民大举向山进军，并不断总结经验，提高开发水平，初步实现从单一开发向综合开发，从粗放开发向工程开发，从零散开发向连片规模开发，从农户开发为主向重点发展集体林果场的转变。三年累计造林28.4万亩，封山育林60万亩，新种竹5万亩，飞机播种16.8万亩，使森林覆盖率由38.24%提高到44.2%，绿化程度由50.31%上升到58.2%。水果总面积达到18万亩，户均2亩。有8个乡镇实现了千亩果场，有198个村办起了百亩果场，全县乡、村集体果场达4.9万亩。山地开发使平和山貌呈现出林长果茂的景象，给人民群众带来了真正的实惠。县委的工作得到省、市领导的肯定和鼓励，两年三次在平和县召开了开发性生产、脱贫致富和开发山地、绿化荒山现场会。

脱贫致富已见成效，人民生活不断改善。县委始终把脱贫致富当作全县工作的中心任务列入重要议事日程，切实加强领导。扶贫工作实现从生活救济型向生产开发型转化。重点抓好“五个一”，即种好一份责任田，造好一亩林，管好一亩果、茶、竹，养好一头大牲畜，有一个劳务输出，使贫困户的收入稳定增长。三年中，农民纯收入增长51.8%，年均递增14.93%，1990年农民人均纯收入达到480元，有96%的贫困户脱了贫。重视山老区的道路、通信、供电、学校、医疗、防疫等设施的建设，人民生产生活条件初步得到改善。乡村集体经济也有了新的发展。

工业增强后劲，财贸稳步发展。为了改变平和县工业基础差、起步迟的状况，县委抓住扶贫和改革开放的机遇，充分利用扶贫的优惠政策，三年共投资2556.6万元，改造了10个老企业，兴建了9个新项目。这些项目全部达标生产后，可新增产值5200万元。乡村工业也逐步壮大，1990年产值5200万元，年均递增22.9%。财贸企业在市场疲软的情况下，积极扶持生产，组织货源，开拓市场，理顺流通渠道，保证人民生产资料和生活必需品的供给。1990年社会商品零售总额2.08亿元，比1987年增长41.6%，三年平均递增12.3%，城乡集市贸易呈现一派繁荣的景象。

外向型经济迈出了新的步伐。1988年，县委做出了关于加快发展外向型经济的决定。在全县范围内广泛开展“想外向、议外向、干外向”的宣传教育，增强全民开放意识，主动做好“三胞”工作，积极开展联谊活动，热心为外商提供周到、优质的服务。积极发展创汇农业，初步形成了水果、水产、畜牧、茶叶、竹笋、食用菌等出口商品基地，增强了出口创汇能力。加强基础设施的建设，三年共投资1455万元，基本完成了牛旧线小溪段公路改线和上峰水库续建、县城自动电话改制等三大工程。投资环境的改善，增强了对外商的吸引力，使三资企业从无到有，全县4家三资企业1990年产值1400多万元，“三来一补”工缴费达3.08万美元，利用外资额103万美元。1990年全县出口商品总值1450万元，比1987年增长31.8%，三年累计出口创汇830万美元。

四、精神文明建设有了新的发展

县委坚持以培养“四有”新人为目标，以开展“两德”教育为重点，着重在提高人的素质上下功夫。

精神文明建设活动广泛深入开展。平和县各级党组织进一步认识到新时期思想政治工作的重要地位和作用，加强了领导，稳定和充实思想政治工作队伍，建立思想政治工作研究会，卓有成效地开展各种活动。坚持把“双文明”建设落实到基层，职业道德、社会公德和做“四有”新人的教育不断引向深入，创建文明城镇、文明单位的竞赛活动持续开展，全县涌现68个文明单位。在城乡开展以

“五提倡、五反对”为主要内容的移风易俗活动，发挥各种民间组织自我教育、自我管理的作用。连续三年开展“两反一扫”统一行动，有力制止了迎神赛会等封建迷信活动，净化了社会风气。1990 年以来，广泛开展“岗位学雷锋、行业树新风”活动，好人好事不断涌现，弘扬正气、遏制邪气，人的精神面貌有了新的变化。在积极开展“扫黄打非”、整顿文化市场的同时，建立文学、书法等 10 多个艺术协会，举办平和县首届艺术节，开展文明健康的文艺活动，进一步丰富了群众的精神文化生活，提高了群众思想文化素质。

科技教育事业有了新的进展。三年来，不断推进科技体制改革，健全三级科技网络，组织科技人员进入经济建设主战场，通过推行“星火计划”，建立专业协会和各种学会，开展科技咨询和实用技术培训等活动，不仅取得了一批科技推广新成果，而且进一步提高了广大群众的科技知识水平。各级各类学校认真贯彻党的教育方针，继续进行教育改革，积极改善办学条件，三年集资 1188.9 万元，新建校舍 8.3 万平方米，农村中小学基本实现“一无两有”。成人教育、扫盲工作以及文化、卫生、体育事业也都有新的进展。

社会主义民主和法制建设进一步加强。广泛开展全民普法教育，广大群众的法律意识和法制观念不断增强。坚持不懈地依法严厉打击刑事犯罪和经济犯罪活动，加强社会治安综合治理，维护了社会的持续稳定，为深化改革扩大开放创造了良好的社会环境。进一步健全人民代表大会制度，强化人大的职能，支持人大依法行使职权。坚持和完善共产党领导的多党合作与政治协商制度，加强同人民政协和各界人士的联系，巩固和发展爱国统一战线。各级党组织努力发扬拥军优属的光荣传统，不断增强干部群众的国防观念和拥军意识，优待烈军属，关心“五老”生活，妥善安置转业干部和复退军人。人民武装部在民兵预备役工作、征兵、武器管理、军事训练及精神文明等方面取得了显著成绩，1989 年被国防部评为“全国民兵预备役工作先进单位”。

第九章　改革开放新阶段和把中国特色社会主义全面推向21世纪时期

党的十四大吹响了向社会主义市场经济进军的号角。1992年以来，中共平和县委、县政府坚决贯彻邓小平理论以及党的基本路线和基本方针，紧紧围绕建立社会主义市场经济体制这一改革总目标，从平和县实际出发，推进新一轮创业，社会主义市场经济体制不断完善，平和的改革开放和社会主义现代化建设由此进入了一个崭新的发展阶段。

第一节　邓小平南方谈话精神贯彻与大改革气候的形成

改革开放以来，平和全县上下坚持"一个中心、两个基本点"，扎扎实实地开展各项工作，全县政治稳定、社会进步，工农业生产有了较大的发展，工业产值、效益获得较快增长。

1992年1月，邓小平在南方谈话中明确提出"计划经济不等于社会主义，资本主义也有计划；市场经济不等于资本主义，社会主义也有市场"，"计划和市场都是经济手段"的著名论断，从根本上解除了把计划经济与市场经济对立起来，把市场经济看作属于资本主义制度范畴的思想束缚。同年10月，党的十四大提出社会主义市场经济理论，提出用若干年时间培育、发展、完善社会主义市场经济体系。党的十四届三中全会又通过了《中共中央关于建立社会主义市场经济体制若干问题的决定》，进一步把有计划的商品经济引向社会主义市场经济。

邓小平南方谈话发表后，县委及时在全县范围内开展了“进一步解放思想”的大讨论，统一认识，树立加快发展的新观念；并多次组团分赴香港、广东、温州、泉州、莆田等地考察学习，解放思想，转换脑筋。在经济建设上，县委坚持以“三个有利于”为标准，不看成分看发展，把发展非国有经济作为新的经济增长点来抓，制定出《加快发展股份合作和个体私营经济的若干规定》，并召开全县鼓励、扶持发展股份合作和个体私营经济动员大会，促使股份合作和个体私营经济迅速发展。县委还制定了《关于鼓励机关、企事业单位和基层干部职工开发山地，造林种果栽竹的规定》，推动了全县的山地综合开发。县委两次在九峰镇召开经济研讨会，换脑筋，理思路，研讨平和改革开放和经济建设中具有全局性和关键性的问题，修订经济发展的战略目标，为党的十四大精神贯彻落地，做了比较充分的思想和工作准备。

第二节 市场经济改革取得初步成效

党的十四大召开后，县委于 1992 年 11 月上旬召开七届五次全体（扩大）会议，对学习贯彻党的十四大精神，做出全面部署。县委明确提出“聚精会神，抓住时机，加快发展股份合作、个体私营经济，加快基础设施建设，优化农业产业结构，转换企业经营机制，搞活商品流通，全面增强综合实力，努力实现‘翻三番、奔小康’，把全县两个文明建设推向新阶段”的总体要求。并根据这一总体要求，确定经济建设重点。进一步贯彻《全民所有制工业企业法》和《全民所有制工业企业转换经营机制条例》，把企业的各项权力和责任不折不扣地落到实处，紧紧地抓住国有企业机制转换这个重点和难点，大胆实践，大胆突破，国有企业逐步适应社会主义市场经济体制的要求，企业生产稳步发展。

1991—1993 年，平和以转换企业机制为重点，进一步完善企业经营承包责任制。县政府制订实施了《平和县国营工业企业深化改革转换经营机制的暂行规定》，工交企业普遍进行了劳动、人事和分配三项制度改革，建立起干部能上能下、工资能高能低、职工能进能出的新运行机制，使企业成为自主经营、自负盈亏、自我约束、自我发展的商品生产者和经营者。如合成氨厂改革人事制度，对中层干部采用聘任制，调动了中层干部的积极性，增强了企业活力。又如县农用车厂改革分配制度，实行计件工资制，工资向第一线倾斜，从而大大地调动了工人生产积极性，企业效益明显提高。1992 年，累计生产农用车（含微型农用车）8424 台，创历史最高水平，名列全省 17 个贫困县机械行业之榜首。同时，还狠抓亏损企业的扭亏增盈工作。如把罐头厂租赁给霞寨镇经联委经营，实现了扭亏增盈；百货公司进行承包后，减亏 11 万元。

平和坚定不移地推进改革开放，促进了外向型经济从县城向乡镇拓展，形成多层次、多方位开放的格局。“三资”企业由 1990 年的 3 家发展到 1993 年的第 37 家，累计投资总额 1458.6 万美元，比 1990 年增长 4 倍；实际到资额 431 万美元，增长 1.67 倍；产值 1.49 亿元，增长 7.45 倍，名列全市各县（区）前茅。

加快发展第三产业，城乡流通活跃。商贸旅游企业通过实施县委《关于加快发展第三产业的实施意见》，实行优惠政策和灵活措施，有力地推动交通运输、旅游等事业的发展。1993 年共接待游客 200 万人次，旅游收入由 1990 年的 23 万元上升到 1993 年的 530 万元，年递增 31.3%。作为第三产业主要行业的商贸流通，由于国合商业经营机制的转换，个体、私营商业的发展，市场设施的逐步改善和一批走南闯北运销户的带动，城乡购销十分活跃。

平和城乡基础设施建设滞后，全县把坚持加强基础设施建设作为一项战略任务来抓。1990—1993 年，举全县之力，采用政府、群众、社会各处一点的办法，开展“先行工程”建设，全县共投入 6000 多万元进行基础设施和企业技术改造。完成柏油路面 5 段 47 千米，新建公路 42 条 124 千米，改造乡村道路 24.9 千米；建成县城和 5 个乡镇程控电话 5500 门，开通移动电话和无线寻呼；建成上峰二、三级电站;改造中山公园、县城主要街道及其排水系统;完成5个项目的水利设施建设和7个项目的工业技术改造。投资7000多万元,在城镇进行大规模的“一街一市场”建设,兴建县城二、四、五、六路,河滨路,北环城路和两侧商住房以及蜜柚市场。

平和认真组织实施林果竹一齐上,脱贫致富一起抓的决策,走“开发促开放,开放促发展”的路子,提出“乡办千亩果园、村办百亩果园、户种百株果、十丛竹”的目标,掀起群众性开山种植的热潮,并把壮大集体经济的方向放在开发性生产上,把中央贴息扶贫贷款重点放在扶持乡、村新办果场上,各乡镇也积极采取措施,除了实行县乡村领导造林绿化责任制,建立示范片或基地外,县里采取4条优惠政策:(1)对新办的村级百亩果园,4年内每年提供贴息贷款1万元。(2)采取“贷苗还果”办法,优惠贫困户种果。由农业部门提供琯溪蜜柚种苗,种柚5年后,一苗抵2粒柚果。(3)每年拿出80%以上的扶贫资金投入山地开发;贫困乡农业税减免部分用来重点扶持造林种果。由于政策措施得当,乡村群众积极性很高,涌现出全县造林开山种果热潮。至1990年,全县乡村共有果场187个,面积3.4万亩,村办百亩果场128个。1992年,完成造林(包括飞播)57.6万亩,与全省同步提前一年完成了基本消灭宜林荒山的任务。1993年,全县水果面积已达26.5万亩,水果总产9.85万吨,产值2.04亿元,成为农民收入的一个稳固来源,70%以上的农民因此走上脱贫致富的道路,为山区经济快速发展奠定了基础。

1992年,邓小平发表南方谈话后,平和大力发展乡镇企业,发展股份合作和个体私营经济。1993年,乡镇企业发展实现了新的突破,总产值达到9亿元,完成年计划的112.5%,比上年增长69.6%,比1990年增长4.16倍,年递增72.8%。

平和认真做好职工养老基金的征集、保险统筹工作,初步建立起“国家基本养老保险、企业职工补充养老保险和职工个人储蓄性养老保险相结合”的社会保险制度。至1992年,全县纳入统筹单位164个,统筹覆盖率达99.4%,统筹人数10048人;全县共征集养老保险基金356万元。

第三节 市场经济改革的整体推进

“八五”期间，中共平和县委、县政府牢牢把握“抓住机遇，深化改革，扩大开放，促进发展，保持稳定”的基本方针，紧紧扭住经济建设这个中心，有力地推进了国民经济和社会事业的健康发展，平和的经济综合实力上了一个大台阶。

抑制通货膨胀，控制物价涨幅，是关系到改革、发展、稳定大局的一项紧迫的政治任务。县委、县政府积极支持粮食企业转换经营机制，1994年财政理顺粮食补贴190万元，1995年就从外地调入粮食1600万公斤，稳定了粮油物价。供销、商业、物资等部门积极组织物资、商品，山格等乡镇积极建设蔬菜基地，满足人民群众生活、生产需要。计划、金融部门把严格控制固定资产投资规模作为宏观调控的重点，压一般，保重点。通过加强和完善宏观调控，实行控价目标责任制，进一步降低物价上涨的幅度，从而使平和的物价上涨指数实现与全省、全市持平。

1994年、1995年，平和工业生产以提高经济效益为目标，采取多种有效措施，克服了资金短缺、电力不足、原辅材料价格大幅度上涨等困难，加快乡镇工业和三资工业发展，促进全县工业总产值在前三年快速发展的基础上，1994年达8.8亿元，完成年计划的89.3％，比上年增长19.6％。1995年完成10.8亿元，完成年计划的90％，增长20.4％。

随着基础设施建设的日臻完善，平和县外经工作继续以吸引外资为重点，利用各种渠道，加大招商力度。1995年，县直各部门和各乡镇，把引进外资作为促进经济腾飞的一个突破点来抓，从而促使国有企业嫁接外资取得了成效，乡镇个私企业嫁接外资实现了零的突破。全年共新办“三资”企业14家，总投资额2107.89万美元，实际到资额350万美元，产值1.53亿元，出口值437万美元。

建立特色旅游，把“三平—小溪—灵通”三点连成一线，主动与东山海景风光旅游接轨，积极构筑“朝圣旅游”大框架。三平旅游开发区领导小组 1995 年投资 1000 万元，全面推进和实施三平旅游开发区发展规划，加快三平出境公路、仰圣山庄、广济园三大启动项目的建设进度，初步形成“朝圣旅游城”的框架。同时，完成了灵通风景区发展规划的编制，逐步完善了基础设施的配套建设，实现管理由低层次向高层次发展。

1994 年以来，平和县依据《劳动法》不断把企业用工、工资分配和社会保险制度改革引向深入。在全面实行劳动合同制，加强工资总额宏观调控，发展劳动力市场，扩大劳务输出，强化“两金”收缴手段，扩大保险覆盖面，推进社会保障体系建设等方面，取得了较好的成绩。1994 年，全县参保职工 10489 人。新开辟的市级统筹的女工生育保险、工伤保险投保单位 111 个，参保职工 10126 人，失业保险参保职工 10764 人，发放了困难职工救济金 30.57 万元，产生良好社会效果。

“八五”期间，平和农业生产不断升温，综合开发成效显著，水果生产进入全国百强县行列，总面积达 29.7 万亩，产量 17.34 万吨，水果收入已成为该县脱贫致富奔小康的主要经济来源。1995 年，完成造林 6612 亩，补植 2.08 万亩，甩掉了“荒山大户”的帽子。琯溪蜜柚总产达 3.32 万吨，产值达 1.33 亿元，面积、总产均居全国首位。坂仔镇香蕉闻名全国，全镇种蕉 3 万亩，最高亩产值 1.4 万元，成为全国香蕉种植面积最大的绿色食品基地，产品获得“绿色食品”标志，是国家工商局第一个注册的香蕉产品。全县种植蔬菜 12.33 万亩，产量 18 万吨，产值近亿元。全县建立 5 个养殖基地，肉类总产约 1.7 万吨，水产品总产 3156 吨。同时，种植蘑菇 147.7 万平方米，袋栽食用菌 200 多万袋。以上各项有效地增加了农民收入，繁荣了农村经济。

平和认真组织实施“乡镇企业发展年”计划，坚持走“扎木成排”的发展道路，推动乡镇企业的飞跃发展。1995 年全县乡镇企业总产值 18.67 亿元，比上年增长 33%；工业产值 8.29 亿元，增长41.6%；出口交货值 1.5 亿元，增长 30.4%。

第四节　市场经济改革的全面深化

1996年是“九五”计划的第一年。根据省、市“九五”发展目标，结合当时实际，中共平和县委、县政府树立“大改革、大开放、大发展”的观念，围绕“旅游带动、广招八路财源，三线拓展、构筑区域经济，边界开放、接辐射兴各业”的思路，促使地方经济持续、快速、健康发展和社会全面进步。

国有企业以提高效益为中心，着力于抓大放小，走“三改一加强”(改组、改制、改造和加强管理)的路子，重点突破企业运行机制，加大企业关、停、并、转、破、租力度，引导企业向多种经济成分合作、产权多元化方面发展。农用车厂加盟福龙股份有限公司，烟丝厂实行国有民营，农用车厂新区和二糖厂酒精车间嫁接外资，至1997年底，全县有10家国有企业完成转制、改制。县政府专门实施再就业工程领导小组，出台《平和县人民政府关于实施再就业工程意见通知》，鼓励下岗职工自己组织起来，把一大部分下岗职工分流到新办产业。

平和大力发展乡镇工业和个私经济，克服小型、分散、重复建设等问题。1997年乡镇工业产值达18.63亿元，投资1.36亿元，新办乡镇工业企业323家，新办内联企业12家，乡镇企业异军突起，保持较快增长，促使全县工业产值达20.1亿元，完成年计划100.5%，增长38.5%。

“九五”以来，平和致力于完善宏观调控体系，运用经济、法律等各种有效手段，实现经济总量的平衡和结构的优化。发展“两高一优”农业和山地开发性生产，共投入支农资金1804万元。扶持乡镇企业发展，支持骨干乡镇企业10个，共投放周转金100万元。支持建设“三平—小溪—灵通”三点一线的旅游大框架，带动与旅游相配套的饮食、娱乐、交通运输等第三产业的发展，共投入周转金210万元。支持果蔬专业批发市场、桥南生活市场、商业大厦建设和城西农贸市场、市尾生活市场改造,共投入周转金400万元、专款71万元,加快市场建设步伐。支持个私经济发展,从税收政策上、资金上给予大力支持,共投入专款41万元和周转金120万元。至1997年12月,县财政收入突破1亿元,有力地支持了经济建设与社会事业的协调发展。

狠抓国有资产管理,确保资产保值增值。重点抓好城镇集体企业清产核资、产权登记以及机构改革中财务财产移交和企业国有资产保值增值等工作。一是开展调查统计工作。据统计1997年全县59户国有企业登记国有资本金11251万元,比上年增加122万元,增长1.19%。二是加强产权管理,开展对全县125个行政事业单位国有资产产权登记,核发《国有资产产权登记证》。1997年全县125个行政事业单位登记国有资产总额14341万元,比上年增加2327万元,增长19.4%。三是加强国有资产考核。1997年对全县国有资产保值增值进行考核,核得资产总额18181万元,比上年增加785万元,增长4.3%,达到核定指标,有效地促进了全县国有资产的保值增值。

加大社会保险改革步伐,初步形成社会保障体系。1996年后,平和认真按照省政府"着眼于发展生产,致力于深化改革,立足于企业和职工自身努力"的指导思想,贯彻实施《劳动法》,抓好社会保险工作。至1996年底,参保职工8074人,为2436名离退休人员下拨离退休费用738.7万元;征收工伤保险基金23.74万元,征收女工生育基金21.97万元,均超历史、超任务。全县失业保险投保单位155个,参保13504人,全年共收缴失业保险基金48.5万元。此外,还进一步扩大社会保障制度的改革范围,农村的社会保险获全市第一名。

按照"培育大市场,搞活大流通,促进大发展"的要求,加快市场建设,初步形成了以县城为中心、专业市场为龙头、边贸市场为窗口、中介组织为纽带、销售(集团)公司为载体、乡村经济合作社为依托的市场流通体系,重点抓好"两楼六市场(商业大厦、供销大厦,果蔬批发市场、河滨中心市场、坂仔香蕉批发市场、山格蔬菜批发市场、九峰边贸市场、大溪木材批发市场)”的建设。围绕名优产品,组建了多种形式的营销实体,建立了全国重要消费城市的直销点、连锁店,进一步健全了市场营销。继续实施名牌、品牌战略,强化名牌质量意识,在中央电视台二套黄金时段做“琯溪蜜柚”和“坂仔香蕉”广告,加大名优特产品的宣传力度,提高知名度,确保货畅价稳。

平和县充分把握党的十五大对非公有制经济新定位的契机,围绕“强农兴工”战略,把加强横向联合、发展股份合作制和个体私营经济作为新的经济增长点,采取各种有力的措施,全力加速个私经济发展。截至1997年底,经工商局登记注册的个私经济实体6063家,从业人员12798人,注册资本金19530万元,共创产值3127万元。

第五节　县第九次党代会以来取得的成就

从1998年至2003年,这5年来中共平和县委高举邓小平理论伟大旗帜,以“三个代表”重要思想为指导,全面贯彻党的十五大、十六大精神以及中央和省、市委一系列重要部署,把发展作为“第一要务”,解放思想,团结拼搏,开拓前进,基本完成县第九次党代会提出的奋斗目标。

县域经济竞争力全面提升,总量不断增加。2003年全县实现地区生产总值41亿元,比1998年(下同)增长65.9%;工业总产值29.3亿元,增长97.4%;农业总产值27.8亿元,增长55%,年均递增9.2%;财政收入8538万元,同口径增长19.2%。农业优势得到全面发挥。全县水果面积达60万亩,产量61万吨,居全省第一、全国第七位;现代农业初步形成,发展“订单农业”8万亩,培育龙头企业14家,创办农产品关联企业100多家,产业化水平走在全省前列,锦溪集团成为国家级农业产业化龙头企业。2001年9月,全国召开农业结构调整交流会,平和被定为全国10个典型县之一,在会上做了经验介绍。“工业兴县”战略加快实施。建立市县级工业区3个,规划面积 8600 亩，实施 3200 亩，5 年新增规模企业 16 家，总数达 30 家，初步形成了机械制造、农产品加工、纸制品、水电业等主要产业。对外开放成效明显。全县累计合同利用外资 13.4 亿美元，实际利用外资 5943 万美元。民营经济异军突起。发展了宝峰罐头、南海速冻、兴发机械、宝达钢业、盛通钢圈、方圆纸制品厂、国农套袋等企业 156 家。旅游业发展加快。2003 年，旅游收入 5300 万元，年递增 12.8%。三次产业比例结构更趋合理，由 41.8∶22∶36.2 调整为 38.4∶24.3∶37.3。平和县先后获得“福建省经济发展十佳县”“全国经济林建设先进县”“全国无公害水果生产示范县”“全国科技工作先进县”等荣誉称号。

固定资产投资力度加大。五年累计完成投资 32.1 亿元，年递增 11.0%；相继建成了投资 1.2 亿元的良坝水电站、3026 万元的县城防洪堤、3200 万元的五寨国家粮食储备库、2 亿元的郊柏线小溪至柏松关路段拓宽改造工程等大项目，基础设施从“瓶颈”制约型向基本适应型转变。城镇化进程加快，城东客运站、平和桥、中山公园、农业科技中心、电信大楼、邮政大楼等一批基础设施投入使用，河滨花园、教师新村、琯溪商贸城、永泰永盛大楼、广宝小区等一批商住小区相继建成，县城面积由 2.7 平方千米扩大到 4.5 平方千米；坂仔卫星城镇和西坑等新村示范点的规划建设初见成效，全县农村“五通”工程基本完成。扶贫开发成效显著，累计投入资金近亿元，其中 8 个省定贫困村和 14 个市直定点挂钩贫困村投入资金 536 万元，扶贫规划得到有效落实，脱贫致富步伐明显加快。2003 年，农民人均现金收入 3678 元，年递增 5.7%；各项存款余额 15.4 亿元；社会消费品零售总额达 14.4 亿元，年递增 10.5%。社会保障制度基本建立，粮食流通体制、投融资体制、医疗制度、城镇住房制度、行政审批制度等方面的改革取得阶段性成果；“三条保障线”基本得到落实，再就业工程顺利实施，人民生活水平上新台阶。

“科教兴县”和可持续发展战略扎实推进，组织实施省市科技计划 35 个，其中 26 个科研项目获省、市、县科技进步奖；建立锦溪、山格、中润 3 个农业示范区和霞寨、五寨 2 个对台农业引进试验区。

开展"两基"达标建设，教育事业得到超常发展，累计投入2.3亿元改善办学条件，教育"两基"巩固提高，平和一中、育英小学等一批学校基础设施更加齐全，教学质量不断提高，高考上线率逐年上升。文化、卫生、体育等事业发展迈出了新的步伐，九峰被评为省级历史文化名镇，绳武楼成为国家级文物保护单位，县医院综合大楼、老年活动中心、妇女儿童活动中心等一批社会事业重点项目投入使用。公共卫生应急体系初步建立。计生、土地、环保工作水平不断提高，"三项基本国策"深入贯彻，被列入"全国生态建设示范县"。宣传思想工作进入全市先进行列，"三下乡"等群众性精神文明创建活动取得明显成效，获得全国和省市文明单位125个、精神文明建设先进工作者18名，坂仔西坑村被中央文明委命名为全国创建文明村镇先进单位；城乡文明程度提高，坂仔镇、新桥村、共和社区分别被确定为全省高质量文明新村、精品文明新村、文明社区示范点。依法治县进程加快，社会治安综合治理力度加大，"严打"斗争取得新成果，"六合彩"赌博得到有效遏制。整顿和规范经济秩序工作不断加强，清理整顿农村合作基金会扎实推进，制假售假违法犯罪活动得到有效遏制，安全生产工作富有成效。社会安定稳定，人民安居乐业。

深入开展"三讲"集中教育，扎实推进"三个代表"学教活动，建立了"干部经常受教育，群众长期得实惠"的长效机制，中共平和县委被评为全省"三个代表"学教活动先进单位。基层组织建设得到强化，"六星"乡镇党委、"五星"村支部创建活动和社区、机关、学校、国企党建创先活动深入开展，非公有制经济党组织建设覆盖面扩大，涌现了西坑村党支部等一批全国、全省先进典型。机关效能建设全面提升，成立行政服务中心，落实政务听证制，优化了发展环境。

第十章　全面建设小康社会和把中国特色社会主义不断推向前进时期

2002—2012年，是平和经济快速发展的重要时期，也是进行经济结构战略性调整的重要时期，也是从农业大县转变到工业立县的时期。在这近十年来，平和县坚持把发展作为第一要务，以实施“项目带动”战略为主抓手，突出工业在国民经济中的主导地位，加速工业化、农业现代化和城镇化进程，大力发展县域经济，提升综合竞争力，切实加强社会主义政治文明建设、精神文明建设和党的建设，随着“十一五”“十二五”规划的深入实施，促进经济社会协调发展，为全面建设小康社会打下比较坚实的基础。

第一节　推动经济社会科学发展

在这一时期，经过全县人民的共同努力，平和县地方经济和社会发展取得了历史性的成就。地方经济综合实力显著增强，经济实现跳跃式发展，改革开放取得突破性进展，社会主义市场经济体制初步建立，基础设施建设取得重大突破，交通、通信、能源、供排水、市场、城建等基础设施的“瓶颈”制约已基本消除。人民生活水平明显提高，社会事业全面进步，经济、社会和生态协调发展，精神文明建设成效显著，民主法制建设进一步加强。这些都为继续加快发展、科学发展提供了坚实的物质基础和现实条件。在这一历史阶段，平和主要实施以下战略：

一、组织实施农业提升发展战略

在这近十年来，通过加强农业设施建设，加快农业科技创新，大力发展生态农业、有机农业、高优农业和创汇农业，以培育绿色产业、特色产品、精品名品为重点，扩大规模，提高档次，逐步构筑具有鲜明特色的现代化农业，进一步加强农业基础地位，促进农业和农村稳定发展。

通过改良和引进新品种，应用新技术，推行标准化生产，提高各类农产品的质量和效益，调整优化农业结构。充分利用资源优势，发展一批具有一定规模的地方特色农产品，建设一批无公害农产品、绿色食品、有机食品基地及良种繁育推广中心，形成各具特色、规模较大的块状经济。加速形成捷允等 11 家三元杂交养猪场、崎岭等 5 个肉兔饲养基地及一批肉牛、家禽基地。同时，坚持生态效益与经济效益并重的原则，大力发展速生丰产用材林和竹业，重点建设巨尾桉和竹子基地，构筑较为完善的林业生态体系。

围绕“林、果、茶、菜、畜、渔”六大产业，建设好南海冷冻、宝峰罐头、国农套袋、白芽奇兰等一批龙头企业，增创有特色的农产品新品牌。引导和鼓励外资和民间资本参与农副产品精深加工、储运、保鲜和营销，延长产业链。健全“公司＋农户＋政府”的运作模式，走“品牌、市场、基地”三同步的路子。围绕“六大突破”，实施西部农业提升工程，推进“茶林花果游，烟菜药畜菌”十大特色产业，近十年来，调整大田种植结构 35742 亩，新种花卉 1443 亩、中药材 2148 亩、晒红烟 341 亩，发展规模养殖户 1911 户，长乐通山金线莲、芦溪仙草堂铁皮石斛、秀峰景成贵妃鸡、九峰东鲁肉牛等一批规模种养企业快速成长；名峰山庄被评为全国休闲农业与乡村旅游四星级单位。新建标准茶园 3963 亩，茶叶种植 12.2 万亩，产量 1.2 万吨，成为全国重点产茶县。

完善农产品市场体系，推进农产品流通体制改革，搞活农产品流通，对现有的绿色和特色名优产品实施有效整合，统一包装，统一销售，并通过在国内外农副产品批发市场、超市设立专柜或摊区，建立相关农产品信息网等形式，组织农业企业参加各类农产品展销、营销订货、超市促销等活动，开辟蜜柚网上销售新平台，拓宽营销渠道。

经过近十年，大力组织实施农业提升发展战略，平和县创造性地走出了一条以发展名优特水果为主的绿色产业富民兴县之路，成为全国农村经济结构调整10个典型县之一。琯溪蜜柚连续保持中国柚类品牌、种植面积、产量、产值、市场份额、出口量“六个第一”。出台《加快琯溪蜜柚产业发展的若干意见》等一系列扶持政策，参与制定《琯溪蜜柚》国家标准，首次在国家标准领域有话语权，福建水果（蜜柚）检验中心通过省级资格认证和计量认证，成为“国家级出口食品农产品质量安全示范区”。2003年，琯溪蜜柚首次登陆欧盟，成为中国柑橘类水果走进欧盟高端市场的第一种。至2012年，平和琯溪蜜柚地理标志证明商标分别在17个国家和地区进行商标国际注册，被推荐为与欧盟交换保护的十大地理标志产品之一。琯溪蜜柚已畅销家乐福、沃尔玛等跨国超市集团，出口40多个国家和地区。

二、组织实施工业强县战略

进入21世纪以来，借助“海西建设”的东风，中共平和县委、县政府带领干部群众进一步解放思想，摒弃“条件论”“区位论”等框框的束缚，传承当年山地开发的拼劲，把发展工业摆上突出位置，提出了“工业兴县”战略和“扩大对外开放、增创农业优势，加快工业发展，实现富民强县”的发展思路，步入以农业经济向以工业经济为主的转型期。2007年又进而提出“舞活工业龙头、夯实农业基础、加速城乡建设、增强旅游活力、促进社会和谐”的总体要求，全县人民发扬“拼”的精神、树立“变”的思维、鼓足“争”的勇气，扎实推进生态工贸县建设，促进经济社会较快发展。

全力招商引资，以工业园区和工业集中区为载体，充分利用“4·9”“6·18”“9·8”“11·18”“福建（平和）琯溪蜜柚节”等招商平台，挖掘民间潜力，拓宽投资领域，工业发展取得实质性进展。2007

年底，全县工业企业831家，其中产值千万元以上的47家，亿元以上的6家；全县工业总产值27.45亿元，比1978年增长70.3倍；工业税收7684万元。至2011年底，工业加快发展，龙头带动持续增强，完成工业总产值57.1亿元，规模工业企业总数达到100家，完成规模工业产值46.2亿元。新建续建奥利陶瓷、高星陶瓷、霹雳陶瓷及通展工贸、乐其家具，开工建设福环汽配、闽能光电等上亿元项目。“三镇一区”工业走廊建设势头良好，完成规工产值27.7亿元、工业税收8400万元。黄井工业区基础设施不断完善，建成污水处理厂、南二区等基础设施，形成近5平方千米的工业走廊，聚集全县50%以上的规模工业企业，创造70%以上的规模工业产值，引进2个“院士专家工作站”，引办11家总投资超20亿元的环保陶瓷及其配套企业落户园区，形成全市规模最大、产业链最长的陶瓷产业集群。采取规划建设、用地征迁、融资服务、基础配套、产业招商“五同步”，开工建设5.21平方千米的平和科技产业园，吸引承载能力大大增强。

三、组织实施商贸活县战略

平和县境内具有丰富的旅游资源，经过改革开放后10多年的基础设施建设和景点开发，旅游业从无到有，产业规模逐年扩大。20世纪90年代中期，县委、县政府把旅游业作为四大支柱产业之一培育发展。“十五”期间又进而构筑“三线五区”，实施“旅游带动”策略，并加大资金投入，实现旅游业的提档升级。2007年，全县旅游入境人数102万人次，旅游总收入9102万元，跻身全省旅游大县行列。2010年，三平祖师文化园顺利建成，九峰镇晋级国家历史文化名镇，崎岭“桥上书屋”获2010年阿卡汉国际建筑大奖；总投资8亿元的林语堂文化博览园落户建设；2012年，通过制定加快旅游产业发展政策、编制总体规划和乡村游专项规划、建设10个文化旅游项目、开发“柚宝儿”系列旅游产品、举办蜜柚采摘游、出版《最平和》等一系列举措，全年接待旅游人数达150万人次，旅游收入7.3亿元。灵通山风景区成为漳州市唯一的国家级风景名胜区。

大力拓展商贸流通渠道，开展"家电下乡""万村千乡""新网工程"，建设县城生猪定点屠宰场，市场贸易持续活跃。2012 年，新建 22 家便利店、3 个乡镇商贸中心、2 个农贸市场，建设霞寨欧城商贸广场以及五寨、崎岭等商贸市场。商务综合行政执法试点县通过省经贸委验收。申办 60 家进出口经营权企业，出口总值 5000 万美元以上。落实改善民生类信贷政策措施，强化金融支持创业促就业工作，金融机构人民币各项存款余额突破 80 亿元、贷款余额超 40 亿元，存、贷款增幅位居全市第二。

四、组织实施科教推动战略

在这近十年，平和县大力实施科教推动战略。扎实有效开展科技"六大工程"，一大批重点科研项目取得显著成果，有 146 项科技成果获奖。尤其是农业科技项目研究成果的推广应用，为平和县创立品牌农业发挥了巨大作用。

教育事业不断推进。2007 年县财政投入教育事业 11520 万元，是 1981 年 352 万元的 32.7 倍；20 世纪 90 年代，开展"两基"达标建设，教育事业得到超常发展；2007 年县委、县政府提出"校园整洁专项行动"，投入 3000 多万元，办学条件全面改善；1978 年，全县考上本、专科 145 人，中专 162 人，2008 年考上本科 1267 人，专科 2672 人，上本、专科总数是 1978 年的 27.2 倍。2008 年职校在籍生 3863 人，是 1978 年职校在籍生 100 人的 38 倍。至 2012 年，成为省级"双高普九"达标县、市高考达标县；中考综合比跃居全市第二名，首获市初中教育教学先进县称号；育才中学恢复办学，新建育英小学二校区，扩大县城优质教育资源，规范县城小学招生工作；新星幼儿园通过省级示范性幼儿园验收。

卫生事业稳步发展。县医院改扩建，建立中医院，疾病防控中心和乡镇卫生院医疗设施不断完善。新农合工作顺利开展，参合人数基本实现全覆盖。医疗卫生单位由 1978 年的 17 家，发展到 2007 年的 21 家。2007 年，医疗单位建筑面积 6.45 万平方米，是 1978 年 2.86 万平方米的 2.3 倍。

文化事业上新水平。新建体育馆和水上活动中心，完成广播电视“村村通”，建成240个农家书屋和农民体育健身点，实现行政村全覆盖；维修国家级文物保护单位绳武楼，“海丝”克拉克瓷古窑址入选“中国世界文化遗产预备名单”。组织申报17个国家和省、市级科技计划项目，申报专利80件、授权56件；荣获省级“科普先进县”称号。实现县城有线电视数字整体平移改造，全面启动文化中心和电影进农村“2131”工程。103处县级、6处省级和3处国家级“文保”单位成为爱国主义教育基地和旅游景点。就业和社会保障有力。

建立和完善就业服务体系，农村劳动力转移工作显著，受国家劳动和社会保障部表彰；建立城乡居民最低保障制度，至2012年，全县有6538户14842人享受低保，“五险”参保人数41.9万人。至2013年27.85万人参加新农保，参保率达98.45%；3747人参加城居保，2471名失地农民全部纳入失地农民社会养老保险保障范围，新增养老床位388张。建设1237套保障性住房。实施“生育文明、幸福家庭”促进计划，巩固创优成果，退出省出生人口性别比重点治理县份，计生宣传、幸福工程等工作得到上级肯定，成为“全国阳光计生示范单位”。

第二节　“十一五”期间取得的主要成就

2011年7月18日，中国共产党平和县第十二次代表大会胜利召开。县委书记沈金水代表县委做了《立足新起点　实现新跨越　为推进全县经济社会又好又快发展而努力奋斗》的工作报告，全面回顾总结了过去五年取得的经验成就，为平和未来五年发展描绘了美好蓝图。

“十一五”期间(2006—2010年)，平和县经济实力显著增强，人民生活水平明显提高。地方生产总值由42.6亿元升至82亿元，翻近1番；财政总收入由1.2亿元升至4.2亿元，翻1.8番；社会消费品零售总额由14.6亿元升至30.4亿元，翻1番；城镇居民人均可支配收入由6819元升至13926元、农民人均纯收入由4453元升至7696元，分别翻1番和0.8番；城乡居民储蓄余额由18.6亿元升至43亿元，翻1.2番，年均递增18.2%。县城面积扩大到6.5平方千米，教育卫生面貌明显改观，城乡人居环境显著改善。

在这五年，围绕构建“大县城”框架目标，调整完善县城总体规划和一批控制性详细规划。编制完成14个乡镇的集镇总体规划、66个村容整洁点规划和20个村地形测绘。破解交通电力瓶颈。投入近9亿元，建成二、三级公路58千米，农村水泥路699千米，改造修复桥梁38座。境内大交通格局基本形成。投入2.8亿元，建成运营110千伏变电站2座，主变2台、总容量8万千伏安，结束了平和电网主网单站的历史。新建、改造35千伏变电站7座、线路76多千米，10千伏线路300多千米。全县电网的稳定性、可靠性、经济性稳步增强。

实施“工业兴县”战略。在这五年，工业总产值由16.9亿元增至57.1亿元，翻1.75番；规模以上工业产值由8.2亿元增至46.2亿元，翻2.5番；全部工业税收由3800万元增至1.2亿元，翻1.66番；规工企业从43家增加到100家，超亿元产值企业实现了零的突破，达到11家。做大做强“柚、茶、蕉、菜”四大特色产业，实施“西部农业提升工程”，缩小东西部发展差距；加强基地建设，推广测土配方和标准化生产，构建农产品质量安全体系。农业总产值由33.6亿元升至57.8亿元。三平风景区获国家AAAA级风景区，灵通山获批省级地质公园，林语堂、克拉克瓷和土楼等文化资源得到挖掘，洲际大酒店、名峰山庄等星级宾馆相继建成。在这五年，旅游人数累计达到553.5万人次，累计旅游收入5亿元。新兴服务业快速发展，世界级食品检验实验室“诺安平和食品安全中心”成功落户，实现了平和县食品安全检测与国际接轨；组建各类农民流通组织825个、专业合作经济社126个，创建农家店389家、物流配送中心10个。

在这五年，全社会固定资产投资由9.8亿元猛增至33.5亿元，翻1.7番，累计实施重点项目322个，完成投资68亿元，其中工业项目投资22.5亿元，重点项目投资比重达到67.6%，工业项目投资比重达到33.1%。招商引资力度加大，新批外资项目139家，合同外资13319万美元。

在这五年，围绕“双高普九”目标，开展“校园整洁”“校安工程”建设。整合办学资源，推进中小学布局调整，新建正兴学校、广兆中学，组建职业教育中心、县城第三实验小学；平和职校被评为省级重点校。重视改善城乡卫生医疗条件，13个乡镇卫生院完成改造。新农合参保率从75.5%提高到99.8%，“看病难、看病贵”问题得到有效缓解。重视社会保障和再就业工作。新增企业保10223人、机关保1352人、职工医保11955人，新增城镇就业22077人、下岗失业人员再就业4025人，新增农村劳动力转移就业56119人。重视困难弱势群体和灾后重建。城乡低保实现应保尽保，“造福工程”累计完成813户，免费实施“复明工程”300人，建设廉租房和经济适用房336套，累计灾后重建5543户。

在这五年，突出改革创新，努力破解体制机制障碍。成立蜜柚产业化办公室、市容管理局、新闻中心、全省首家县级民政福利中心等机构，取消学区制，农用车厂、平和宾馆、中医院、安厚卫生院等成功改制，县城生活垃圾处理厂和污水处理厂实施特许经营权，创新县福利中心公办民营模式，率先在全省建立村级劳务站，劳务派遣和农民工就业转移、农路“代建制”典型经验在全省介绍，“普九化债”经验做法得到省市肯定，信访“一案一卷”工作机制在全市推行。

第三节　构建社会主义和谐社会

社会主义和谐社会是人类孜孜以求的一种美好社会。进入21世纪后，中共十六大报告第一次将“社会更加和谐”作为重要目标提出，十六届四中全会审议通过《中共中央关于构建社会主义和谐社会若干重大问题的决定》，明确提出构建社会主义和谐社会的战略任务，并将其作为加强党的执政能力建设的重要内容。平和县深入贯彻落实中央和省、市委的有关部署，坚持以人为本，按照统筹经济社会发展的要求，加快发展社会事业，着力解决人民群众的利益问题，切实加强精神文明和民主法制建设。

深入贯彻落实《公民道德建设实施纲要》，坚持以社会主义荣辱观引领社会道德取向，加强社会主义思想道德建设，注重加强社会公德、职业道德和家庭美德教育。开展社会主义荣辱观教育，倡导爱国守法、明礼诚信、团结友善、勤俭自强、敬业奉献的基本道德规范。广泛宣传发动推荐身边的好人，通过推荐评选过程，宣传了好人好事，引导广大市民自觉践行爱国、诚信、敬业、尊老爱亲等道德规范。加强学习型社会建设，大力宣传和普及科学知识，反对封建迷信。

进一步加强和改进未成年人思想道德建设，抓住重点，广泛开展形式多样的未成年人思想道德教育工作，连续在全县中小学校开展"遵纪守法专题教育月"活动，切实增强中小学生法律意识和法纪观念，积极预防和减少校园暴力行为的发生。认真贯彻落实中办、国办《关于进一步净化社会文化环境促进未成年人健康成长的若干意见》，综合运用教育、法律、行政和技术等手段，继续保持整治互联网低俗之风、取缔"黑网吧"、净化荧屏声频、清理非法出版物、整治校园周边环境等专项行动的高压态势，严厉打击各类违法违规行为。深入开展"文体市场平安建设""扫黄打非、反盗版天天行动"活动，以出版物、演出、娱乐、网吧市场为重点，开展网吧专项整治等活动，取得显著成效。深入开展文明社区、文明村镇、文明单位创建活动，提高全社会的文明程度。"六进社区""三下乡"活动富有特色，群众性文化活动蓬勃开展；每个乡镇都建成一个以上的休闲场所，城乡群众性文体活动蔚然成风；县乡村三级文化基础设施网络基本建立，有线电视数字化整体转移工程向乡镇、村延伸，广大干部群众文明素质不断提高，文体工作丰富多彩，被国家体育总局评为"全民健身周"先进单位，市十运会金牌数位居第三。

"平安平和"建设卓有成效。全民法制意识进一步提高，"二五"依法治县和"四五""五五"普法均顺利通过省、市验收；落实信访"五抓”机制，社会矛盾纠纷有效化解。持续深化“平安先行县”创建活动，社会治安防控体系不断健全，平安“三率”稳步提高，平安建设“三率”连续排在全市前列，2008年被省委、省政府授予“平安县”荣誉称号。注重镇村两级形式多样的基层平安创建活动，在全县广泛开展的“四无”(无集体上访、无刑事案件、无治安案件、无民事诉讼)村创建活动，进一步丰富了“平安乡镇”“平安村居”创建内涵，实现了农村基层平安。至2012年，全县已有12个乡镇(场、区)被命名为“平安先行乡镇(场、区)”，占总数的70.89%；186个村居(社区)达到平安先行村居(社区)标准，占总数的72.66%。社会治安综合治理工作力度加大，严厉打击、依法监督、公正审判工作机制不断完善。2010—2013年连续综治综合考评排名全市第一。完善县、乡镇、村信访接待日制度，解决了一批重点信访件和历史遗留问题。社会安定稳定，人民安居乐业。

中共平和县委持续扎实推进党的建设“新的伟大工程”，为构建和谐社会提供坚强的政治组织保证。县委中心组带头坚持学习、调研和决策“三位一体”的学习机制，增强工作的针对性和实效性。各级领导班子理论素质、决策水平和执行能力不断提高。干部队伍活力得到激发。探索建立“议班子、评干部”制度和科级领导干部责任过错记录制度，通过成功搭建百日竞赛、百日会战、十大系列百项工程、项目建设大会战、五大战役等活动平台，在发展中看干部、凭实绩用干部，选拔任用工作群众公认度高、满意度高。基层组织基础得到夯实。“五A级”乡镇党委和村党组织创建活动扎实开展，规模以上非公企业党建工作实现“全组建”的目标，独立组建率达100%，新建改建村级组织活动场所179个，覆盖全县74.6%的行政村。在全市率先成功申报“原中央苏区县”，农路“代建制”、社会管理创新、党员创业就业服务中心等典型经验在全省推广。

党风廉政建设和反腐败工作扎实推进。加强党风廉政教育，健全完善各项监督机制，着力解决损害群众利益的不正之风，不断加大源头防治腐败和查办案件工作力度，落实领导干部个人重大事项报告、述职述廉、诫勉谈话、经济责任审计等制度，强化对权力运行的监督制约。党风廉政和反腐败工作取得新的阶段性成效，党风廉政建设责任制得到有力落实，首创述职述廉制度体系并不断得到健全完善；“三资”清理整顿规范、全面推行农村“三资”规范化管理，建立健全村务民主决策、民主管理、民主监督机制。创建“人民满意基层所站”、规范行政权力运行、“治庸治懒”等专项治理活动深入开展，农村“五要”工程全面实施；加大对不作为、乱作为现象的惩处力度，纠正损害群众利益的不正之风，确保各项工作落到实处。

第十一章　党的十八大和为全面建成小康社会而奋斗时期

2012年9月党的十八大胜利召开，这是我们党在全面建设小康社会的关键时期和深化改革开放、加快转变经济发展方式的攻坚时期召开的一次十分重要的会议，对我们党团结带领全国各族人民继续全面建设小康社会、加快推进社会主义现代化、开创中国特色社会主义事业新局面具有重大而深远的意义。平和县各级迅速兴起学习贯彻十八大热潮，根据党的十八大精神，结合平和实际，提出全面建设小康的奋斗目标和各项举措，极大地激发全县人民干事创业的热情。

第一节　实现经济社会持续健康发展的部署和实施

党的十八大召开后，按照中央和省、市委的部署，2013年1月4日，中共平和县委召开十二届五次全体（扩大）会议，全面部署贯彻党的十八大精神。全县各级各部门迅速掀起了学习宣传贯彻十八大的热潮，按照“七个深刻领会”的要求把学习宣传贯彻活动不断引向深入。全会指出，党的十八大对经济建设、政治建设、文化建设、社会建设、生态文明建设都做出了全面部署，县委十二届党代会提出的把平和县建设成为“特色农业强县、文化旅游名县、生态工贸大县”奋斗目标与党的十八大确定的全面建成小康社会的目标任务是相符合的。根据党的十八大的要求，与时俱进地对全县全面建成小康社会的目标内涵载体措施等加以丰富和发展，进行部署和实施。

号召全县上下团结一致，按照“五位一体”的总体布局，以提高经济增长质量和效益为中心，围绕“特色农业强县、文化旅游名县、生态工贸大县”建设，坚持稳中求进、好中求快、全面实施“追赶战略”，着力推动经济持续健康发展和社会和谐稳定，建设更加富裕美丽的幸福平和迈上新台阶。

建设特色农业强县。在“特”字上做好产业文章。按照规模化、集约化、标准化的要求，巩固提升柚、茶、蕉、菜四大特色品牌产业。实施西部农业提升工程，发展白芽奇兰、肉牛养殖、烟叶药材等特色产业。推广柚园养鸡、生态养猪养殖模式。在“长”字上做强产业链条。坚持用工业理念谋划农业，用商贸意识发展农业，培育农产品深加工龙头企业，实现农产品增值增收。加快构建农产品现代营销体系，发展现代物流、连锁经营、电子商务等现代营销业态和流通方式。采取政府引导、企业运作的办法，采取“农超对接”“农改超”“农加超”等多种模式，加快“农贸市场超市化”步伐，提高平和县农产品的市场占有率。在“绿”字上做足产业后劲。严格实施标准化生产，规范栽培技术和产品质量标准，争创“全国绿色食品原料（琯溪蜜柚）标准化生产基地”，以及一批农产品地理标志证明商标和驰名商标。加强出口基地建设，大力实施无公害生产，发展生态农业、绿色农业、低碳农业。

建设生态工贸大县。大力实施“工业兴县”战略，搞活商贸流通，实现经济发展增量提质。壮大工业优势产业。立足平和县产业基础，构建以机械制造、光电电子、食品加工、新型环保建材等四大支柱产业为主导，培育产业集群。实施科技创新、质量品牌、资本运营战略，扶持企业转型升级，做强做大龙头企业。构建商贸流通网络。对接沈海高速复线、省道东东线、官九线等大交通网络，培育壮大蜜柚、香蕉、茶叶、蔬菜和农资等专业市场，规划建设大型物流集散中心和各类市场，支持龙头企业和流通大户在全国各地建立平和绿色食品、特色产品专卖商店和专卖市场，形成基础设施完善、服务功能齐全、网络布点合理的市场新体系。加快建设生态县。严守产业政策和环保政策两条底线，严把工业项目引进质量关。以节能减排为重点，对工业园区进行生态化改造，大力发展生态农业。加强水资源、土地、森林等自然资源的生态保护，推进“绿色平和”建设，保持森林覆盖率居全市前列，全面实施国家生态县建设。

建设文化旅游名县。发挥资源禀赋优势，发展文化旅游产业，增强发展活力，培育新经济增长点。打造“五大特色旅游”。以三平寺为龙头，创 AAAAA 级旅游区，发展宗教朝圣游；以灵通山为重点，加快国家级风景名胜区和 AAAA 级旅游区申报进程，推进太极峰、大芹山、天堂山等旅游景区开发，打造自然风光游；以林语堂为品牌，发挥九峰国家级历史文化名镇、大溪庄上土楼、芦溪绳武楼等历史人文优势，提升人文景观游；整合平和暴动纪念馆、三平红军会师纪念馆、积垒村等资源，开辟红色瞻仰游；配套建设龙潭山庄、小西天生态园、茗峰山有机茶基地等景点，完善农业观光游。拓展文化旅游产业。保护、传承、利用好现有的文物资源，积极申报更高层次的文化产业示范基地，提升文化竞争力。进一步挖掘本县丰富的文化遗产资源，发挥品牌效应，用文化引领旅游产业升级，把文化旅游与农业、城建、商贸发展相融合、同开发，建设大旅游、大文化、大产业、大市场。完善文化服务设施。积极实施文化惠民工程，实现县城拥有一个文体中心、一个数字电影城，乡镇建有综合文化站和青少年校外体育活动场所，村村配有农家书屋、农民体育健身、广播村村响的文体设施体系。广泛开展群众喜闻乐见的文体活动，举办内容健康、格调高昂的民间民俗文化节，丰富群众精神文化生活。

建设城乡环境优美县。坚持规划引领，辐射带动，协调发展，努力建设宜业宜居的优美环境。提升县城品位。对接厦漳泉同城化，推进小溪、山格、坂仔“大县城”规划建设，扩大城区规模。加快西环路等道路网络建设，不断延伸城镇交通主骨架，拓展发展空间。高标准配套县城基础设施，完善城区功能，加强市容管理，建设现代文明县城。抓好村镇建设。加快推进城镇化步伐，统筹安排道路、水电、通信等城乡基础设施建设，提高综合承载力；引导农民向城镇、中心村和非农产业转移，调整优化城镇空间布局；继续开展城乡环境卫生整治和村容整洁行动，实施绿化、亮化、净化和美化工程，改善群众生活环境。加强基础设施建设。快速推进沈海高速复线(平和段)、西蝉至龙厦铁路南靖货运集散中心二级公路等重大交通基础设施建设,打通出海、出省快捷通道。加快中广核五寨风电场、黄井变电站Ⅲ期等一批输变电设施建设,实施新一轮农网改造,提高电网供电能力。

建设社会事业和谐县。坚持民生优先、惠民为基、民安为本,把新增财力更多向民生事业倾斜,进一步提高人民群众幸福指数。围绕实现“学有优教、劳有多得、病有良医、老有善养、住有宜居”的目标,突出“教育民生”,加快幼儿园和义务教育学校标准化建设,发展职业教育和特殊教育,全面提高教学质量水平;突出“医疗民生”,巩固和推进医改工作,加强县、乡、村三级医疗机构达标建设,提高医疗服务水平,切实解决医疗保障问题;突出“保障民生”,完善社会保障体系,积极发展“养老服务”,解决中低收入群体的住房问题,提高社会保障水平;突出“收入民生”,努力提高就业服务水平,做好新阶段扶贫开发工作,增加城乡居民收入,使人民群众生活更加富足;突出“和谐民生”,深入开展“六五”普法活动,加强和创新社会管理,提升“平安平和”创建水平,全面建设和谐社会。

第二节 “十二五”计划实施和完成

“十二五”期间,平和县紧紧把建设“特色农业强县、文化旅游名县、生态工贸大县”的奋斗目标与“十二五”计划实施结合起来,特别是党的十八大召开后到2015年这三年间,更加注重推动项目建设、工业发展、城镇建设、改善民生,切实转变作风,确保经济持续健康发展和社会和谐稳定,顺利完成“十二五”计划的各项目标任务,围绕既定发展目标和发展战略,经济社会发展取得辉煌的成就。

综合实力明显增强。2015年全县生产总值172.73亿元,比2010年翻一番,年均增长11%。工业总产值185亿元,是2010年3.24倍,年均增长18.2%。农业总产值98.17亿元,是2010年1.69

倍，年均增长5.9%。财政总收入7.6亿元，是2010年1.81倍，年均增长12.6%。地方级财政收入5.69亿元，是2010年1.92倍，年均增长14%。向上争取资金17.02亿元，是2010年的2.3倍。全社会固定资产投资累计完成520.9亿元，是"十一五"期间的5.14倍，年均增长40.4%；固定资产投资累计完成481.88亿元，是"十一五"期间的6.8倍，年均增长41.9%。产业发展及社会事业荣获多项荣誉、表彰。

产业结构日趋优化。三次产业结构由39.7∶23.9∶36.4优化为30∶30.8∶39.2。工业经济持续壮大，"一区三镇"为主体的工业走廊已初具规模，平和科技产业园新型工业载体加快建设。食品加工、新型环保建材、再生资源利用等主导产业不断壮大。蜜柚深加工取得实质性突破。形成全市规模最大陶瓷产业集群。特色农业提质增效，柚、茶、蕉、菜、枣五大特色农业竞争力持续增强，琯溪蜜柚成为漳州首个国家生态原产地保护产品，入选全国品牌价值50亿元以上的地理标志产品50大品牌，出口基地荣获"国家级出口食品农产品质量安全示范区"称号。白芽奇兰茶跻身福建五大茶叶名品行列，获农产品地理标志保护登记，成为全国首个国家生态原产地产品保护认定的乌龙茶品种。第三产业活力凸现，灵通山风景区成为漳州市唯一的国家级风景名胜区，灵通山被授予"国家地质公园"称号。坂仔镇入选省乡村旅游休闲集镇，文峰三坪、芦溪蕉路入选省乡村旅游特色村。平和县荣获"省级农村电子商务示范县"称号。率先在全市启动扶贫开发金融服务示范县创建活动。

基础设施日臻完善。完成交通基础设施投资57.46亿元，比"十一五"期间净增49.05亿元。沈海复线高速公路(平和段)、西蝉至草坂货运站(一期)等公路建成通车，省道官九线和东东线升格为国道，结束平和县"无高速、无国道、无直接通往铁路货运站"的历史。北塘220千伏和黄井、九峰、山格110千伏等电力设施建成投用。市政设施建设步伐加快，完成阳明公园、牛头溪两岸防洪堤、高南防洪堤、平和大桥下游防洪堤建设。县城污水处理厂及配套管网不断完善，污水收集面不断扩大。顺利完成山格平寨、安厚华美等6

座小(一)型水库和小溪斜坑、霞寨高寨等18座小(二)型水库除险加固。电信、移动等通信能力稳步提高,实现全境网络深度覆盖。

城乡建设富有成效。县城规划面积由原来的13.87平方千米上升为24平方千米,城区承载能力、辐射带动作用增强。建成一批乡镇镇区文化休闲公园、防洪堤、环镇路、特色街道、商住综合体。2015年城镇化率达43%,比2010年提高12.8个百分点。深入推进"家园清洁行动"和"富美乡村"建设,打造了一批绿色名镇、旅游休闲集镇和美丽乡村。坂仔镇荣获"中国绿色名镇"称号并入选省乡村旅游休闲集镇,九峰镇荣获"省级休闲农业示范乡镇"称号。三坪村入选全国美丽乡村,庄上村、钟腾村、芦丰村、福塘村入选"中国传统村落",高寨村入选首批国家乡村旅游模范村,三坪村、高寨村、蕉路村、庄上村、澄溪村入选省乡村旅游特色村。

改革开放有力推进。稳步推进农村土地承包经营权流转,流转面积11.45万亩。农业经营组织化程度不断提高,农民创业园、农民合作社、家庭农场创建活动走在全市前列。大力推进集体林权制度改革,林地所有权登记发证率达到99.4%,林权证登记发证到户率96.3%。财税、投资等各领域改革取得重大进展,财政预决算公开,实行阳光财政。率先在全市启动扶贫开发金融服务示范县创建活动。政府机构、医药卫生等改革有效推进。加快县行政服务中心标准化建设,在全市率先建立5396123信息平台,有效改善投资软环境。五年累计实际利用外资9716万美元(验资口径),出口总额26782万美元,外资外贸质量明显提高。

社会事业加快发展。"校安工程""教育均衡"有序推进,教育质量有效提升,通过"双高普九"达标验收,被授予"实施国家贫困地区义务教育工程先进县"。"南胜窑址"入选世界文化遗产预备名单,"三平祖师信俗"入选国家级非物质文化遗产名录。卫生计生事业得到不断发展,建成一批县乡村卫生医疗基础设施。"六五"普法顺利通过省市检查验收。生态建设持续加强,2014年顺利通过国家生态县考核验收,跻身国家生态县行列。造林绿化40.39万亩,森林覆盖率达70.68%,保持全市前列。

人民生活不断改善。2015年城镇居民可支配收入26027元，年均增长12.1%，农村居民可支配收入13789元，年均增长12.5%。消费结构不断升级，2015年社会消费品零售总额52.75亿元，是2010年1.7倍，年均增长14.1%。社会保障逐步提高，城乡养老、医疗等社会保障制度日益完善，新型农村合作医疗参合率达100%。建成一批保障性住房、敬老院、幸福园、社区居家养老服务站。

第三节　党的群众路线教育活动

2013年4月19日，中国共产党中央政治局召开会议，决定从2013年下半年开始，用一年左右时间，在全党自上而下分批开展党的群众路线教育实践活动。

平和县党的群众路线教育实践活动从2014年3月启动至2014年9月底基本结束。参学党组织共有776个，其中党委28个，党总支21个，党支部727个；参学对象共19653人，其中党员处级干部29人，党员科级干部708人。活动开展以来，紧紧围绕保持党的先进性和纯洁性，按照“照镜子、正衣冠、洗洗澡、治治病”的总要求，以“为民务实清廉”为主题，以开展“弘扬苏区精神　建设富美平和”为主要载体。聚焦查找和解决“四风”问题，从严务实推进教育实践活动，取得了明显成效。

思想教育不断深化，党员干部宗旨意识明显增强。活动开展以来，通过深入挖掘本地红色资源，在南胜镇邦寮山中共闽粤边特委旧址建立教育实践基地和党性教育基地，把中共闽粤边特委在当年革命斗争中所表现出来的革命精神，作为本县开展教育实践活动最生动的教材，将继承和弘扬闽粤边革命精神与践行党的群众路线结合起来，为教育实践活动的深入开展注入了强大的精神动力。通过开展县乡干部，走村入户进万家、“六比六看”转作风活动，广大党员干部深入农村、深入田间地头，与群众打成一片。通过组织宣讲团深入开展“微型党课下基层、联系群众促发展”宣讲活动，主动送课下基层，大大拓宽了党员教育培训覆盖面。通过活动，广大党员干部普遍受到一次深刻的马克思主义群众观点和党的群众路线的生动教育，切实在思想上除了“尘”，精神上补了“钙”，真正拧紧了世界观、人生观、价值观这个“总开关”。

“四风”积弊有效整治、党员干部作风明显转变。教育活动以贯彻落实中央八项规定精神为切入点，突出开门整改、即知即改、专项整治、正风肃纪，对群众反映强烈的“四风”积弊，进行了一次大排查、大扫除，“四风”蔓延势头得到有效遏制，特别是在开展专项整治活动中，把解决联系服务群众、“最后一公里”问题作为突出点，把整顿软弱涣散村级党组织作为边整边改的重要内容，有力推动了整改措施落实。活动开展以后，召开全县性会议同比下降 20.73%，考核检查类项目减少了 64.29%，评比表彰类项目减少了 33.33%，认定类保留项目减少了 50%；县发出督办整改通知书 46 份。

党内政治生活更加严格，班子凝聚力战斗力明显提高。作为省委督导组联系点和推行“开放式”专题民主生活会单位，平和县始终坚持问题导向，着力在增强“开放”实效上狠下功夫。会前深入开展互访互查、谈心交心、互相找准找实问题、认真撰写对照检查材料，对上级指出的、自己查找、群众和督导组点出的“四风”问题逐一进行深刻的查摆剖析，会上互相批评，开门见山动真碰硬，真正红了脸、出了汗、排了毒；同时突出群众参与，邀请退休老干部、“两代表一委员”、非党干部等列席会议，与他们积极互动，敞开心扉说真话、讲问题、提建议。县级各套班子、17 个乡镇（场、区）、80 个县直单位，全部顺利完成专题民主生活会。

长效机制建立健全，各项规章制度明显完善。从活动一开始，县委就坚持破立并举，注重在建章立制上下功夫，带头抓好改进作风的制度建设，把建立健全工作制度、管理制度、考核制度和督促检查制度作为整改的重要内容，立足当前、着眼长远、边整改边立规矩，以制度机制固化作风建设成果。全县共废止制度 81 项、修订完善 230 项、建立制度 227 项，推动了改进工作作风，密切联系群众的规范化、常态化、长效化，初步形成了指导力强、长期管用的制度体系。干部对过去习以为常的“四风”问题不敢小视了，心中都有了条不可逾越的红线，头上的“紧箍咒”也自觉勒紧了。

干部创业热情提升，经济社会发展步伐明显加快。把开展教育实践活动，作为改进干部作风、营造优良环境、服务人民群众、推动加快发展的有力抓手，与贯彻中央和省委、市委一系列决策部署紧密结合起来，与开展“项目建设年”“深化改革年”“作风建设年”活动结合起来，与“大干100天”确保完成全年目标任务活动结合起来，坚持科学发展跨越发展和“百姓富、生态美”的有机统一，突出重点区域、重要领域、重大项目，着力调结构、促转型、办实事、惠民生，全力加快富美平和建设。全县广大党员干部把焕发出来的激情干劲，转化为加快发展的活力动力，推动全县经济社会持续保持平稳较好的发展态势。全县的教育实践活动取得了阶段性成果，为推动全县经济社会发展提供了强大动力。

为进一步巩固党的群众路线教育实践活动成果，使党员干部教育成为常态化，2015年4月底，全县处级以上干部深入开展“三严三实”专题教育。2016年2月底，根据中央、省委和市委部署要求，深入开展“两学一做”学习教育活动。

2017年，按照中央和省、市委的部署，将“两学一做”学习教育常态化制度化作为党员日常学习教育的重要内容，采取多种形式强化党员干部学习教育。

党员干部学习教育，从专题的学习教育活动转到常态化、制度化和长效化上，党的自身建设得到制度化的保证。平和县各级党组织的执政能力、执政水平得到有效的提升，党员的理想信念、宗旨意识得到了进一步的强化，为建设“生态·活力·闲适”新平和，建设全面小康社会提供了坚强的政治组织保障。

第四节　精准扶贫和建设全面小康

共同富裕是中国特色社会主义的本质规定、奋斗目标和根本原则,也是中国特色社会主义理论体系中的重要基石。党的十八大重申,中国必须坚持走共同富裕道路,做出在2020年完成"全面建成小康社会"这个宏伟目标的重大决策。只有少数贫困人口脱了贫,才能实现共同富裕,才能全面建成小康社会,精准扶贫是全面建成小康社会的宏伟目标的现实需求和必然要求。习近平总书记在2013年11月于湘西考察时,首次提出了"精准扶贫"。随之,中共中央办公厅印发《关于创新机制扎实推进农村扶贫开发工作的意见的通知》,国务院机构出台《关于印发〈建立精准扶贫工作机制实施方案〉的通知》《关于印发〈扶贫开发建档立卡工作方案〉的通知》,对精准扶贫工作模式的顶层设计、总体布局和工作机制等方面都做了详尽规制。2016年1月,福建省制定出台了《中共福建省委福建省人民政府关于推进精准扶贫打赢脱贫攻坚战的实施意见》。随后,平和县也结合实际,制订了具体实施方案,明确提出与全省同步实现脱贫攻坚战的目标:到2018年,现行国定省定扶贫标准的农村贫困人口全部脱贫,实现不愁吃、不愁穿,义务教育、基本医疗和住房安全有保障;到2020年,平和县作为23个省级扶贫开发工作重点县之一,农民人均可支配收入增长幅度高于全省平均水平,基本公共服务主要领域指标接近全省平均水平,实现与全省同步进入小康。

县委、县政府历来高度重视扶贫开发工作,把扶贫开发作为促进县域经济发展、保障改善民生的重点工程,取得了明显成效。1986年,平和县是全省14个国定贫困县之一。平和县各级党政领导认真贯彻执行党中央、国务院关于扶贫工作的一系列决策和部署,解放思想、实事求是,带领广大干部群众自力更生、艰苦奋斗,组织了大量的人力、物力、财力,投入扶贫攻坚战中,特别立足于"八山一水一分田"的实际,以发展蜜柚产业实现了当时贫困县的整体脱贫。至1997年,平和光荣地脱掉了"贫困"这顶帽子。2000年后,扶贫工作从全面铺开转到重点突破上,以行政村为单位,实行整村扶贫。全县45个贫困村通过省、市领导挂钩、派驻扶贫干部任职,集中人力物力,进行基础设施建设,极大地改善当地的生产生活条件和交通。但由于欠发达的县情没有根本改变,发展动力不够强劲,基础设施还很滞后，社会保障还不够健全，贫困人口还占一定比例，扶贫工作面临的任务仍然十分繁重。在新一轮扶贫工作中，遵循中央、省市委的部署，明确提出精准扶贫打赢脱贫攻坚战中所应遵循的指导思想：要围绕“四个全面”战略布局，牢固树立并切实贯彻创新、协调、绿色、开放、共享的发展理念，充分发挥政治优势和制度优势，把精准扶贫、精准脱贫作为基本方略，坚持扶贫开发与经济社会发展相互促进，坚持精准帮扶与县域发展紧密结合，坚持扶贫开发与生态保护并重，坚持扶贫开发与社会保障有效衔接，坚持扶贫开发与“三农”工作统筹安排。号召全县上下拿出过硬办法，举全县之力，完成脱贫攻坚任务。在推进精准扶贫、精准脱贫过程中主要进行以下的工作：

全面实施精准扶贫“一个不能少”工程。紧紧围绕当年内所有贫困人口、贫困村全部脱贫，贫困县摘帽的目标，制定出台《平和县精准扶贫“一个不能少”工程实施方案》，进一步加大脱贫攻坚力度，重点抓好六个方面：一是精准识别“一个不能漏”。全面入户调查，严格按照程序进行精准识别，确保贫困户应进必进，不漏一户一人。2016 年 3 月，精准识别全县贫困人口 3362 户 11321 人（国标 6907 人，省标 4414 人），经 2016 年 12 月、2017 年 8 月、2017 年 12 月动态调整，至 2018 年 12 月底，全县贫困人口为 3377 户 10679 人（国标 6172 人，省标 4507 人），共有建档立卡贫困村 45 个。二是干部挂钩帮扶“一个不能缺”。按照领导挂钩、部门帮扶、干部驻村、资金捆绑“四位一体”方式，推进整村扶贫开发；全面落实“一对一”挂钩帮扶制度，全县每户贫困户均有 1 名以上体制内干部挂钩帮扶。三是产业发展带动“一个不能少”。2016—2018 年，累计完成特色产业扶贫项目 67 个，带动贫困人口 1794 人；电商覆盖村 19 个，促进农副产品上行 290 万元，带动 49 人；旅游扶贫村 4 个，带动 704 人；光伏扶贫村 26 个，建成光伏电站 28 个。另外，发展扶贫产业竞赛项目 21 个，计划总投资 2.96 亿元，实际总投资 3.68 亿元，带动 45 个村、547 户贫困户 1579 人增收。四是健康扶贫覆盖“一个不能丢”。2018 年 2 月，利用“养鸡生蛋”工程收益金，为建档立卡贫困户购买医药费兜底保险。对住院医疗费用，在扣除可报销后的个人自付部分，保险公司按照100%比例给予赔付，每人每年最高赔付金额可达10万元。五是贫困学生就学“一个不能失”。落实义务教育阶段“两免一补”政策和幼儿园、高中、中职困难学生国家助学金政策，为全县1329名建档立卡的贫困学生免除学费、生活费。积极引导社会各界捐资助学，组织开展“一对一”帮扶贫困学生。六是兜底保障“一个不能减”。推进省定贫困线与农村最低生活保障线两线合一。建立低保对象和扶贫开发对象定期比对机制，将新增符合条件的贫困户253户285人纳入低保范围，低保资金按月及时发放至贫困户个人账户。

持续深化精准扶贫“养鸡生蛋”工程。2017年，平和县聚焦贫困村、贫困户稳定增收难题，充分利用省财政厅赋予统筹整合使用财政资金自主权，以及作为全市实施扶贫资金精准使用长效机制试点县的政策优势，全面实施精准扶贫“养鸡生蛋”工程，变“撒胡椒面”为“精准滴灌”，推动形成精准脱贫长效机制，取得显著实效。截至2019年，已整合扶贫资金1.38亿元。累计带动村60个、贫困户344户1154人增收262.15万元。

探索推进精准扶贫“五保”工程。为增强贫困户抵御风险的能力，根据扶贫工作的重点、难点和农村保险工作特点，结合平和工作实际，在全省率先推出精准扶贫“五保”工程（健康扶贫保、生产风险保、财产风险保、融资风险保、就业增收保），着力形成规范化、专业化、可持续性的保险扶贫模式，为贫困人口在人身、财产、重大疾病、子女教育、生产生活等方面提供全方位、多样化的风险保障。2018年，全县已完成落实建档立卡贫困人口意外重疾综合保险、特困供养人员意外伤害综合保险、新农合大病补充医疗保险、政策性农村住房保险、水稻种植保险、商品林综合保险等8个项目。

扎实推进“互联网＋蜜柚产业”试点项目。紧紧围绕琯溪蜜柚这个全县最大的扶贫产业，以被列入全省首批9个“互联网＋”试点县之一为契机，积极推进蜜柚产业与互联网深度融合，通过优化配置各类资源，推广无公害绿色有机等新型生产标准，着力提升蜜柚品质、加强品牌保护、拓宽营销渠道、提高产业效益,促进农业增效、农民增收。该项目于2017年9月签约,由北京慧眼食珍网络科技有限公司作为合作方、承建方和运营方,项目计划总投资6000万元,主要建设“一网四平台,一园三体系”(一网:“中国柚网”,四平台:O2O便民综合服务平台、大数据营销平台、经销商管理平台、品控溯源监控平台;一园:中国蜜柚互联网产业园,三体系:互联网人才培养体系、新仓储物流体系、品牌推广营销体系)。2018年计划投资3500万元,已完成投资1100万元,完成蜜柚互联网产业园建设、12个共1.1万亩蜜柚互联网示范基地建设、15个蜜柚互联网双创基地建设,中国·平和云柚工场众创空间已吸引30多家企业入驻。

继续推进小额信贷扶贫。按照因地制宜、因户施策原则,根据贫困户有无劳动力、有无发展项目的实际情况,分类发放扶贫小额贷款。2016年以来,全县累计发放扶贫小额信贷1.3亿元,带动贫困户贷2737户,新型经营主体551户。

在全县上下的共同努力下,至2018年底,圆满完成既定脱贫攻坚目标任务,连续三年全市脱贫攻坚工作考评位居第一名。农村居民人均可支配收入增幅明显,基本公共服务水平稳步提高。农村基础设施逐步完善。2019年3月,通过省政府验收,贫困人口全部脱贫,贫困村全部出列。

第五节 县老促会助推老区经济社会加快发展

平和县老促会自1995年成立以来,认真履行搞调研、提建议、当参谋、办实事的工作职责,协调动员社会各界关心、支持老区的建设和发展;深入老区调查研究,反映老区人民的需求,提出政策性建议;帮助老区开发,为老区建设提供咨询服务;牵线搭桥,为老区引进人才、技术、资金和建设项目;扶持老区发展教育、科学、文化、卫生事业,共同促进老区的建设和发展。特别是2009年县老促会四届一次会议以来,更加主动积极响应县委、县政府的号召,紧紧围绕县委、县政府的工作中心,心系老区、凝集力量,进一步助力老区经济社会发展。

县老促会利用各种形式,宣传党和国家关心支持老区建设政策、举措,宣传平和老区人民的贡献,宣传老区建设成就,传播弘扬老区精神,凝集各方力量。如:2011 年成功举办了“红歌唱响老区”文艺演出活动,2012 年配合印发省人大常委会制定的《老区建设促进条例》,2013 年举办网络摄影赛活动,2014—2015 年征集和编印《平和老区新貌掠影集》。连续多年坚持清明节期间组织老同志和党史工作者深入中小学举行革命传统报告会,对青少年进行革命传统教育,宣传平和革命历史,展示老区经济社会发展成就,让红色基因传续下去。县老促会连续 8 年被全国老促会授予老区宣传工作三等奖。

县老促会围绕事关老区经济社会发展的重大问题和老区人民关注的热点难点问题,深入老区开展调查研究,积极建言献策。调研内容涉及全县老区村和老区基点村道路交通情况、经济社会发展情况、老区村开展富美乡村建设情况、构建新型农业经营体系情况、农业土地流转情况、发展特色产业情况、省市挂钩扶贫重点老区村情况、白芽奇兰茶产业转型升级情况、老区村集体经济收入情况等。调研报告中较多数据、观点被省市老促会采用,多数建议被县委、县政府采纳。如:2011 年《关于加快老区基点村道路硬化建设的建议》,促使全县老区基点村掀起修建水泥路的热潮,至 2016 年,全县老区基点村道路硬化建设完成 278.4 千米,向市政府争取补助资金 1392 万元,县政府配套补助资金 278.4 万元,极大地调动了老区群众修建道路的积极性。县老促会经常主动支持老区、苏区发展的优惠政策的落实,推动老区项目与政策的对接,助力老区用好用足用活优惠政策。

坚持组织科技人员下乡举办科技培训及讲座,编印赠送科技材料,向果农传授普及农业科技知识,提高老区群众素质。配合县老区办每月组织一次卫生医疗下乡服务活动,为“五老”和老区群众义诊，向“五老”送药品。配合县老区办在重大节日期间登门慰问“五老”及“五老”遗属，看望病灾户、困难户，了解并帮助解决他们的实际困难和问题，让老区群众感受到党和政府的温暖。

为老区培育人才，县老促会认真做好“黄仲咸奖学金”和“漳州科华老区育才奖学金”奖学金发放工作。近 8 年来，县老促会负责发放的福建省黄仲咸教育奖学金奖励品学兼优的山老区困难学生 1564 人次，颁发奖金 126.75 万元；发放的漳州科华育才奖学金奖励老区基点村高中学生 910 人次，奖金 106 万元。从 2014 年起每年有 20 名考上大学的学生享受科华奖学金，每人 3000 元；2014 年设立的陈建平奖学金，每年奖励 19 名考上大学的老区学生，每人 3000 元。此外，助推社会能人在 4 个乡镇设立奖教奖学基金。

为推动革命遗址建设，在县委党史委的配合下，会同县老区办对全县革命遗址等老区革命历史纪念物开展全面普查，共普查了 60 多处老区革命历史纪念物。完成《漳州市革命老区历史纪念物》《福建省老区革命历史纪念物》平和部分，促进修建了毛主席题词的天利植牧场遗址、朱积垒故居、中共平和第一支部遗址、陈彩芹故居、靖和浦苏维埃政府石门合作社遗址、中共闽粤边特委机关遗址、列宁小学旧址等革命遗址 14 处。县老促会先后被中国老促会和省老促会授予“全国先进老促会”“福建省先进老促会”的荣誉称号。

第十二章 为实现中华民族伟大复兴的中国梦的远景展望

2017年10月,中国共产党第十九次全国代表大会在北京胜利召开。党的十九大报告清晰擘画全面建成社会主义现代化强国的时间表、路线图,“两个一百年”奋斗目标,与中国梦一起,成为引领中国前行的时代号召,催人奋进。“十三五”时期(2016—2020年),是为实现中华民族伟大复兴的中国梦创造坚实基础的关键时期,也是平和全面建成小康社会的决战时期,还是全面深化改革的攻坚时期。我们坚信在习近平新时代中国特色社会主义思想指引下,全县人民继续发扬老区不畏艰苦、敢拼会赢的精神,“十三五”确定的各项目标任务一定能够实现,中国梦也一定会梦想成真。

第一节 “十三五”时期面临的有利条件和风险挑战

“十三五”时期是平和全面建成小康社会的决战时期,也是承接产业转移和新型工业化的机遇时期,是新型城镇化和城乡一体化发展的成长时期。

一、发展机遇

(一)国内宏观环境整体有利

中央陆续出台支持福建加快生态文明先行示范区建设和赣闽粤原中央苏区振兴发展规划。中央出台了支持福建省进一步加快经济社会发展、确立福建作为全国第二批自贸园区建设试点、把福建作为21世纪海上丝绸之路的核心区三项直接关系福建发展的重大政策等,给予福建强有力支持。在福建省深入实施生态省战略,加快生态文明先行示范区建设的背景下,漳州市的生态优势将进一步凸显,为平和加快发展提供机遇。

(二)政策叠加效应更加明显

中央、省对原中央苏区、省级扶贫开发重点县倾斜扶持,省、市提出了争创区域发展新态势,谋求经济社会新跨越重大部署,实施加快生态文明先行区建设,项目、政策、体制和资本的叠加效应将明显增强,也为平和加快发展提供机遇。

(三)释放改革红利更加显现

全面深化改革将是"十三五"时期主旋律,改革创新贯穿于经济社会各领域全过程,加快建设具有平和特色的科学规范、运行有效的制度体系,打造富有创造动力、充满活力的县份,将为经济社会发展提供持久的动力支撑。

(四)发展抓手更加有力

平和进一步加快科学发展跨越发展行动计划、产业转型升级若干意见、生态文明先行示范区实施方案、"八个五"生态建设行动计划等重要政策措施的推进实施,有利于全方位加快推进富美平和建设。

二、面临挑战

(一)外部环境方面

"十三五"时期,平和面临着更加严峻的挑战。国际环境复杂多变,国内宏观调控政策更趋审慎,国内深化改革进入全面攻坚阶段,资源、环境、技术等因素的制约增强,区域竞争更加激烈,经济发展速度将趋缓,经济持续发展的压力较大,这些影响已开始显现。

(二)内部环境方面

平和产业空间布局较分散,对产业集聚发展和土地、资源集约节约利用都产生了不利影响。科技创新能力不足,科技进步和人力资本对经济增长的贡献不高。在土地资源供给刚性约束条件下，未来建设用地供给将逐渐趋紧。

总体来看，平和具备加快发展潜力和基础，只要凝聚全县力量，紧紧抓住机遇，积极应对挑战，认真解决前进中的困难和问题，努力突破发展的瓶颈制约和体制障碍，就完全有条件推动经济社会实现科学发展跨越发展。

第二节　“十三五”时期发展指导思想及基本原则

一、指导思想

深入贯彻党的十八大、十九大精神和习近平新时代中国特色社会主义思想，按照“四个全面”的战略布局，坚持五大发展理念，立足平和实际和特色，着力发挥比较优势、后发优势，强化新型工业立县、现代农业兴县、生态旅游活县“三轮驱动”，推进平和经济开发区、现代农业示范区、美丽闲适新城区、旅游休闲度假区“四区建设”，加快形成引领经济发展新常态的体制机制和发展方式，全力打造“柚都茶乡生态平和、工兴贸旺活力平和、语堂故里闲适平和”。

二、基本原则

——创新驱动，集约发展。始终坚持把改革创新作为加快县域经济发展的根本动力，发挥市场、政府和社会的相互作用，提高资源配置效率，大力实施创新驱动发展战略，激活创新主体活力，以科技创新带动产品创新、业态创新和商业模式创新，在做大增量中优化结构、转型升级，着力打造平和产业升级版。

——优化结构，协调发展。始终坚持把经济结构调整作为加快转变发展方式的主攻方向，将促进三次产业深度融合作为优化结构的战略重点，着力调整需求结构、要素结构、城乡结构和区域结构，促进新型工业化、信息化、城镇化、农业现代化同步发展，不断增强发展的整体性和协调性。

——生态引领，绿色发展。始终坚持把加快生态文明建设作为经济社会发展的重要任务，积极实施“七个五”生态建设行动计划，推进绿色循环低碳的生产方式，倡导节约健康环保的生活方式，加大生态环境综合治理，促进资源节约和环境友好，走人与自然和谐共生的绿色发展之路。

——深化改革，扩大开放。突出全面深化改革，健全使市场在资源配置中起决定性作用和更好发挥政府作用的制度体系，为发展提供持续动力。以深化两岸产业合作示范区和海上丝绸之路先行示范区为载体，推动对台对外合作上新台阶。积极应对外部环境变化，更好利用两个市场、两种资源，发展更高层次的开放型经济。

——以人为本，包容发展。始终坚持把保障和改善民生作为经济社会发展的根本出发点和落脚点，保持居民收入与经济同步增长，保障和改善民生，加快发展各项社会事业，推进基本公共服务均等化，提高居民幸福指数，使全县人民共享发展的成果。

第三节　“十三五”时期发展目标

一、主要奋斗目标

至2020年，地区生产总值年均增长10%，公共财政总收入年均增长10%，地方级公共财政收入年均增长7.7%，社会消费品零售总额年均增长10.5%，实际利用外资年均增长6%，出口总值年均增长5%；全社会固定资产投资年均增长20%，城镇化率达60%，三次产业比重调整优化为28∶34∶38，产业内部结构持续优化。

二、主要举措

为实现上述目标，今后五年，平和经济社会发展要努力做到：

(一)更加注重产业培育，加快推进经济转型

围绕推进供给侧结构性改革，加强产业规划，壮大产业规模，提升产业层次，推动转型升级。

做大做强新型工业。有效整合发展平台，科学配置生产要素，完善产业规划与产业配套，促进工业区扩区提档，构建“一区多园”格局。壮大主导产业，依托上好佳食品、西蝉木业等一批骨干企业，促进食品加工、新型建材、软包装、生态木业等主导产业集群向高附加值、高技术含量环节延伸。培育新兴产业，主动对接“中国制造2025”“互联网＋”，引进智能制造和先进技术，改造提升传统产业，推进企业技改；发挥县域资源禀赋优势，打造木制家具、新材料、玻纤等新兴产业。到2021年，规模工业总产值年均增长15％。

做精做优特色农业。深入创建“国家农产品质量安全县”，继续实施蜜柚提升“三品”工程，强化农资综合监管执法，健全农产品质量可追溯体系，大力推广使用生物技术、商品有机肥、蜜柚专用肥，提高蜜柚品质；着力结构调整，提高新品种比重；规范使用商标标识，提升蜜柚美誉度。用好用足现代茶业政策，实施第四轮现代茶业项目；继续举办茶王赛，建设白芽奇兰茶会馆，扩大茶叶品牌知名度。突出龙头带动，支持发展农业龙头企业、农民合作社示范社和家庭农场示范场，培育新型农业经营主体。促进产业融合，大力开发以柚、茶为主要原料的精深加工系列产品，打造全省重要生态农产品生产加工基地。依托万亩柚园、千亩茶园，建设一批休闲农业。到2021年，农业总产值年均增长4.5％。

做特做靓文化旅游。围绕“全域旅游”理念，巩固三平，提升灵通，开发太极，拓展大芹，推进文化旅游综合开发，建成一批特色鲜明的乡村旅游项目。加快特色主题酒店、旅游交通设施、旅游信息化、东部南胜旅游集散中心等建设，增强旅游舒适性。发挥平和漳州窑原产地文化效应，积极参与“海丝”申遗，打造“海丝”重要节点。到2021年，旅游接待总人数突破450万人次，年均增长15％以上，旅游总收入超过40亿元。

（二）更加注重夯实基础，加快推进项目建设

紧紧抓住中央、省、市对原中央苏区、省级扶贫开发重点县、省际边界县给予倾斜扶持的机遇，以大投入保障基础条件大改善，不断增强跨越发展的内生功能。

建设综合交通网。围绕进一步打通出海、出省便捷快速通道，重点建设云平高速（平和段），推进山格平寨至小溪古楼公路、三平至南胜红色景区道路和山旧线五寨至观音亭公路拓宽改造工程，争取厦漳泉城际轨道5号线（平和段）、沈海高速及复线漳浦至平和连接线、漳梅高铁（平和段）列入投资计划；采取以奖代补的政策，实施县乡道路升级改造工程，力争至2021年全县农村道路路面拓宽至5米以上，有效解决道路安全隐患问题。全面改善发展条件，增进发展的内生动力。

建设水利能源网。推进重大水利工程建设，重点建设防洪工程、农田水利、河流治理、水土保持等项目。强化能源基础设施保障，重点建设一批输变电、配电网工程，加快推进西气东输闽粤支线、市政中压燃气管道、LNG气化站、天然气汽车加气站、充电桩等项目建设。

建设商贸流通网。引进、扶持、培育一批以商贸服务、通信信息、中介咨询、建筑工程等行业为主的大型总部企业，提升服务业整体水平。新建、改造一批商贸中心，建设区域专业物流园区，构筑便捷商贸物流服务体系。加强全国各大城市直销点、欧洲等地海外仓建设，开拓国内国外两个市场。建设农村电商公共服务中心、“平和网库”、“农村淘宝县”，发展电子商务。

（三）更加注重生态宜居，加快推进城乡统筹

坚定环境保护决心，巩固生态优势，统筹城乡建设，积极构筑现代宜居城乡环境。

优化生态环境。落实“七个五”生态建设行动计划，建设生态文明先行示范区。打好水、气、土壤污染防治三大攻坚战，继续开展林业大整治，探索退果还林模式；持续开展水环境综合整治，实施畜禽

养殖规划，防治农业面源污染，落实河长责任制，着力构建青山绿水。

提升人居品位。高起点、高标准编制城乡总体规划，实施“向东延伸、拥江发展”战略，加快推进城区第二水源和棚户区改造，新建公共交通枢纽站，完善“十个一”市政工程。深入开展城乡垃圾、污水整治行动，加强乡土自然人文景观、历史文化名镇名村、传统村落、特色景观村落的保护与开发，打造一批生态示范村、乡村旅游特色村。

（四）更加注重创新驱动，加快推进改革开放

深入实施创新驱动发展战略，以创新推动改革开放，以改革开放促进创新，不断提升开放开发水平。

提升改革创新能力。加快政府职能转变，深化行政审批制度改革，提升行政服务中心服务效率。发挥财政资金撬动功能，创新融资方式，创新公共基础设施投融资体制，推广政府和社会资本合作模式。强化企业创新主体地位和主导作用，激励企业加大科技创新投入，建设一批省级以上工程（技术）研究中心、企业技术中心、实验室和院士工作站等研发中心。依托科技企业孵化器、大学生创业园、众创空间等平台，加大对创新活动的政策支持力度，推进大众创业、万众创新。

提高招商引资实效。围绕“大资源、大项目、大集群、大旅游、大生态”，继续实施“一把手”招商，鼓励平和籍在外乡贤回乡创业，健全招商引资项目会商联审制度，力争引进一批技术含量高、市场前景好、竞争力强、关联度大的好项目和大企业。

（五）更加注重投入保障，加快推进民生改善

以基本公共服务均等化为目标，继续加大投入，切实保障和改善民生，让广大人民群众共享改革发展红利。

推进脱贫攻坚。实施《打赢脱贫攻坚战三年行动计划》，落实党政“一把手”负总责的工作机制，整合财政帮扶政策，把扶贫开发与产业发展有机结合，增强“自我造血”功能；深入实施“六个一批”扶贫工程，不断完善公共服务设施，补齐脱贫短板，确保全县6个扶贫重点乡镇、45个扶贫重点村和所有贫困人口与全市同步实现全面脱贫；积极做好脱贫后的巩固提升，推动各项扶贫政策的延续实施。

推进民生事业。坚持教育优先发展，大力发展学前教育，推进义务教育优质均衡发展，提升高中阶段教育。加大公共卫生服务力度，提升全民健康保障水平。实施城乡居民收入倍增计划，实现更高质量就业创业，缩小城乡、区域、行业收入差距。全面建成覆盖城乡居民的社会保障体系，推进健康养老、医疗保险从制度全覆盖向人员全覆盖转变。推进依法治县，实施“七五”普法规划，加强和创新社会治理，确保人民群众安居乐业。

（六）坚持改革开放，着力增强发展活力

一是加快政府职能转变。理顺部门职责关系，稳步推进大部门制改革，优化行政区划设置，推进乡镇管理体制改革。建立健全事业单位法人治理结构，推进事业单位分类改革。推行各级政府及其工作部门权力清单和责任清单制度。创新绩效管理制度，推进绩效管理标准化建设。改革政绩考核评价机制。完善“马上就办”工作机制。

二是深化行政审批制度改革。继续推进县行政服务中心标准化建设，落实联合审批模式。延伸拓展服务网络，探索在平和工业园区、科技产业园等企业聚集区域建立政务服务机构。创新政府服务方式，建设“平和县网上办事大厅”，构建由县行政服务中心向乡镇延伸的纵向互联的电子审批、电子监察和视频网络。及时做好省市取消和下放行政审批事项的承接工作，进一步清理规范行政审批和公共服务事项。遵循“法无授权不可为，法有规定必须为”，开具“负面清单”，规范统一市场准入，保障各类市场主体依法进入清单之外领域。探索对外商投资实行准入前国民待遇加负面清单的管理模式。理出“责任清单”，建立横向到边、纵向到底的监管网络和科学有效的监管机制。

三是扩大对外开放水平。认真落实国家“一带一路”倡议部署，主动融入全省“自贸区”“海丝”核心区建设。利用广交会、“9·8”贸洽会、农博会·花博会、蜜柚节等平台，加强对外宣传，开展招商引资。推动对外贸易自由化和产业合作，增创对外开放新优势。发挥克拉克瓷文化效应，展现悠久历史文化和民族艺术魅力，引导企业开拓国外市场，支持本县企业到“海丝”沿线国家开展农业、经贸合作，密切经贸往来。发挥三平祖师文化、林语堂文化、闽台祖地文化、客家民俗文化等连接两岸同胞感情的文化纽带作用，吸引更多的台湾同胞到平和寻根谒祖、探亲访友、观光旅游、投资实业。创新平和与港澳合作工作机制，以平和科技产业园作为对外交流的项目承接平台，扩大在金融、物流、旅游、文化创意、科技创新和各种专业服务等方面的合作。

第十三章　平和革命英烈

在漫长的革命斗争中，平和人民用生命和鲜血为中国人民的解放事业做出了重大的贡献，付出了巨大的牺牲，立下了不朽的功勋。这些英烈扎根于平和这块具有光荣传统的土地，为了党和人民的利益不畏艰难困苦、不怕流血牺牲，他们的名字永远镌刻在老区人民的心中，他们的事迹将永远在这片热土上传唱，他们的精神将永远激励着老区人们奋勇争先，建设美好家园。

第一节　英雄的战斗集体

1927 年 9 月，中共平和县委员会成立，选举朱积垒为县委书记。这是在“四一二”反革命政变之后，革命转入低潮的大背景下，中共平和党组织勇立潮头的壮举。在县委的领导下，不断扩大党的组织与各地农会，成立工农革命武装，举行震撼八闽大地的平和暴动，建立全福建最早的县级武装割据政权，坚持革命斗争，在不到 5 年的时间里，以朱积垒为首的中共平和县委委员全部壮烈牺牲。在以后的革命岁月里，平和其他县委书记也大多血洒平和热土，献出宝贵生命。

1.中共平和县委书记——朱积垒(1905—1929)

福建省平和县九峰镇人，是闽南早期著名的共产党人，平和暴动主要领导人。

1926 年 3 月进入毛泽东主持的广州农民运动讲习所第六期学习，同年 6 月加入中国共产党。10 月，受命以国民党中央农民部特派员的身份，随北伐军回到平和开展工农运动。1926 年 12 月在上坪村组建中共平和支部，任书记。1927 年 1 月中共闽南特委成立，任特委委员。同年 9 月任中共平和县委书记兼县农民协会会长。1928 年 2 月组建福建工农革命军独立第一团，任团长兼平和暴动委员会总指挥。3 月 8 日率部攻打平和县城，揭开了福建土地革命斗争的新篇章。1928 年 8 月奉命赴广东大埔开展工作，途经平和与大埔交界的岩上乡时被捕。面对敌人的威逼利诱，视死如归。1929 年 4 月 4 日，被害于大埔县城茶阳，时年 25 岁。

2.中共平和县委副书记朱思(1905—1930)

福建省平和县九峰镇人。1926 年底加入中国共产党，协助朱积垒深入农村宣传民主革命的思想，1927 年 1 月组建中共崎岭支部，主持成立崎岭乡农民协会。1928 年 2 月参与组建福建工农革命军独立团，任第一副团长兼平和暴动委员会副总指挥。暴动后接替被捕的朱积垒，担任中共平和县委代理书记。1929 年春奉调中共福建临时省委工作。1929 年 7 月主持召开中共惠安县第一次代表大会，任中共惠安县委书记。12 月 18 日晚在主持县委会议时遭敌突然袭击，不幸被捕。在监狱中坚贞不屈，带领难友开展绝食斗争。1930 年秋，因病情恶化牺牲在狱中，时年 26 岁。

3.中共平和县委委员、红军平和特务营营长——罗育才(1902—1931)

福建省平和县长乐乡人。1926 年 12 月，加入中国共产党。1927 年 9 月，任县临委委员、农会委员，并任县工农自卫军常备队长。1928 年 2 月，参与组建福建工农革命军独立第一团，任平和暴动委员会副总指挥。同年 3 月，参与领导平和暴动和反“围剿”斗争。1931 年春，罗育才奉命率部开赴永定后，平和独立营编入红十二军特务大队，罗育才任大队长。后在“肃社党”运动中被冤杀。1955 年，平和县人民政府追认其为革命烈士。

4.平和中央苏区创建者——陈彩芹(1902—1931)

福建省平和县长乐乡人。1926 年 12 月，加入中国共产党。1927 年 9 月任中共平和县委委员、县农协委员。1928 年初，参加平和暴动的组织和领导,3 月 8 日率农军从城西攻入县城。暴动后,他带领农军在长乐乡一带反击敌人的四次“清剿”,随后转战大埔东部和永定边境,为建立饶和埔苏区做出重要贡献。1929 年 2 月,任平和县革命委员会主席。4 月,任中共平和县委书记,牵头组建红军饶和埔独立支队,创建红十一军四十八团,与各县游击队、赤卫队密切配合,打通与闽西联络的交通线,使饶和埔根据地和闽西根据地连成一片。1930 年 2 月,受命赴闽西向特委汇报工作,随后回平和发动群众开展土地革命,打土豪分田地,建立苏维埃政权。3 月出席闽西第一次工农兵代表大会,当选闽西苏维埃政府候补执行委员。7 月出席中共闽西特委第二次代表大会,9 月任闽西苏维埃政府执行委员。1931 年 2 月当选饶和埔苏维埃政府主席。3 月 27 日,陈彩芹在芦溪布置反“清剿”斗争后在秀芦的石硿村宿营,因叛徒告密遭敌包围偷袭,在突围中不幸中弹壮烈牺牲,时年 30 岁。

5.中共平和县委委员、红军平和独立营营长——朱赞襄(1903—1929)

福建省平和县九峰镇瓦片埕人。1926 年 12 月加入中国共产党。1927 年 2 月进入漳州工农运动讲习所学习。1927 年 9 月任中共平和县临时委员会委员、平和县农民协会执行委员兼军事部部长,参与组建平和工农自卫军常备队。1928 年参与 3 月 8 日平和暴动的组织领导。7 月,平和农民武装改编为工农红军平和独立营,朱赞襄任营长。1929 年 3 月红四军入闽后,为打通与闽西联系的交通要道,朱赞襄于 4 月 5 日率部夜袭象湖山,不幸受伤被捕,于 4 月 6 日晨惨遭杀害,英勇就义,牺牲时 26 岁。

6.中共平和县委委员、县委宣传部部长——曾浴沂(1906—1930)

福建省平和县九峰镇楼仔人。1926 年 12 月加入中国共产党。1927 年 2 月,被党组织选送到漳州工农运动讲习所学习。1927 年 9 月,曾浴沂当选县委委员和县农协委员,任县委宣传部部长。1928 年 3 月 8 日参与领导平和暴动。暴动后,坚持在长乐参与领导游击队在饶和埔边界地区开展游击战争,创建饶和埔边革命根据地。1929 年初,曾浴沂受党组织委派,到漳州南乡开展农民运动。1930

年5月25日,参与厦门劫狱斗争。7月25日,参与领导中共福建省委和厦门市委组织的反军阀战争以及拥护全国苏维埃代表大会的示威,任总指挥,在捣毁厦门盐税局,与反动军警的战斗中英勇牺牲。

7.中共平和县委委员、县委组织部部长——杨文元(1905—1929)

福建省平和县九峰镇城东村人。1926年冬加入中国共产党。1927年2月,被党组织选送到漳州工农运动讲习所学习。4月初,帮助组建中共秀峰支部。1927年9月,杨文元当选县委委员和县农协委员,任县委组织部部长,致力于党的组织建设工作。1928年2月12日秀峰会议后,杨文元积极参与组织和领导平和暴动的准备工作。3月7日傍晚,杨文元率队潜入县城。3月8日晨,当西、北两路农军攻入县城时,他率小分队配合作战,并直奔监狱挥斧劈开牢门,救出被捕同志、农友和其他难友。

平和暴动后,杨文元到大溪、安厚、山内及诏安官陂等地开辟新区,在山内组建农民协会,开展农民运动。1928年12月26日,杨文元携同团县委组织部部长曾昭生到大溪传达贯彻党的六大和县委扩大会议精神,因坏人告密,不幸被捕。翌日押送县监牢监禁,历经敌人严刑酷审,始终坚贞不屈。1929年1月4日,在九峰英勇就义。

8.中共平和县委委员——叶锦章(1908—1929)

福建省平和县芦溪镇双峰村人。1926年底加入中国共产党。1927年底当选中共平和县委委员。1928年1月到县城组织请愿,与敌人展开面对面斗争。随后参与平和暴动的组织领导,3月8日率领北路军攻打县城北门。1928年8月与朱积垒一起赴广东大埔开展工作时不幸被捕。1929年4月4日,与朱积垒一起在大埔县城茶阳英勇就义,时年仅22岁。

9.靖和浦苏维埃政府主席、中共平和县委书记——林路(?—1938)

福建省龙岩县人。1928年参加中国共产党,1934年春任靖和浦苏维埃政府主席,1934年8月任中共闽粤边特委委员。1935年8月,根据特委指示,开辟了平和大芹山根据地,12月组建了中共和中区委，领导和中区委致力于统战工作。1936年11月，中共靖和浦县委撤销后，任中共平和县委书记。1937年7月，漳浦事件发生后，遵照特委的指示发动青年参军，重建武装，打击反革命势力，指导和中区委在短时间内发动了90多名青年参军。1938年春，闽南红军游击队北上抗日后，仍留在闽南工作，任漳州中心县委常委，积极致力于抗日救亡运动。1938年6月16日，在平和县小溪镇坑里村惨遭国民党顽固派杀害。

10.中共平和县委书记——梁培德(1908—1942)

海南省万宁县人。青年时代被吸收为共青团员。“四一二”反革命政变后，回家乡组织农会，发动农民武装暴动，并加入中国共产党。1929年夏，转赴南洋。1934年夏，回到中共闽粤边特委工作。1935年调任平和县五南区区委书记。1937年底，任中共平和县委书记。1938年春，调任中共漳浦县委书记。1941年春，调任中共云和诏县委书记。1942年6月，“南委事变”发生后，改任特派员。年底，由于操劳过度，在诏安豆畬村后龙镜背高山上病故。

11.中共平和县委书记——林胡鳅(1917—1944)

福建省平和县文峰镇黄井村人。1932年参加闽南红三团。1933年11月被派回家乡开展工作，带动十几位青年参加红三团。1934年加入中国共产党。三年游击战争时期，历任中共靖和浦县委辖下的双蒙区、五南区区委书记。1936年底起，历任中共平和县委委员、县委书记、中共漳州中心县委委员，其间积极发动群众，做好争取国民党保甲长和各界人士团结抗日的工作。1939年1月，在梅县召开的中共闽西南潮梅特委第六次扩大会，被选为党的七大候补代表。1940年5月，调往永和埔边区工作。1943年冬调回平和工作，同年12月，因叛徒告密在平和县坂仔镇峨嵋村席草坪被国民党县保安队逮捕，关进监狱。在监狱中屡遭严刑酷审，始终坚贞不屈。1944年2月，转押往崇安集中营，途中至连城已双目失明。同年12月，在建瓯殉难。

12.中共平和县委书记陈天才(1911—1995)

福建省平和县国强乡人。1928年5月加入共青团，1935年9

月转为中共党员。1936年任中共和中区区委书记,根据中共闽粤边特委指示,组织发动群众抗租、抗税,改善群众生活,为部队筹集供给,注意争取保甲长及地方人士,以抗日救国会的形式搞“白皮红心”的两面政权,把大芹山地区建成联系闽西与闽粤边各根据地的交通枢纽。1938年,受党派遣以平和高坑乡社训队分队长的身份开展工作,保护在平和山内常住的漳州中心县委。1940年任中共平和县委书记,领导干群生产自救,渡过难关。1943年下半年后,为配合闽西武装经济工作队和王涛支队的反顽自卫斗争做大量工作。解放战争时期任中共闽南地委常委、组织部部长、宣传部部长兼平和县委书记等职,在平和、南靖等地发动农民抗“五征”,扩大闽南支队主力和地方独立大队。新中国成立后,历任中共平和县委书记兼县长,龙溪地区检察长,中共龙溪地委常委、专署副专员等职。1995年逝世。

第二节　驰骋平和大地的革命前辈

平和由于革命较早、组织群众基础比较牢固,加上地处边界、境内多山,因此成为闽南及闽粤边党组织和红军游击队的主要活动区域。老一辈无产阶级革命家朱德、陈毅、罗明、邓子恢、张鼎丞、谭震林、彭冲,革命老前辈魏金水、伍洪祥、卢胜、刘永生、朱曼平、王直、熊兆仁、李德安、卢叨等同志在平和战斗和生活过,留下了光辉的革命足迹。福建工农革命军独立第一团、中国工农红军平和独立营、特务营,红三团、红八团、红九团等中央苏区红军,红四十八团,红二十一军、红新十二军等部的指战员们,曾经纵横驰骋在平和这块红色土地上,为革命做出不可磨灭的贡献。

1.三进平和指导革命的中共福建省委书记——罗明(1901—1987)

广东省大埔县人,又名罗善培。1927年1月,任中共闽南特委书记。“四一二”反革命政变前夕,罗明领导特委把革命重点转移到农村。6月,他和罗秋天到平和帮助工作。指导平和党的领导人朱积垒把党的机关搬到长乐乡,帮助县委建立起农民武装。1928年去莫斯科出席中国共产党第六次全国代表大会。1931年后任中共闽粤赣特委组织部部长、福建省委代理书记,因拥护和贯彻毛泽东关于开展游击战争,集中优势兵力,各个击破敌人的战略方针,1933年被作为"罗明路线"的代表遭到王明"左倾冒险主义"的错误批判。后调到瑞金中央党校工作。新中国成立后,历任南方大学副校长、广东民族学院院长、广东省民族宗教事务委员会主任、广东省政协副主席、广东省人大常委会副主任、全国政协常委。

2.指导平和武装斗争的广州农讲所军事总教官——赵自选(1901—1928)

湖南省浏阳县人。1924年加入中国共产党。1925年,省港大罢工爆发后,任工人纠察队第一大队教练。同年10月,调任广东东江地区海陆丰农民自卫军总指挥。1926年春,回广州担任中央农民运动讲习所军事训练总队长、广东省农民训练所主任、广东省农民协会农民自卫军部部长兼军事总教官。1927年12月,参加广州起义,被任命为广州苏维埃政府代理土地委员。1928年,当选中共广东省委委员。1928年1月,赴平和县长乐乡,会晤罗明、朱积垒等人。这时中共平和县委正在积极准备开展武装斗争,赵自选向县委介绍广州起义的情况和经验教训,并对平和武装斗争的部署和暴动计划给予热情帮助和指导。

3.中共闽南特委书记——朱曼平(1910—1985)

原名朱士熙,广东省惠阳县人。1928年3月在香港加入中国共产党。1933年回乡,经组织联系后进入闽粤边游击区工作,历任闽南红军独立第三团宣传员、侦察员,边区反帝大同盟党团书记。1935年任中共靖和浦中心区区委书记,次年担任漳州人民抗日义勇军指挥部政治部主任。1937年"漳浦事件"发生后,曾受领导委托主持边区特委工作。1938年起,任中共漳州中心县委宣传部部长、副书记,闽南特委书记。1942年调任中共闽粤边委特派员。次年秋,组织武装经济工作队,反顽自卫,保存骨干,扭转闽南革命困难局面。抗战胜利后，历任中共闽粤赣边委特派员、边区党委副书记，兼解放军闽粤赣边纵队副政委，配合边纵司令员刘永生领导边纵解放 30 座县城，为迎接南下大军解放华南做出贡献。

4.中共闽粤边特委书记——黄会聪(1909—1936)

海南省万宁县人。1934 年 1 月，黄会聪出席中共六届五中全会后，他受中共中央的委托，组建中共闽粤边区特别委员会。1934 年 8 月，中共闽粤边区临时特委在平和县邦寮山召开第一次代表大会，正式成立中共闽粤边区特委，黄会聪当选特委书记。组织红三团和红三大队等革命武装，集中力量开辟乌山根据地，使潮澄饶、饶和埔、靖和浦等革命根据地连成一片，开辟了云和诏新区，建立了中共云和诏县委。

“两广事变”发生后，中共闽粤边区特委主动把红三团、独立营等红军队伍改编为闽南红军抗日支队，成立漳州人民抗日义勇军总指挥部，为后来闽粤边区国共合作抗日打下思想基础。

在三年游击战争中，黄会聪以其感人的意志和毅力，把生死置之度外，在处理繁重的特委日常工作的情况下，还经常深入靖和浦县指导工作。1936 年 10 月，特委决定派黄会聪赴北平寻找北方局。为了使党中央及时地了解闽粤边区革命斗争的情况，他带病写了 25000 字的报告，详尽地汇报了闽粤边区的情况。

5.漳州人民抗日义勇军总指挥——何浚(1904—1982)

海南省乐会县人。1927 年夏加入中国共产党。1932 年 6 月，任闽南红三团第一连政委。1932 年底，调任中共漳州中心县委常委、组织部部长。1934 年 3 月，任中共靖和浦县委书记，为开展苏区的土地革命，深入靖和浦中心区 14 个乡指导分田工作，使该区 1 万多名农民获得土地。1934 年 8 月，中共闽粤边特委成立，被选为常委继续领导靖和浦苏区工作。1935 年 6 月，主持召开中共靖和浦县委第五次扩大会议。1936 年 7 月出任设在平和南胜邦寮山的漳州人民抗日义勇军总指挥部总指挥，同年冬，调任特委组织部部长。1938 年 1 月任中共漳州中心县委书记，继续领导闽南的抗日救亡运动和剿灭汉奸武装“乌军”的斗争。1940 年调任中共潮梅特委组织部部长。1944 年赴延安中央党校学习，被选为中共七大候补代表。1947 年回海南工作。

6.中共闽粤赣边省委副书记——谢育才(1904—1977)

海南省万宁县文渊村人。1926 年 4 月入党。1931 年进入中央苏区，到闽西任红十二军三营营长。主力红军长征后，奉命留在闽西坚持斗争，任中共福建省委组织部部长、第二军分区政委兼红九团政委。

1935 年夏，奉命率领红九团下闽南，在平和三平与红三团会师。1937 年 8 月，任闽西抗日义勇军第一支队支队长。10 月任中共闽粤赣边省委副书记。1938 年 1 月，他代表中共闽粤赣边省委到平和县火烧龙，宣布成立中共漳州中心县委。6 月任中共闽南特委副书记兼组织部部长。1939 年 3 月，任闽西南分委书记。

1941 年“南委”成立后，调任中共江西省委书记。6 月，被潜伏在党内的内奸出卖而被捕。1942 年 5 月，爬窗越狱，跋涉千里，找到中共平和县委领导，及时向“南委”汇报了江西省党组织被破坏和一些人叛变的情况，以及国民党顽固派企图破坏“南委”的阴谋。1945 年冬，受韩江纵队党组织派遣，到东江纵队联系工作，按照南方局指示，暂时代理东江纵队参谋长。

7.闽粤边区军政主要领导者——何鸣(1910—1939)

海南省万宁县人。1927 年 12 月加入中国共产党。1931 年被委派到闽南漳州南、北乡一带和靖和浦中心区开展土地革命，建立乡村革命委员会和人民自卫队，担任红三团四连指导员。1932 年底，任中共漳州中心县委书记兼红三团政治委员。1934 年 8 月，任中共闽粤边区特别委员会常务委员，主持军事工作。10 月中共中央红军长征后，同黄会聪、何浚、张长水等中共闽粤边区特别委员会领导人紧紧依靠群众坚持游击战争，粉碎了国民党军的军事“围剿”，保存和发展了工农武装。1936 年 6 月，兼任红三团团长，同年冬任中共闽粤边区特别委员会代理书记。1937 年 7 月，在与国民党驻闽粤一五七师进行合作抗日谈判时，没有执行中共南方工作委员会关于“驻防地区应在我游击区”的指示，在漳浦使近千名指战员被一五七师强行缴械，史称“漳浦事件”。1939 年 6 月被错杀。1950 年万宁县人民政府追认为革命烈士。

8.闽南红军主要领导人——卢胜(1911—1997)

海南省乐会县(今琼海)人。中国人民解放军中将，闽南红军主要领导人之一。1929 年加入共青团，1932 年转入中国共产党。1933 年 1 月参加中国工农红军闽南独立第三团。1934 年冬，奉命率红三团一部赴云和诏边界开辟新区，建立乌山革命根据地。1937 年 7 月 16 日，“漳浦事件”发生后，与王胜等人在漳浦清泉岩重建红三团，任团长。1938 年 2 月，任新四军第二支队第四团团长，3 月率部开赴苏皖抗日前线。1988 年被授予一级红星功勋荣誉章。1997 年 8 月 17 日在福州逝世。

9.乌山根据地主要领导人——卢叨(1915—1993)

广东省潮安县人。1933 年参加中共潮澄澳县委领导的游击队，同年底加入中国共产党。1935 年秋随部队转移到福建境内的乌山地区。1937 年 5 月，被委派为闽粤边红军代表，与粤军一五七师代表就“停止内战，合作抗日”进行第一次谈判。1937 年秋，任中共云和诏区委书记，为恢复乌山地区党组织，开展抗日统战和支持重建队伍而努力。1938 年 1 月以后，任中共云和诏县委书记，汕头中心县委军事部部长，闽南特委副特派员、特派员，坚持隐蔽精干，蓄力待机。1944 年开始组织“政治保卫队”，开展反顽自卫斗争。解放战争初期一度调闽粤赣边区党委工作，1947 年任中共闽南地委书记，兼任闽粤赣边纵队闽南支队政委，后为闽粤赣边纵队第八支队政委，积极领导闽南开展游击战争，直到闽南全境解放。

10.代理中共闽南特委特派员——钟骞(1916—1944)

广东省潮安县人。1935 年冬加入中国共产党。1937 年 10 月任中共潮安县工委宣传部部长，1938 年春调任中共闽西南潮梅特委秘书长兼《前驱报》社长。1942 年 2 月，任中共闽南特委副书记，办干部训练班，坚定干部革命信念。1943 年 10 月，代理中共闽南特委特派员主持全面工作。1944 年 5 月病情恶化，转移到平和坂仔金京洋，后再转移到霞寨铜场砖子厝养病，因医治无效病逝。后被中共闽粤边委追认为模范共产党员。新中国成立后为纪念钟骞，平和铜场村改为钟骞村，后演化为今钟腾村。

11.红三团团长——张长水(1908—1936)

山东省人。1932年4月，参加中央红军东路军攻打漳州战役，后到中国工农红军闽南独立第三团，任第三连连长。1933年5月任红三团副团长。是年冬，红三团在平和县欧寮村整训，整编成3个连和1个团部教导排，张长水任红三团团长。1934年4—11月，在靖和浦苏区与敌开展灵活多样的游击战，取得埔尖山大捷等多场战斗的胜利。1936年5月，张长水率部攻克国民党平和县五寨乡公所的联防赤楼、下溪楼据点。6月，在指挥攻打反动联保村庄白泉战斗时，不幸胸部负了重伤，伤势恶化，送到梁山后牺牲，时年仅28岁。

12.中共闽粤赣边区委委员兼粤东地委书记——张全福(1912—1948)

福建省上杭县人。1930年加入中国共产党，曾任红十二军连长。1935年，调到红九团政治部，随团到闽南后留在平和长乐工作，筹建红九团下闽南的前进基地，出色地领导平和长乐的反"清剿"与抗租抗税斗争。1937年10月，任中共永和埔县委委员和长乐区委书记。1940年，任长乐中心区委书记，掩护南委电台安全活动达三年之久。1942年南委事件发生，继续留在长乐坚持斗争。1945年春，再度在长乐建立电台，为闽粤赣边区党组织直接与党中央保持联系做出重要贡献。同年2月，执行闽粤赣边党委指示，成立抗日游击队韩江纵队，任一支队政委，领导队伍开展武装斗争。1948年8月被选为中共闽粤赣边区委委员兼任粤东地委书记，10月因积劳成疾于广东大埔逝世。

13.中共闽粤赣省委委员、省委宣传部部长——李碧山(1912—1981)

越南隆安芹德人。1927年加入越南革命同志会，1930年1月加入印度支那共产党。1934年进入中央苏区，红军长征后，留在闽粤赣边。1937年起历任中共闽粤赣省委委员、省委宣传部部长兼梅县、潮汕中心县委书记、闽西南潮梅特委青年部部长等职。1940年冬调中共闽南特委任组织部部长。1941年6月调中共南方工作委员会工作。1943年夏天,任南委联络员,负责与闽西南、潮梅各地党的联络工作。1944年秋与朱曼平、魏金水、林美南等议定在潮梅和闽西南恢复党组织活动,建立武装,开展抗日游击战争。1945年2月13日,在平和县长乐乡大窠兔子窝主持抗日游击队韩江纵队成立大会,正式成立抗日游击队韩江纵队。1946年7月经组织批准返回越南。

14.闽南政保队队长、中共平和县委副特派员——卢炎(1913—1950)

海南省乐会县人。1932年加入共产党。1934年由中共厦门市委派入闽南游击区。1938年2月,在闽南坚持斗争,曾任平和县文山区委委员、区委书记、县委组织部部长、县委副书记。1940年8月,与陈天才等人在平和、南靖交界处袭击国民党便衣队,反击顽固派对抗日基点的进攻。1944年10月,任闽南政保队队长。1944年任中共平和县委副特派员。1945年秋,任王涛支队第四大队大队长,率队在云霄、平和、诏安一带发动群众,恢复革命基点,坚持反顽自卫。

15.新四军七团团长——林少克(1917—1946)

福建省平和县五寨乡人,又名乌石。1934年9月参加红三团,入伍4个月后任班长,8个月后任排长。次年加入共产党,任红三团副连长。1938年2月,任新四军二支队四团一营二连连长。1942年调新四军三旅七团任二营营长。1943年,参加宝应应东望直港的伏击战。1944年3月,参加车桥镇战役,1944年底,参加皖浙地区的孝丰战役,配合兄弟部队全歼国民党军队五十二师。1945年,林少克任七团团长。是年冬,领导指挥攻克高邮战斗,解除了高邮及陇海敌军的武装。1946年,林少克参加粟裕司令员领导指挥的苏中七战七捷,率部立功。在海安战斗中,敌军炮击七团指挥所,一发炮弹落在林少克身边。林少克中弹牺牲,时年30岁。

16.中共漳州工委组织部部长——彭冲(1915—2010)

福建省漳州人。1933年转为中共党员。次年初,中共漳州工委成立，负责芗潮支部与龙中工作，为闽南抗日救亡运动做出积极贡献。1937 年 7 月，回漳州任抗日救亡宣传队演讲主任。同年 8 月，任中共漳州工委组织部部长。1937 年秋，调部队工作，不久参加新四军北上抗日。

17.中共闽粤赣边省委委员——伍洪祥(1914.8—2005.9)

福建省上杭县人。1932 年转为中共党员。在三年游击战争时期，在闽粤赣边区的龙岩、南靖、漳平、永定和平和等地，组织领导红军游击队，坚持艰苦卓绝的游击战争。抗日战争全面爆发后，担任闽西抗日义勇军第三支队政委。1937 年 11 月中共闽粤赣边省委成立，任省委委员、韩江工委(广东潮梅地区)副书记兼组织部部长，后任中共梅县中心县委书记、永定中心县委书记、省委军事部部长兼青年部部长。1939 年 10 月当选党的七大代表。1945 年 7 月，参加党的七大后，组织南下干部大队，任副大队长。解放战争时期，历任新四军第八纵队副政委，中国人民解放军四纵一师三旅政委、四纵十二师政委、二十三军六十九师政委。1949 年 5 月，调到中共福建省委工作，任省委委员，在上海组织知识青年学生随军南下服务团，任副团长。

18.闽西南武装经济工作队总队长——刘永生(1904—1984)

福建省上杭县人。1928 年 5 月加入中国共产党，6 月，参加永定金砂暴动。1938 年 4、5 月间，奉命首次到平和，主要解决经济问题。1943 年 10 月在平和小芦溪(秀芦)成立闽西南武装经济工作队，任总队长。1944 年 10 月，成立闽西人民武装部队王涛支队，任支队长，在云和诏、靖和浦老苏区之间恢复地方组织和武装。1945 年 6—7 月，率王涛支队到平和开展革命斗争活动，迎接抗战胜利。1947 年 5 月任粤东支队支队长。1949 年 1 月，任中国人民解放军闽粤赣边纵队司令员。1955 年授予少将军衔。

19.中共闽粤赣边省委青年部部长——魏金水(1906—1992)

出生于龙岩县条围村。1929 年 10 月加入中国共产党。1945 在粤东、闽西和闽南的平和、云霄、诏安等地，开展游击战争，为配合南下大军解放粤东和闽西南立下了功劳。1945 年 9 月，与朱曼平、刘永生、卢叨等在平和水尖山召开中共闽粤边委紧急扩大会议，讨论抗战胜利后闽粤赣边的革命斗争形势，确定闽西南党组织和人民武装今后的方针、任务。

20.解放军的优秀政治工作者、开国少将——王直(1916—2014)

福建省上杭县人。1929 年参加革命，1931 年参加中国工农红军，1932 年加入共青团，1934 年转为中共党员。参加了苏区反“围剿”、南方三年游击战争，经历过皖南事变。历任福建军区独立第九团连指导员、政治处主任，闽西南军政委员会秘书，新四军四团政委、四十七团政委兼政治处主任，苏南第一军分区政委，苏浙第十纵队三支队政委，华东野战军第六纵队十六旅政治部主任，十六师副政委，华东第十二纵队三十五旅、中国人民解放军三十军八十九师政委，上海浦东军管办事处主任。1950 年，任中国人民志愿军二十军八十九师政委、志愿军二十六军政治部主任。荣获朝鲜民主主义人民共和国二级国旗勋章、二级自由独立勋章。回国后，任解放军三十一军副政委兼政治部主任、福州军区公安军政委、福建省军区副政委、二十八军政委、福州军区副政委、福建省人大常委会副主任。1955 年，授少将军衔，授予二级八一勋章、二级独立自由勋章，一级解放勋章、一级红星功勋荣誉章。

21.解放军的优秀军事指挥员、开国少将——熊兆仁(1912—2019)

福建省永定区人。1929 年参加中国工农红军，1931 年加入共青团，1933 年转入中国共产党。土地革命战争时期，任福建军区独立第九团排长、闽西南军政委员会永平靖(永定、平和、南靖)游击支队大队长、闽西红军第四支队副大队长。坚持了南方三年游击战争。抗日战争时期，任新四军第二支队四团连长、新四军军部特务营连政治指导员、江北指挥部特务营政治教导员、第二支队新三团参谋长、第六师十六旅四十七团政治委员、苏浙军区第三军分区副司令员。解放战争时期，任苏浙皖边区司令部司令员、皖南军区副司令员。中华人民共和国成立后，任皖北军区副司令员、军参谋长，福建军区副参谋长，福建生产建设兵团政治委员，福州军区副参谋长。1955 年，被授予少将军衔。

22.地下工作者——卢克(1910—1930)

福建省平和县霞寨镇人。1927年1月加入共产党员。1928年夏,卢克受党组织的派遣到福州“国民革命军军官教导队”接受军训,被分配到海澄县第五区(现龙海市港尾镇)担任民团自卫队教官,争取一批地方人士和进步群众参加革命工作。1930年夏,建立中共港尾特别支部,卢克任书记,特别支部直属中共福建省委领导。卢克决定于1930年10月6日(农历八月中秋节)夜组织民团起义,不料起义失败。12月8日,卢克被俘,英勇就义于港尾圩头溪边。

第三节　为革命做贡献的革命群众

在革命战争年代,先后有600多名平和优秀儿女加入红军战斗序列,生返者仅2人;200多人参加新四军,生返者仅38人;此外,还有红军失散人员946人。至新中国成立时,平和县有革命烈士836人,占漳州的1/3;有革命“五老”6105人,占漳州的2/3。这里需要特别一提的是,当年参加红军、新四军和参加当地游击战争中,有许多在历次残酷战争中牺牲的烈士,他们的名字无人知晓,他们的事迹也无从考究,然而平和老区人民将永远铭记这些无名的英烈。

参考文献

1.陈方等:《中共闽南地方史》,北京:中央文献出版社,1995年。

2.陈天才:《情系大芹山——陈天才回忆录》,北京:中央文献出版社,1995年。

3.陈雄、江国河:《福建省中央苏区纵横(平和卷)》,北京:中共党史出版社,2009年。

4.平和县地方志编纂委员会:《平和县志》,北京:群众出版社,1994年。

5.吴铿锵:《平和人民革命史》,北京:中央文献出版社,2005年。

6.漳州市革命老根据地建设委员会办公室、中共平和县党史工作委员会:《光辉历程》,厦门:鹭江出版社,1992年。

7.中共饶和埔诏县委党史研究室:《饶和埔诏苏区史料汇编》,广州:广东人民出版社,1994年。

8.中共漳州市委党史研究室、中共平和县委党史工作委员会:《平和暴动》,北京:中共党史出版社,1993年。

附　录

一、新中国成立时健在的老红军名录

姓　名	乡镇
蔡元全、蔡清根、张树根、何化龙、赖水盛、林流永	小溪
赖水生、赖石枝、赖焕、赖泰山、赖水成(定居安徽)、赖春木(定居福州)、林添才	坂仔
庄家友、庄家财(定居安徽)、庄澄海、宋平(原名庄天峰,定居南京)、林豆粒(女,又名林素兰,定居北京)、林顺风	五寨
叶息好、吴金寿、陈水生(定居上海)、陈自然(又名春南,参加二万五千里长征)	大溪
张天赐、张朝根、江声全(原名张声全)、张树连	安厚
张元良、林里、林文英(定居安徽)	文峰
陈云达、罗壮丹(定居福州,参加二万五千里长征)、杨焕火	长乐
叶石象、王亚东(原姓翁,神枪手,曾参加国共两党重庆谈判活动)	芦溪
黄水木、黄容	国强
林水潮(定居福州)、林瑞禄	南胜
杨友深	九峰
林两云	崎岭
许仁贵	山格

二、烈士英名录(新中国成立前)

文峰镇

林胡鳅　林火川　林龙水　林和太　张　客(女)
张　成　张　乞　张亚枝　黄亚城　林　牛　林　丙
张　泼　张明泉　许其生　林金芳　李　派　林水奕
李　榜　李水柴　林木亨　林春木　杨金钗　林欺头
林河义　林有仔　吴红争　林成仔　张　水　林庚申
王　麦(女)　张水流　张　海　林面水　张软獭
张清火　张红龟　张壬申　张茂林　张　会　张二贤
张金财　张　串　张天灯　张乌狗　陈石墩　林　爱(女)

山格镇

杨　标　张天其　杨　翁　兰桃花　张炳辉　林石枋
林年对　朱　憨　黄宝城　赖　豹　吴　清　陈耀通
陈　良　蔡育棋　郑森仔　张金盾　赖李边　赖　爪
何龙兰　黄　杨　陈　金

小溪镇(包括外县籍)

张友道　卢　克　蔡大塘　蔡　火　蔡文其　蔡英祥
杨　柳　李番薯　张土虱　赖顺仔　赖树枝　赖　辉
蔡水黎　张水成　黄　田　李　法　刘玉壁　张金桃
张天成　蔡呈芳　莫丁贵　何洪川　林开基　陈拜庭
郑荣忠　张阿希　赖连盛　林启明　林其才　黄　桂
钟　骞　赵国强

南胜镇

何锦河　黄水效　黄火盛　黄通和　杨水太　杨水勤
杨清朝　杨　涨　杨示春　杨串王　林　坚　杨德帝
何连水　杨火渊　陈土员　林乾坤　林三江　林树木
杨石桃　杨长水　胡多年　林添福　林　木　林月科
何　青　杨木德　杨三右　陈兴放　杨根源　杨金印

黄水奎　林丁仔　邱溪南　杨坪鼻　陈　川　杨柴名
林阳生　林　饭　林厚水　林古鲯　杨厚坠　陈　乾
杨水西　杨水良

五寨乡

庄清水　庄火贼　林后来　林福如　林　源　庄言仔
庄武生　庄骞元　庄织规　庄骞顺　庄舟水　庄红李
林龙仔　林仔秋　庄树林　林火炉　林茂德　林缺嘴
林水雁　林坤泰　刘金忠　林金河　庄和尚　庄　恙
庄松月　林瑟福　林振忠　林德春　庄捲耳　刘风程
庄言仔　林　婖　林土溭　林茂己　林再服　林　蓬
庄阿池　林苍浪　林　泗　林　禄　林清河　林少克
林水床　林江水　林风柜　林金朝　林盾仔　庄　锦
林乞食　庄仁心　林木藤　罗蜉螺　林柴锥　林　英
林铁丁　林水生　庄朝道　庄允龟　杨大象　林松仔
庄金榜　庄龟沓　林顺天

坂仔镇

何　岂(女)　叶　洁　叶柴朝　赖其水　赖两宜
赖　宾　杨水寿　赖柴石　赖长子　杨嬑媥　赖水权
卢　应　卢　狗　林生来　杨大鹅　杨天露　杨扁头
杨亚通　李鉴老　林凹目　杨文田　赖　生　卢　根
赖柳枝　张兆宝　赖木成　赖大林　赖天才　赖金印
赖水濑　林　兴　杨长其　赖　炮　赖济阳　林红铨(女)
赖三槐　杨　铭　赖　头　杨水厚

国强乡

赖　仁　张　结　张仔初(女)　赖沉仔　赖古通
陈亚闩　赖其海　陈红牛　陈　锥　赖　贯　黄天右
赖老狗　陈天德　陈清泉　陈枫仔　陈水成　陈盛仔
曾木通　曾国达　曾根生　黄火性　黄乾钟　黄老灿
黄金赤　黄连蒲　赖清流　赖目投　赖亚四　张烦道

张国成　陈　悟　陈三江　赖土狮　陈三节　陈　佛
陈茂成　陈招桂　赖　佑　黄汪田　黄伍云　张田金
张水丁　张茂田　赖永昌　陈　草　陈交山　陈百括
张园目　陈　水　黄龙寿　张石行　赖火枝　黄水面
赖心匏

安厚镇

林银河　赖交礼　张积谷　张其林　张大佛　张水清
张臭头　赖春枝　何进国　张小坡　张亚新　张玉候
张赤士　张鸿鹄　张水法　张和春　赖乞食　林槓锤
林正直　林江槐　林寿金　林鸟蕊　林哑九　林粗皮
张木英　张　宾　张任水　张泉水　张沃仔　张　纯
张嘴宗　林盛火　林　英　蔡雷秃　林亚桐　林江汉
张亚生　林红仔　张玉泉　赖大舌　张永康　赖古董
张门闩　赖清皮　张高镭　张明顺　林水眉　张木成
张　雅　张耳顺　张顺归　黄明水　张仁河　林占嘴（女）
张班衣　林振元　张金钱　林知高　张金铃　赖交丁
张玛闻　张大鱼　张水锦　林石段　吴天仔（女）
张区仔　林　憨　张惠民

大溪镇

张木兆　陈清溢　张阿带　张思存　陈来武　吴玉成
张坡垢　江尖嘴　张英卓　张生乙　张亚火　张进涉
张玉燕　张十一　张水汪　张金钮　张近芳　张金钟
林友明　张继业　张术称　张金福　张荣宗　张燕辉
陈瑞安　陈文兵　江花枝（女）　张亚炒　张英则
叶振深　叶火万　叶亚帅　叶春肖　叶为善　叶佛精
叶烟炭　叶烟枝　陈金色　陈畏浪　陈木枝　吴珠池
叶烟祖　陈志贤　张己岩　吴川是　吴和松　叶泉源
吴金狮　叶济笼　张之初　陈万乡　陈炉坛

霞寨镇

黄飏言　卢水芋　林柳青　黄海春　黄进德　黄　果

黄金石　周龙凤　周天生　庄国英　周　壁　曾水港
卢以多　黄开祥　沈　尃　黄虎文　陈杨柳　叶荣华
曾先进　叶茂土　卢　柯　黄木江　卢　法　卢　刊
卢火望　卢火石　赖锣仔　卢金镨(女)　黄双江
周矮仔　卢　泉　周木林　黄　尺(女)　沈　莲

芦溪镇

汪宏模　叶亚援　叶来有　叶宗思　叶三赞　陈交蟆
叶亚添　胡豆油　叶亚凤　陈金春　陈欧风　陈和力
陈新任　陈亚溪　陈付库　陈水虾　陈水龟　林水灌
陈石发　陈水号　张乞食　叶良智　叶大通　叶坤茂
叶交庆　陈水泉　陈五瓩　陈长办　陈良满　陈长仇
陈三钧　陈方而　陈胶志　陈南阳　陈水仙　陈长廉
叶锦章　汪名李　叶太运　陈清寒　郑树根　陈文崇
杨中央　张交不　陈新有　张明远　叶汶孝　郑老狗
陈火端　林庭寮　叶水彬　陈良蛤　黄乞食　陈田鸡
叶土水　占海涨　胡金政　叶亚矮　林木行　陈伯决
叶水火　陈水角　陈三林　叶乞食　杨大海　陈　白(女)
陈西谦　陈江派　曾纨娘(女)　陈明虎　陈良墨
陈名枪　赖金鞍　陈水涨　陈名松　陈赤狗　陈为利
陈良布　叶叮吟　叶万应　叶三等　陈田贝　陈秀加
陈柴碑　陈水却　李春号　陈　乓　陈水转

崎岭乡

赖通农　陈成田　赖江河　赖鹿元　赖锦番　林两全
朱孟良　朱良座　石嬉媥　石枫树　曾庆衍　曾清江
曾鸡归　何枝欉　何开元　陈炉金　赖荣泉　曾佳景
曾树木　林金山　曾四德　赖润泽　赖污池　赖石问
赖老柏　赖升堂　赖天河　赖桂林　赖盛火　赖金才
曾昭厘　曾招玉　石连木

九峰镇

朱积垒　朱茂盛　林德全　朱赞襄　詹　德　杨文元

杨文川　曾照潘　曾进明　曾庆杰　曾浴沂　朱　思
朱成昌　朱树枝　朱细妹　黄娘宽　黄文校　朱汉砖
朱雅言　王石活　黄娘赛　曾昭别　曾　河　朱炳伟
曾宪苗　曾金顶　曾涉晶　杨火林　朱木元　曾庆师
曾昭根

长乐乡

陈彩芹　陈茂胜　陈朝尊　陈杞柳　陈林桐　陈章河
陈昭荣　罗昭浓　林光斗　罗承选　陈友元　罗则恋
陈和尚　陈茂庭　罗则俱　曾　比　陈传土　林奕乐
朱于乐　罗朝仁　罗则魁　曾宪邑　曾庆翠　罗亚谢(女)
罗则兰　罗西兑　罗景城　罗顺景　罗景部　叶尚书
陈松魁　罗谷流　罗狗子　陈才新　陈东历　陈其兆
陈盛坡　陈茂营　罗亚秀(女)　朱狗李　杨家兴
杨有令　罗绍见　罗承成　罗彩轩　罗则森　罗承兜
罗仰含　罗坤生　罗则禄　陈盛芳　罗则化　罗育才
黄　蔡(女)　陈名扬　陈石火　杨娘福　陈木花
陈章交　罗景炳　陈盛维　游　攸(女)　曾　寸(女)
陈盛坎　陈盛深　陈长生　刘　葱(女)　陈通木
陈盛爻　罗景忠　罗金钿　罗东海　罗长年　陈金英
陈河贡　陈茂法　罗则麟　罗新度　罗河文　罗培淮
罗东墙　罗则生　陈荣和　罗景定　林奕浅　林奕冇
陈茂傍　林奕风　陈松江　陈宝周　罗则刁　林虎贲
罗官灵　陈晋谦

秀峰乡

曾庆鲤　朱温故　游垒初　曾土木　曾秀木　曾清禄
杨墩发　杨墩洞　罗仰声　曾南风　曾江前　朱三进
黄鸿占　曾宪然　朱芹枝

(以上烈士名单收录时间截至1949年10月)

三、平和县“五老”分类情况统计表

1988 年 12 月

序号	单位	地下党员			游击队员			交通员			苏维埃干部			接头户			合计	其中	
		幸存人数	已故人数	小计	幸存人数	已故人数	小计	幸存人数	已故人数	小计	幸存人数	已故人数	小计	幸存人数	已故人数	小计		幸存人数	已故人数
1	长乐乡	26	19	45	126	498	624	61	41	102	14	17	31	301	131	432	1234	528	706
2	国强乡	11	11	22	121	28	149	25	3	28				316	75	391	590	473	117
3	霞寨乡	4	2	6	73	17	90	13	9	22		2	2	306	152	458	578	396	182
4	芦溪乡	3	1	4	137	47	184	25	4	29	2	12	14	262	54	316	547	429	118
5	文峰乡	8	4	12	51	67	118	7	43	50	3	9	12	189	125	314	506	258	248
6	九峰镇	1		1	107	64	171	26	25	51	4	9	13	189	81	270	506	327	179
7	坂仔乡	11	12	23	22	12	34	22	13	35				228	56	284	376	283	93
8	崎岭乡	2	3	5	82	137	219	4	1	5				80	34	114	343	168	175
9	南胜乡	3	6	9	20	56	76	6	2	8	1	5	6	143	48	191	290	173	117
10	大溪乡	7	1	8	41	3	44	45	3	48	1		1	164	17	181	282	258	24
11	五寨乡	5	3	8	56	19	75	2	5	7	3	4	7	93	64	157	254	159	95

续表

序号	单位	地下党员			游击队员			交通员			苏维埃干部			接头户			合计	其中	
		幸存人数	已故人数	小计	幸存人数	已故人数	小计	幸存人数	已故人数	小计	幸存人数	已故人数	小计	幸存人数	已故人数	小计		幸存人数	已故人数
12	小溪镇	13	1	14	34	12	46	28	9	37				118	36	154	251	193	58
13	安厚乡	4	1	5	23	10	33	16	14	30				142	7	149	217	185	32
14	山格乡				21		21	7		7				42	4	46	74	70	4
15	安厚农场				5	1	6	2	1	3				11	6	17	26	18	8
16	五寨农场				4	11	15		1	1				5	3	8	24	9	15
17	文峰光荣院				4		4										4	4	
18	长芦林场	1		1													1	1	
19	天马林场													1		1	1	1	
20	锦溪林果场				1		1									0	1	1	
21	合计	99	64	163	928	982	1910	289	174	463	28	58	86	2590	893	3483	6105	3934	2171

说明：平和县落实“五老”工作是从1982年开始。本表统计幸存或已故“五老”数字以1982年为分界线。凡是1982年后还健在的均计为幸存，凡是去世的均计为已故。

后　记

编写一部真实可信的《平和县革命老区发展史》，是新时代传承红色基因、弘扬老区精神的需要，是新时代讲好老区故事、展示老区形象的需要，是新时代践行社会主义核心价值观的需要，同时，也是我县老区建设促进会义不容辞的历史使命和时代责任。根据2017年6月中国老促会〔2017〕15号《关于编纂全国1599个革命老区县发展史的安排意见》，我们围绕“丛书应集中体现本地域老区人民革命斗争史，注重突出老区革命精神和光荣传统的弘扬和宣传，促进老区红色文化资源的挖掘整理”的要求，经过一年多的不懈努力，在认真查阅档案，广泛征集资料，整理党史专题和参阅《平和人民革命史》《平和县志》《福建省中央苏区纵横（平和卷）》《平和暴动》《光辉历程》《饶和埔诏苏区史料汇编》等及参考革命老前辈回忆录的基础上，数易其稿，多次审校，终于编纂完成《平和县革命老区发展史》一书。

为了编好《平和县革命老区发展史》，县委、县政府高度重视，安排专项经费，并批准成立以县委分管领导为主任，一名县人大常委会副主任和一名副县长为副主任，县直相关部门领导为成员的编纂工作委员会。在编纂过程中，县委史志室、县退役军人事务局、县档案局及博物馆等单位为本书提供了部分资料；市老促会，县委办、政府办、人大办、政协办、组织部、宣传部、发改局、财政局、老区办、史志室等单位的领导对本书提出了宝贵的修改意见。在此，谨对所有关心、支持本书编纂工作的单位和个人，表示诚挚的谢意。

本书由吴铿锵等同志负责撰写初稿并修改定稿，由吴铿锵同志负责统稿，并经编委会审定。石江林、吴铿锵、朱乃武、罗玉初、叶碧珍、陈金营等同志提供了新中国成立后不同时期平和革命老区发展历史的专题文稿。朱汉龙同志负责史料资源的整合协调工作。由于我们的编写水平有限，书中疏漏、差错和不妥之处，敬请读者指正。

编　者

2019 年 5 月